H 行业战略·管理·运营书系

旅行时间价值与参照点
理论验证与拓展应用

■ 陈小君　著

知识产权出版社
全国百佳图书出版单位

图书在版编目（CIP）数据

旅行时间价值与参照点：理论验证与拓展应用/陈小君著. —北京：
知识产权出版社，2016.9

ISBN 978 - 7 - 5130 - 4467 - 7

Ⅰ．①旅…　Ⅱ．①陈…　Ⅲ．①交通运输经济　Ⅳ．①F5

中国版本图书馆 CIP 数据核字（2016）第 222423 号

内容提要

本书通过构建以参照点为核心的分析框架及验证模型来对传统旅行时间价值研究进行重新审视和计量，并努力尝试将新思路的应用范围进一步拓展，这对处于"准时即效率"发展阶段的交通运输业来说具有非同一般的借鉴意义。

本书适合与交通运输经济专业有关的各类人员及感兴趣的读者阅读、参考。

责任编辑：荆成恭　　　　　　　　　　**责任出版：**卢运霞

封面设计：刘　伟

旅行时间价值与参照点：理论验证与拓展应用

陈小君　著

出版发行：**知识产权出版社**有限责任公司	网　　址：http://www.ipph.cn
社　　址：北京市海淀区西外太平庄 55 号	邮　　编：100081
责编电话：010 - 82000860 转 8341	责编邮箱：jcggxj219@163.com
发行电话：010 - 82000860 转 8101/8102	发行传真：010 - 82000893/82005070/82000270
印　　刷：北京中献拓方科技发展有限公司	经　　销：各大网上书店、新华书店及相关专业书店
开　　本：720mm×1000mm　1/16	印　　张：16.25
版　　次：2016 年 9 月第 1 版	印　　次：2016 年 9 月第 1 次印刷
字　　数：246 千字	定　　价：49.00 元

ISBN 978 - 7 - 5130 - 4467 - 7

前　言

在交通运输经济学中，研究旅行时间价值的重要性显而易见。事实上，早在 20 世纪 60 年代，学者们就已经对旅行时间价值进行了大量的理论与实证研究。一般研究认为，对旅行时间价值的评判是不易受到决策主体的经历、预期或禀赋影响的，其价值的节约是提高旅行时间资源利用效率的最直接形式，同时也是促进交通运输业不断发展的基本动力。然而，由于旅行时间本身的不可逆性与不可交易性，又会使其价值评判在很大程度带有主观性，这可以体现为大多数旅行者为旅行时间损失和收益所赋予的价值是不对称的，其具体表现为损失的旅行时间价值要高于收益。伴随着经济的高速发展与交通运输技术的不断成熟完善，当前人们对旅行时间价值的评价观念已经发生了重大转向：从单纯节约的视角转变为越来越强调包括准时可靠在内的损失厌恶视角。而从这种转向来看，旅行时间价值对于人们的意义更应该在于不要让旅行时间延误造成更大的损失。同时，这种评价观念的转向也意味着交通运输业发展面临着重要的阶段性转变。因此，从损失厌恶视角对旅行时间价值进行重新审视和计量也就具有了重要的理论与现实意义。

在传统的研究范式中，由于少有学者从损失厌恶的视角来考察旅行时间价值，这就导致了传统范式存在一个天然缺陷——忽视了参照点的重要作用。因此，从这种意义上来说，传统的旅行时间价值研究应该是一种单一视角的静态分析思路和方法。所以，从完善传统交通运输经济学体系的角度出发，在借助前景理论中的参照点依赖原理及损失厌恶效应等成果的基础上，本书选择了旅行时间价值作为研究主题与切入点，并进行了探索性研究，主要研究内容与观点如下。

第一，在观察旅行时间价值损失经济现象的基础上，通过基础文献研读发现，无论从时间分配的理论视角还是从价值估算的经验验证，目前的研究框架可能存在天然的缺陷，即对现实生活中存在的旅行时间价值损失厌恶效应缺乏一定解释力，因此本书也就具备了进一步研究的方向与基点。

第二，本书最主要的目的就是通过对参照点依赖原理及损失厌恶效应的相关理论与方法进行梳理，尝试将这种行为经济的研究思路融入经典的旅行时间价值研究框架之中，提出旅行时间价值的参照点依赖原理与损失厌恶效应，以期将基础理论与研究对象更好的统一起来，而这种结合将对完善旅行时间价值的进一步研究会有更好的帮助。

第三，造成目前研究框架对现实情况解释乏力的最主要原因就是忽略了旅行时间价值研究中参照点的作用，因此本书尝试在经典效用函数的基础上通过引入参照点的分析思路对传统旅行时间价值研究框架进行改进，即将参照点引入旅行时间—运输费用替代关系的无差异曲线分析过程中，并依据参照点位置对旅行时间进行了"收益"和"损失"区分，进而建立了一个损失与节约并举的双重视角旅行时间价值分析框架，来阐释人们在评价旅行时间价值时的路径依赖现象与损失厌恶效应。具体来看，该分析框架会包括参照点依赖的旅行时间价值偏好曲线及扩展形式和旅行时间价值的损失厌恶曲线。而从深化研究的视角来看，由上述曲线族构成的分析框架也将有助于进一步阐述旅行时间价值的可靠性与非匀质性。

第四，在已构建的分析框架基础上，本书会尝试对经典的logit模型进行优化，使之成为一个考虑参照点依赖原理与损失厌恶效应的旅行时间价值估计模型，而该模型所表现出的拟合度和稳健性使其具有可观察和可检验的经济学意义，这将有助于验证普遍存在的旅行时间价值损失厌恶效应。

第五，在理论分析与模型构建完成后，利用SP技术对出行者的旅行时间及票价需求进行了现场调查，并通过参照点依赖的logit模型对现场数据进行了实证检验，并得到了预期的结果：旅行时间价值损失厌恶效应普遍存在于人们出行的过程当中，同时其损失厌恶的程度要高于运输费用。换而言之，就是随着交通技术的进步，人们越来越看重旅行时间的价值而非运输费用。

第六，基于传统的旅行时间价值测算方法和需求弹性计算模型，提出了参照点依赖的旅行时间价值测算方法及需求弹性计算模型，并利用京津间公共交通运输系统内的调研数据进行了实证，提出需要从损失厌恶视角来估算旅行时间价值及其对交通运输市场分担率的影响，这对于完善现有公共交通运输系统评估体系具有如下意义：可以更客观地评估公共交通运输系统运行效率，可以更精确地反映交通运输系统带给出行者的福利变化，这些都为公共交通运输系统建设或改造的投资额度设定提供了坚实的微观经济基础。

第七，以旅行时间价值参照点依赖原理为基点对铁路客运差别定价策略进行解释，并通过构建一个考虑旅行时间价值的参照点依赖差别定价模型，分析得到我国铁路客运差别定价策略实施的条件：当市场中的客运需求足够大时，铁路运输企业如果实施差别定价策略其所获得的收益并不优于单一定价策略，这主要是因为单纯地实施差别定价策略在不能满足铁路客运基本需求的同时，反而可能会降低铁路运输企业的收益。此外，本书还提出铁路运输企业可以依据旅行时间价值参照点依赖的原理对现行的"实名制"售票模式进行改进，来提高铁路客运资源的分配效率。

第八，由于旅行时间价值收益与损失的度量是出行者进行路径选择时所遵循的基本准则之一，因此本书将考虑参照点的旅行时间价值设置为核心变量，以累积前景理论作为分析工具，研究得出参照点的设置对不确定出行环境中出行者路径选择行为的影响：当出行者在面对实际生活当中的路径选择问题时，如果其可以利用较长的旅行时间，那么就会表现为规避风险，一般会选择保险或可靠的路径；而当他必须在短时间内到达目的地时，就会表现为追求风险，选择风险较大的路径。

第九，通过构建一个考虑旅行时间参照点的模型阐述了旅行时间满意度形成的内在机理及其对旅行时间价值损失赔偿制度建立的重要意义，即按照出行者的旅行时间参照点来制定最佳的交通运输服务时刻表，严格限制超出参照点的不满意旅行时间感知条件，避免无谓的旅行时间浪费与利益损失。以此为出发点，提出旅行时间价值损失赔偿的法经济学性质、构成与责任认定为基础，同时借鉴国际经验与制度措施，提出符合我国国情的旅行时间价值损失赔偿架构体系，最终用以促进我国交通运输服务行业标准的完善。

第十，在不妨碍旅行时间价值规范性研究的前提下，利用引入参照点的分析思路对一些传统的研究问题或方向提出了独到的解释视角："错时上下班"制度的解析和应急交通疏散的管理机制设计，并得到一些有趣的结论。其中，对于"错时上下班"制度来说，利用参照点依赖原理可以对"错时上下班"制度进行全新的阐释，并提出应当从城市综合交通需求管理视角出发来改变出行理念，这样才能使"错峰出行"制度发挥出最大效用；而对于应急交通疏散的管理机制设计问题，则提出以考虑疏散时间及空间价值参照点被设定后的被疏散群体主观决策或选择行为为基础的应急交通疏散管理分析框架，并通过典型的案例分析来验证其适用性与有效性。

本书在写作过程中得到了北京交通大学经济管理学院经济分院林晓言院长、荣朝和教授的支持，同时也得到了国家自然科学基金项目（41171113）的部分资助，在此一并感谢。

作者

2016 年 4 月

目　　录

理论验证篇

理 论 验 证 篇

第一章 导 论

第一节 现象与问题

时间作为社会经济活动存在的基本形式之一，其与人类社会进步和经济发展有着紧密联系。而这种紧密联系的重要表征之一就是人类通过各种手段，不断地提高时间利用效率来实现其目的。作为经济活动中最基本也是最稀缺的资源，"运用时间和稀缺手段达到一种目的，便意味着不能用它们达到另一种目的，这是有经济意义的。"❶ 从莱昂内尔·罗宾斯的描述中可以看出，与其他资源尽管稀缺却仍可通过努力进行获取不同，作为经济活动中最基本的资源，时间只能被利用，但不能被创造或储存。而一个国家或社会的经济效率和富裕程度，在很大程度上取决于该国家或社会内部三次产业的时间利用效率，但是不同产业由于其产业主体对于时间的处理方式存在很大的差别，因此不同产业的时间利用要求是随着产业结构从低水平到高水平发展而不断加强的。例如，作为第一产业的农畜牧业是第二、第三产业的基础，其产业主体最关注如何避免诸如春耕播种、秋季收割等特殊时段或季节的时间损失以提高生产效率，且由于其产业主体多由分散的个人或小团体组成，因此第一产业对时间的精确性要求并不高。而随着以矿业、制造业为代表的第二产业的大规模生产使得经济活动节奏明显加快，且由于工业化生产的连续性（如汽车制造业中的流水线）要求生产必须精确的计算时间以便达到获取稳态流速的最大经济收益。与第二产业一致，由服务部门与流通部门组成的第三

---

❶ 米昂内尔·罗宾斯. 经济科学的性质和意义 [M]. 北京：商务印书馆，2001：17.

· 1 ·

产业对时间的利用效率有着同样甚至更高的硬性要求：金融部门提供的资金转移配置服务往往在几分甚至几秒就可以完成，而互联网服务也可以迅速解决信息提供与传输效率问题。可以看出，上述对时间的硬性要求不仅是三次产业生产结构与服务结构调整的基本内容，同时也是衡量一个经济社会发展是否成熟的重要标志。当然，在诸多对时间有着硬性要求的行业中，最值得一提的是，不断优化运输流程、重视特殊时点价值、提高准时可靠性、降低商品在全世界内流动成本的现代物流业。尽管2008年全球经济危机后，现代物流业的发展面临着许多问题，但有一点毋庸置疑：就是在危机之前的经济高速增长期，物流业在某些方面就已经偏离了正常的轨道，物流运营商已习惯于快速发货，以弥补其在火车、港口或其他交通工具在衔接过程中的时间延误，这种发展模式的结果就导致物流业整体燃料成本的居高不下，且无法提供与高燃料成本相称的交通运输服务。而在2008年经济危机之后，物流业的发展模式及服务供给方式则发生重大的转向：因为全球范围内燃料价格的高企，使得各个大型物流企业为节约时间而提高运输速度就已经远不如以往那么重要了。❶ 在面对现代复杂的世界经济形势，准时可靠在物流业中就变得比一味提高速度更为重要，因为如今几乎所有港口的集装箱航运公司都大大降低其航行速度。对于物流业整体速度放慢的迹象，物流咨询顾问 Alan Braithwaite 表示，航行速度可能永远都不会再次提高，亚洲到欧洲之间的航行时间可能会永久性的比以往延长两至三日。即使物流速度的降低可以有助于行业整体成本的下降，但这其中的真正困难是物流业如何确保货物运输在到达目的地时仍是准时或及时的，毕竟交通运输过程中存在的不确定性（如天气突变或运载工具故障等）是无法进行提前预测的，因此客户就要求大大提高交通运输过程中的可靠性，DHL 公司负责英国和北爱尔兰发展的副总裁 Mark Parsons 表示。从 Mark Parsons 的表述中可以看出，现代物流业的发展需要更注重满足客户提出的货物准时发运和送达的要求，尤其是要保证整个交通运输过程不间断，如果受雇运输系统（如 DHL 等）在时间方面不够可靠，

---

❶ 在经济繁荣期，因为物流业整体对速度的追求，曾推动了超高速集装箱船的迅速发展（罗伯特·莱特，2011）。与此类似，在客运市场上也曾出现追求一味速度的情况出现：协和式飞机以其超过音速传播两倍的飞行速度在伦敦与纽约（运行时间大约为3小时）之间运营，但最终却因为运营成本过高（2003年协和式飞机从纽约到伦敦的单程票价为9000美元/人）导致需求不足从而退出市场。上述历史现象对现代交通运输业发展模式与交通运输方式速度标准的制定都具有重要启示意义。

那么客户就会依靠自身的力量（如采用建立"生产地仓储基地"等）来保证交通运输过程乃至整个生产或消费过程的流畅稳定。实际上，这正是客户在交通运输及仓储的广义成本与经济损失之间的抉择。当然，除了物流企业战略上的调整之外，物流公司的高管和咨询专家们也会利用各种各样的信息和物流管理技术以避免交通运输过程中特殊时点（或时段）的经济价值损失。例如，Mark Parsons 就表示，现在 DHL 的客户对跟踪技术的兴趣比以前大大提高，因为他们希望利用这种技术即时获得运载着自己货物的船只的准确位置，为提高最后发货阶段的效率来制订详细的计划。而这种新技术与"减速"战略的结合看似使得物流业的整体速度变慢了，但事实上却提高了物流企业在交通运输过程中对关键时点（或时段）的处理能力，如在交通运输过程中最后发货阶段的速度——从交通枢纽或节点（车站或港口）到生产（工厂）或销售（百货商店）终端——得到了实质的提高。也正是由于现代信息技术与管理手段的广泛应用，使得物流企业可以更多利用这些技术或手段延长其运输链条进而扩大其配送网络，做到交通运输过程更准时可靠且仓储量更少，并有助于促使物流行业内形成更为专业化的分工协作，实现物流业在全球范围内的生产经营布局。通过上述物流业发展模式转变可以看出，这种顺应企业在生产或销售链条上对损失厌恶的要求而进行的战略制定使得整个物流业的服务从一味追求提高速度、节约时间，转变为放慢运输速度、重视特殊时段（例如，商品从车站或港口到工厂或百货商店的过程）、编制时间计划表，以保证在"规定时间内送达即可"为目标的准时可靠服务。而其中以 DHL 为代表的第三方物流企业的作用之一正是帮助客户保证其经济活动链条平稳有序地进行，以避免其不必要的旅行时间价值损失。

而从更为广泛的经济学意义来说，任何出行者、交通运输企业甚至整个交通运输行业对旅行时间价值的认识，都需要从过去简单取平均值计算转化为如何避免不能准时到达所造成的损失（可靠性）及其程度（非匀质性）的考量问题。因此，参照点依赖旅行时间价值分析的重要意义在于出行者或交通运输企业可以将旅行时间作为制定运输计划或安排的决定变量，并编制对应的旅行时间表。而这种旅行时间表的存在可以为出行者或交通运输企业带来更高的满足程度。我国正处在工业化、城市化、运输化的快速推进时期，产业结构也正在经历重大的转变。由交通运输业发展带来的时间效益在推动我国消费结构转变中的作用是有目共睹的：汽车、高速铁路和民用航空的普及，使得普通民众的出行方式发生了巨大变化，而以集装箱技术为代表的现代物流业兴起也为各类企业运营效率和扩大生产规模奠定了坚实的基础，同时也大大地增加了经济效益与社会福利。其中，交通运输业不断发展所带来的一个最重要方面就是社会经济活动中旅行时间的节约。与此同时，考虑到旅行时间作为经济资源（例如，劳动力、资本、土地、信息等）的存在方式，其不能脱离经济资源而独立存在，因为其一旦脱离了所依附的资源就不再具有任何经济意义。因此，从交通运输经济学的研究视角来讲，交通运输技术进步所带来的旅行时间节约实际上就表现为时间所依附经济资源价值的节约，同时也是交通运输过程中时间价值节约的最直观表现形式。而事实上，关于时间价值节约的评估一直以来也都是公共交通运输系统投资领域中的重要课题：在公共交通运输系统的可行性论证阶段，就需要对其预期的旅行时间价值节约效益进行评估，而当公共交通运输系统建成之后，还需要对该项目所产生的旅行时间价值节约效益进行后评估。例如，早在 20 世纪英国道路部门认为交通基础设施建设过程中可计算收益的 80% 将来自于旅行时间价值的节约；而英国学者 Waters 和 Hensher 分别提出旅行时间价值节约的效益占公共交通运输系统可计算效益的 70% ~ 90% 和 70%；台湾学者唐富藏则认为旅行时间价值节约的效益应占公共交通运输系统可计算效益的 25% ~ 50%。由此可见，为了提高交通基础设施建设项目决策的科学性和客观性，就必须对其旅行时间价值节约的效益进行测算。这是因为公共交通运输系统需要占用大量社会资金，而社会资金一般是具有时间价值的，因此把旅行时间价值节约作为衡量公共交通运输系统建设的先决条件将有助于从经济学意义上把握交通运输的本质。当然，旅行时间价值节约测算除了是交通建设项目成本效益评价中需要考虑的重要因素外，其节约价值的大小同样也是影响出行决策的重要参数之一，这主要是源于日益严重的城市交通拥堵问题。当前，交通拥挤问题已成为大多数现代城市的通病，而解决这一问题的有效办法就是鼓励大家更多地乘坐公共交通，而要说服人们选择乘坐公共交通的依据就是可以节约旅行时间价值或至少不会造成旅行时间价值的损失，因此如果知道了城市居民的单位旅行时间价值就可以计算出相关效益，这样就更有利于说服人们选择公共交通方式出行，可以说旅行时间价值的研究具有分配与调节城市交通流的功能。另外，旅行时间价值的测算对运价的制定也非常重要，这主要是因为每位旅客选择乘坐不同交通运输方式的支付意愿可以近似表现为旅行时间价值的计算，因此当某种交通运输方式的运价小于或等于旅客的旅行时间价值时，旅客就会选择该种交通运输方式，否则就会选择其他替代运输方式或放弃选择。由上述理论研究和实践工作可以看出，旅行时间价值的研究应该可以说是交通运输经济领域中的永恒主题，其不仅有理论研究价值，同时还有具有重要且现实的意义。

我国著名经济学者张宇燕曾经说过，任何好的经济学分析都不应该脱离对时间及其价值的研究。借鉴其说法，本书认为任何好的运输经济学理论或分析方法也都不应该脱离对旅行时间及其价值的研究。尽管旅行时间价值一直以来都是交通运输经济学的核心研究对象，但是相关的研究始终延续了以旅行时间价值节约作为核心分析的理念，同时也一直都遵从了比较单一的研究视角，即通过改善交通基础设施并通过成本效益分析法来度量交通运输经济活动中旅行时间价值的节约效益。因此，旅行时间价值节约的研究一直以来都是为众多交通运输经济学者所接受的事实和研究方向，但本书却认为这并非旅行时间价值研究的唯一方向。因为旅行时间作为交通运输经济活动中的最稀缺资源，其价值的模糊性与不确定性不仅会使得人们对于出行计划或运输行为的决策变得更加困难，同时也会使得交通建设项目成本效益评价过程中的旅行时间价值测算存在更多误差。究其原因，就是旅行时间价值无论是从理论分析还是经验研究的角度来看，其都是一个随外界环境变化而变化的变量，无法对其价值进行精准定位和把握，因此在看待旅行时间价值时，人们应该更倾向于规避由不确定性带来的旅行时间价值损失，继而表现为一种旅行时间价值的损失厌恶现象。此外，从学科的发展来看，旅行时间价值节约化、宏观化的研究思路也会限制交通运输经济学自身形成更科学的理论体系，进而使其难以跟上迅速改变的现实世界。总而言之，由于不确定性的存在，本书认为需要从节约与避免损失的双重视角来更科学地看待旅行时间价值的问题。其中，从损失厌恶的视角出发来分析交通运输经济活动中的旅行时间价值依然有许多空白，所以有必要从新的视角来对交通运输经济分析中的旅行时间价值问题进行重新审视。

一、经济现象

根据交通运输产品的基本定义[1]，本书可以发现其具有无法展示、无法存

---

[1] 荣朝和教授认为一定时间期限内，利用一种或多种运输工具，实现客户所需的从起始地到最终目的地的位移服务即为运输产品。

储等显著特点，也许正是因为交通运输产品具有这些无形且显著的特点才导致人们长期以来对交通运输产品作用的认识多数局限于强调其表现出的重要外在功能——克服空间或地理距离——尽管这也是其最基本功能。而近些年来，随着交通运载工具技术的进步和综合交通运输网络体系的不断完善，克服空间或地理障碍已不再成为人员出行的主要难点。此时，作为衡量交通运输产品的另一基本尺度——对于旅行时间价值的考虑——就显得更为重要了。其中，关于旅行时间价值节约的重要性已经达成了人们的共识，但在社会经济活动中关于旅行时间价值白白受损的现象却似乎还未引起人们的足够重视，尤其是在发展中国家。在旅行时间价值白白受损的诸多现象中，最典型的莫过于由城市交通拥堵所造成的旅行时间价值损失。就以我国为例，自 20 世纪 90 年代开始，其经济社会的发展就已逐步进入了城市化、工业化、运输化的快车道，各大中型城市的机动车数量迅速增长，继而导致了十分严重的城市交通拥堵问题。而城市交通拥堵导致的最直接同时也是最严重的后果就是旅行时间价值的损失。例如，北京市，自 2000 年以来，机动车保有量以年均约 11% 的速度增长，从 2000 年的 151 万辆增至 2010 年的 500 万辆以上。与此同时，北京的城市交通拥堵时间与发生频率也达到了史无前例的高峰。根据《北京市综合交通运输成本研究》的报告成果和世界银行推荐的影响旅行时间价值系数表就可以测算得出北京市 2008 年居民出行过程中的单位旅行时间价值和拥堵时段导致的额外成本，其具体结果如表 1-1、表 1-2 所示。

表 1-1　2008 年北京市居民不同出行方式和目的的单位旅行时间价值

单位：人民币/小时

出行方式	出行目的		
	工作与商务出行	非工作出行	上学出行
公共交通	28.16	6.35	3.18
出租车	38	8.57	4.3
私家车	49	11	5.5

资料来源：吴奇兵等，"北京市机动车拥堵成本测算与分析"，《交通运输系统工程与信息》，2011 年 11 卷 1 期。

表1－2　2008年北京市交通拥堵时段额外旅行时间成本明细

出行方式	拥堵时段总旅行时间 （万小时）	拥堵时段成本 （亿元）	额外拥堵总时间 （万小时）	时间成本 （亿元）
公共交通	199734.6	297	15820.6	23.52
出租车	10529.4	21.1	1966.1	3.94
私家车	156569.3	404.7	29379.9	75.94
合计	366833.3	722.8	47166.6	103.4

资料来源：吴奇兵等，"北京市机动车拥堵成本测算与分析"，《交通运输系统工程与信息》，2011年11卷1期。

此外，还有相关研究表明❶，仅2008年，北京市由于交通拥堵导致的时间价值损失为45.4亿~239.2亿元，二、三、四环路是拥堵的主要发生路段，占拥堵总损失的40%以上，具体情况见表1－3。

表1－3　2008年北京市二、三、四环路交通拥堵的旅行时间价值损失

单位：万元/天

	旅行时间价值损失		二环	三环	四环	合计
工作日	时间延误	机会成本	62.1	77.1	88.6	227.8
	价值损失	内涵成本	111.0	137.8	158.4	407.2
	（低值）	合计	173.2	215.0	247.0	635.0
	时间延误	机会成本	84.0	104.3	119.8	308.1
	价值损失	内涵成本	164.2	203.8	234.2	602.3
	（高值）	合计	248.2	308.2	354.1	910.5
休息日	时间延误	机会成本	—	—	—	—
	价值损失	内涵成本	58.9	60.3	74.0	193.2
	（低值）	合计	58.9	60.3	74.0	193.2
	时间延误	机会成本	—	—	—	—
	价值损失	内涵成本	87.2	89.2	109.4	285.7
	（高值）	合计	87.2	89.2	109.4	285.7

资料来源：谢旭轩，等. 北京市交通拥堵的社会成本分析 [J]. 中国人口. 资源与环境，2011，21（1）.

---

❶ 谢旭轩，等. 北京市交通拥堵的社会成本分析 [J]. 中国人口. 资源与环境，2011，21（1）：28－32.

备注：时间延误价值损失一般包括机会成本和内涵成本。其中，机会成本是指驾车/乘车者在拥堵发生的时间内从事其他活动所可能产生的最高价值；内涵成本是指拥堵状态下驾车/乘车者感官和舒适度的效用损失。

根据 2009 年发布的《中国居民生活机动性指数研究报告》显示，北京市居民平均每天路上的通勤时间大约为 40.1 分钟，而拥堵时间高达 62.3 分钟，进而产生每月 335.6 元的经济成本，位居 7 个调查城市之首。尽管交通拥堵带来了巨大的旅行时间价值损失，但北京市交通需求的增长速度仍远远高于供给，这就造成了北京市居民旅行时间价值损失的进一步加剧。根据中林公司生态景观部 2012 年完成的一项公益性调研项目显示，由于交通拥堵，2010 年北京市居民出行受交通拥堵影响的人数平均每天达 1381.8 万人次，平均每日每人次延误时间为 66 分钟，其中私家车出行平均延误时间为 43.9 分钟，出租车出行平均延误时间为 51 分钟，公共电汽车平均延误时间为 98 分钟，而根据当年北京市全市职工年平均工资来测算，由此造成的旅行时间价值损失每天将高达 32386.2 万元，每年工作日天数按 250 日计算，每日 8 小时，则北京市每年的旅行时间价值损失将高达 809.7 亿元。而到了 2011 年，北京市的交通拥堵程度日益严重，仅在工作日中，由严重拥堵或中度拥堵导致旅行时间的损失已达到 70 分钟。

通过上述实例可以发现，拥堵俨然已经成为北京市的一张"城市名片"，但是由拥堵所导致的旅行时间价值损失好像已经成为北京市民生活的常态，正是这种被认为是常态的情况却使社会经济发展蒙受了巨大的损失，尤其是对于仍处于发展中国家行列的我国来说。

事实上，城市交通拥堵中的时间价值损失问题也并非我国所独有。例如，日本东京每年因交通拥堵造成的时间价值损失约为 123000 亿日元❶。而由德克萨斯州交通运输研究中心进行的一项调查研究显示，2010 年美国交通拥堵造成高达 48 亿人·小时的延误，人均旅行时间价值损失可达到 15.5 小时，327 美元。此外，欧洲许多国家也因为城市交通拥堵而蒙受了巨大的旅行时间价值损失。例如，西班牙学者 Javier Bilbao-Ubillos 根据其在欧洲城市的具体调研情况测算出的城市主干道拥堵造成的年均旅行时间价值损失约为 221.4 万欧元，具体见表 1－4。

---

❶ 王轶闻. 国内外城市交通拥堵现状研究［J］. 职业，2012（32）：129－130.

表1-4 欧洲城市主干道拥堵导致的时间价值损失测算

时间段	速度（公里/小时）		车辆数（辆）		时间损失	时间价值损失
	实际速度	理论速度	轻型车辆	重型车辆	（小时/年）	（欧元/年）
7：00~9：00	16.23	80	792	61	48166	603038
9：00~11：00	33.52	80	632	170	14597	182757
11：00~13：00	33.51	80	509	181	25061	313770
13：00~15：00	19.34	80	724	134	10318	129193
15：00~19：00	21.33	80	1157	278	46657	584156
19：00~22：00	36.23	80	1230	84	21453	268591
22：00~7：00	50.00	80	1047	20	10613	132870
0：00~24：00	—	80	6091	928	176865	2214375

资料来源：Javier Bilbao-Ubillos. The costs of urban congestion：Estimation of welfare losses arising from congestion on cross-town link roads ［J］. Transportation Research Part A：Policy and Practice, 2008, 42 (8)：1098 - 1108.

由上述案例可知，作为城市化进程中所必须面对的问题，城市交通拥堵所造成的旅行时间价值损失已经严重地影响了经济发展与社会进步。因此，从损失厌恶视角来研究旅行时间价值的重要性对于认识与治理城市交通拥堵问题无疑具有很强的现实意义。

仅从上述的这些经济现象就可以看出，现代交通运输活动所涉及的经济价值越高，其对交通运输过程的可靠性要求也就越高，而现代经济社会对交通运输业发展的要求也从单纯的提高运行速度转向越来越强调损失厌恶的新行业标准。与此同时，这种包含损失厌恶的新行业标准要求也意味着交通运输业的发展到了一个至关重要的转变阶段——准时即效率。因此，本书认为从损失厌恶视角加强对旅行时间价值的分析不仅使得交通运输经济学的研究更加接近于真实的世界，同时也对处于阶段转型期的我国交通运输业发展，甚至社会经济结构调整都具有重要的指导意义。

二、问题提出

根据上文描述的经济现象可以发现，经济水平越发达、交通基础设施建设越完善的国家和地区，其所需避免的社会经济损失就越多，而相伴出现的旅行时间价值损失的概率也就越大。与此同时，整个国家或地区为了在社会发展过程中获得稳态流速经济的最大收益就需要对经济活动中的交通运输环节提出准时、可靠的要求，进而促使临界点（后文中所提出的参照点）上的旅行时间价值显著提升。基于此，本书对旅行时间价值的研究思路也应该从过去如何一味地提高速度去节约旅行时间价值，更多地转变为从损失厌恶来看待旅行时间价值问题。举个简单的例子来说，在大城市通勤当中越来越多的居民喜欢乘坐地铁而非地面公交或自驾车出行，其主要原因是地铁可以保证居民的出行链条更为准时和可靠。而上述出行决策或选择行为说明了伴随着经济社会成熟度的提高，旅行时间价值损失厌恶的指向性日益明显，而更深一步来讲这也意味着在交通运输经济分析中关于旅行时间价值的研究也将进入重要的转变阶段。正如上文所指出的那样，尽管交通运输经济分析中关于旅行时间价值节约的探讨已经相当完善，但是面对着不断涌现的新现象与新问题，单一考虑旅行时间价值节约的研究范式已经很难应用于包括解释旅行时间价值损失厌恶在内的诸多新问题。传统交通运输经济理论解释力的不足自然会导致对其研究体系的质疑。而化解这一问题的途径不外乎以下两种，其一，另辟蹊径，即重构旅行时间价值的相关理论解释框架；其二，反求诸己，对传统旅行时间价值的理论分析体系做出优化，推导出更具解释力、更完善的分析框架。而本书的主要目标是，尽力保留那些已经被证明的关于旅行时间价值节约的研究思路与分析方法，并通过改进这些传统的旅行时间价值研究思路与方法，来完善交通运输经济学作为一门描述交通运输行业基本特征的应用型经济学的基础作用。而为了得到一个更具解释力的旅行时间价值分析框架，本书认为有必要先对旅行时间价值的相关概念进行详尽的阐述。

第二节　研究对象

一、内涵

旅行时间作为交通运输活动中的一种基础资源，其重要性是显而易见的。从实际情况出发，人们在出行选择时都需要付出一些旅行时间成本，但是就本书的研究主题来看，把旅行时间放在运输需求与效用里而非成本里来考虑，无疑是更加有用的。这主要是因为需要从人们时间观念的增强与对时间进行合理分配及充分利用的角度进行考虑，所以人们对旅行时间价值的判断或评价往往具有主观性。在旅行时间价值估计方面，最早的研究基础源于劳动经济学。在劳动经济学中，普遍的观点认为劳动是创造旅行价值的重要源泉，其主要体现为人们在出行过程中所占用的旅行时间价值量相当于其花费同样时间参与劳动创造所形成的价值量，这可以理解为一种机会成本的概念。从更为广义的经济学角度来看，其可以理解为旅行时间价值在一定程度上可以被货币所替代。虽然劳动经济学为旅行时间价值研究提供了有价值的基础，但是要继续深化旅行时间价值可能还需要注意其与所依附主体行为及价值取向的内在联系。而从研究消费行为的视角出发，本书认为可以考虑利用偏好关系来反映人们在旅行时间与费用之间的一种取舍和平衡关系。换而言之，就是有人情愿用 X 元钱来换取 Y 分钟的旅行时间价值，那么该决策者的行为就隐含着旅行时间价值约为每分钟 X/Y 元钱。仅从传统的消费者行为理论来剖析上述行为，可以发现决定旅行时间价值的重要因素就应该是出行者本人的偏好，而不同的偏好对应不同的消费决策模式及旅行时间价值。与此同时，上述针对消费行为的分析不仅隐含着不同出行者在相同情形下对旅行时间价值的判断不相同的前提，而且还隐含着同一出行者对于不同情形下对旅行时间价值的判断也会不相同的条件。总而言之，就是旅行时间价值并非一个常量，不同环境、不同状况，人们对旅行时间价值的判断也不相同。因此，可以说，旅行时间价值的高低一般都因人而异，它通常被认为是人们为获得一单位旅行时间而愿意支付的货币化资源数量。

由上文分析可知，旅行时间价值最早是基于劳动时间合理分配利用而产生的。如果将旅行时间合理地分配并用于生产或休闲活动，其就可以创造出更多的社会经济价值来满足需求。因此，针对不同的人来探讨其在相同或不同条件下如何进行旅行时间的评估、分配与利用就会具有明显的社会经济意义。在这里，本书假设人们的出行活动是一种衍生需求，同时会对出行者效用产生影响，在这样的条件下本书将旅行时间引入出行选择行为理论当中，从历史演进的视角通过分析效用最大化时对人们出行选择行为的影响来总结旅行时间价值的特点。①异质性。由于主观因素的影响，人们对旅行时间的判断与感受不相同，所以每个人对旅行时间的分配与利用效率也不相同，这就使得他们对旅行时间价值的评价也不相同。例如，收入越高的出行者，越倾向于乘坐高速的交通方式出行。②历史动态性。随着人类历史由农耕时代演进到工业时代再演进到信息时代，社会生产效率及个人的报酬率会越来越高，因此人们根据其报酬率所分配与利用的旅行时间价值也就越来越高。例如，越来越多的人开始习惯乘坐高速安全的交通方式进行远距离旅行。

二、分类

如果从分类的角度来看，旅行时间无疑具有多种使用价值，而在不同情况下的旅行时间价值一般都不相同。例如，不同的经济发展区域，人们的旅行时间价值也不一样。因此，在进行后文的讨论之前，可以考虑对旅行时间价值进行简单的分类。

首先，按旅行的目的可以划分为：①纯工作性的旅行时间价值。所谓纯工作性的旅行，就是把旅行作为基本工作的人的旅行，例如公共交通方式的司机或相关工作人员的旅行，这些人的旅行时间价值就可以被认为是纯工作性的旅行时间价值；②准工作性的旅行时间价值。所谓准工作性的旅行，就是以工作、学习为目的的旅行，主要是指通勤者的上下班旅行，学生为上课在居住点和上课地点间的旅行，还有出外打工等，这种旅行性质的旅行时间价值可以被认为是准工作性的旅行时间价值；③纯休闲性的旅行时间价值。所谓纯休闲性的旅行，就是以旅游、休闲为目的的旅行，此类的旅行时间价值就是纯休闲性的旅行时间价值；④准闲暇性的旅行时间价值。这包括为购物而在个人居住点、商业区及工作单位间的旅行，以及探亲访友等旅行所花费的时间，此类的旅行时间价值就被认为是准闲暇性的旅行时间价值。一般认为，上述几类的旅行时间价值是不一样的，例如，纯工作性的旅行时间价值要比纯休闲性的旅行时间价值高。此外，需要注意的是，在现实生活中的各种旅行时间价值的界限一般是比较模糊的，例如利用工作出差之便顺道游览名胜等。

其次，按旅行时间的具体用途可分为：①纯旅行时间价值，一般指旅客乘坐主体交通工具时的旅行时间价值；②换乘旅行时间价值，一般包括乘坐主体交通工具前后乘坐其他短途交通工具的旅行时间价值，再加上等待、购票、中转，乃至住宿所花费的时间价值。相关研究表明，不同交通运输方式对以上两类旅行时间价值的影响不一样。例如，对于市内通勤来说，轨道交通的纯旅行时间价值就比较高，而地面公共交通的纯旅行时间价值就比较低。

再次，按旅行时间节约或延迟的程度可分为：①整体旅行时间价值，即旅行时间可以节约或可能延误20分钟以上的情况，就可以被称为整体旅行时间价值；②部分旅行时间价值，即旅行时间可以节约或可能延误范围在5分钟至20分钟的情况，就可以被称为部分旅行时间价值；③零碎旅行时间价值，即旅行时间可以节约或可能延误5分钟以下的情况，就可以被称为零碎旅行时间价值。例如，Katrine Hjorth & Mogens Fosgerau（2012）利用前景理论来估计由零碎旅行时间变化所引起的边际旅行时间价值，并全面阐述了人们在旅行时间与出行费用之间的权衡与取舍行为。目前，关于此类旅行时间价值高低的研究并未形成统一观点，一些学者认为零碎旅行时间的价值更高，而另一些学者则认为整体旅行时间的价值更高。

最后，按旅行时间变化方向可分为：①节约的旅行时间价值，即由于旅行时间比预期缩短而节约出来的时间价值；②延迟的旅行时间价值，即由于旅行时间比预期延长而延误的时间价值。在研究的早期，人们主要研究旅行时间价值的节约，并注重其带来的经济或社会效益，但最近人们也开始注重研究旅行时间的延迟价值，并试图估算其带来的经济或社会损失。

三、影响因素

显然，不同人们在不同的环境下具有不同的旅行时间价值判断标准。换而言之，人们所具有的不同社会经济属性、所选择的旅行目的及过程和所处的外部环境都可能成为影响旅行时间价值判断的重要因素。根据之前对旅行时间价值内涵的剖析与分类，本书认为对旅行时间价值的判断主要会受到以下几方面因素的影响：

首先，自身属性。人们自身的属性，一般包括收入、社会地位或受教育程度、性别、年龄等。从个人角度来讲，收入的高低毫无疑问会影响旅行时间价值的评价。一般来说，收入高的人其旅行时间价值较高，收入低的人其旅行时间价值较低。这可以表现为收入高的出行者一般会选择技术速度快、乘坐舒适且价格昂贵的交通方式；收入低的出行者一般会选择技术速度慢且价格便宜的交通方式。社会地位或受教育程度也会影响旅行时间价值评价。社会地位或受教育程度高的人其旅行时间价值一般也较高，而社会地位或受教育程度低的人其旅行时间价值一般也较低。此外，不同性别或年龄的出行者也会对旅行时间价值评价有着一定影响，但目前的研究成果还没有提炼出一般性的规律。

　　其次，旅行目的及过程。除出行者自身属性外，出行者所选的旅行目的及过程也会直接影响旅行时间价值，一般包括出行的目的、选择出行方式的技术经济特性或所选线路等。因为不同的旅行目的及过程会影响会决定出行者的在途及换乘时间、广义服务水平、价格（或不同出行方式）、出行目的等变量，而这些变量则会对出行者的直接出行效用带来巨大影响。例如，旅行时间变长或所选线路的距离过长可能会使出行者在旅行过程中的疲劳感增加，进而带来其对旅行时间价值的负面评价。与此类似，旅行时间变长也可能会影响出行者的日程或时间表安排，进而影响出行者对时间价值的评价。除此之外，不同的出行方式也决定着不同的价格或其在旅途中所花费用，当然这也是影响出行者对时间价值评价的重要因素。而如果出行者是因公出行，那么价格就很有可能不会是其主要考虑因素，因为此时旅行时间长短的影响才是衡量其旅行时间价值的重要指标。换而言之，出行目的对旅行时间价值的影响一般可以概括为因公出行的旅行时间价值高于因私出行。此外，需要注意的是，特殊或紧急目的情况下对旅行时间长短的硬性要求就特别高，因此其对应的旅行时间价值也就越高。

　　最后，外部环境。当然，除了自身属性和旅行目的及过程的影响外，不同地区的经济发展水平、生活习惯等外部环境也会间接地影响旅行时间价值。这可以表现为不同国家或地区的经济发展水平不同，人们对时间分配和消费观念也不相同，进而导致了其对旅行时间价值的评价也不相同。一般来说，经济发展水平较高区域人们的旅行时间价值一般也较高，例如大城市人们出行的旅行时间价值往往会高于中、小型城市，而中、小型城市人们出行的旅行时间价值则又会高于农村地区。

　　当然，影响旅行时间价值的因素远不止上述几方面，其旅行时的心情或状态、交通运输技术的进步等都可能是影响旅行时间价值的重要变量。同时，这也是造成旅行时间价值评估复杂性的原因之一，只不过在具体的研究过程中，需要根据一些假设条件进行取舍，保留一些可观察的可测度的影响因素。而从本质上来看，造成旅行时间价值易变性特点的最主要影响因素之一很可能就是出行者的心理状态，这也是近年来旅行时间价值研究的一个重要方向。

四、估算原理

　　要对旅行时间价值进行深入研究，或者以其为基础分析出行行为对交通需求的影响、制定或优化不同交通运输方式的价格体系、评价公共交通运输系统建设的经济社会效益，就都必须要确定旅行时间价值估算的原理或方法，这也是对旅行时间价值估算方法研究很早以来就一直受到关注的原因之一。当然，估算旅行时间价值的方法不止一种，但是其最主要的估算原理或方法不外乎就是从供需两端来进行探讨。接下来，本书将叙述几种最常用到的旅行时间价值估算原理或方法。

首先，机会成本原理。按照传统的旅行时间价值研究思路，可以将其分为生产时间和休闲时间。而旅行时间价值一般被认为与工资率直接相关，其通常用公式（1-1）进行表述：

$$B_w = B_{wage} - B_l \tag{1-1}$$

其中，B_{wage} 为小时工资率，B_l 为休闲时间价值。但是，公式（1-1）中用于休闲目的的时间价值确定比较复杂，不同群体对休闲时间的理解以及需求存在很大差异。西方学者对此的普遍认识是，如果在不考虑工作或生产本身效用的情况下，作为一个短期的决策，其休闲时间价值就应该等于其边际工资率。但考虑到随着经济收入水平的提高和人们对休闲时间的愈加重视，上述原理及公式就都需要进行相应改进，具体如公式（1-2）所示：

$$W = P_w B_w + (1 + P_w) B_l \tag{1-2}$$

其中，P_w 为出行者将节约旅行时间用于工作的概率；B_w 为出行者将节约旅行时间用于工作的收益；B_l 为出行者将节约旅行时间用于闲暇的收益。那么，将公式（1-1）代入公式（1-2）可得：

$$W = P_w B_{wage} + B_l - 2P_w B_l \tag{1-3}$$

其中，关于节约旅行时间用于工作的概率 P_w 的取值存在一定困难，这需要根据具体情况来决定。

其次，支付意愿原理。当采用上述机会成本测算原理来研究旅行时间价值时，其具有计算方便、可操作性强等优点，但却没有将旅行过程中可能带来的痛苦（例如，疲劳、烦躁等）等负面效应考虑在内，从某种意义上来说，这就违背了出行者的支付意愿原则。而通过某项针对出行者选择不同运输方式的抽样调查结果揭示群体消费偏好，并利用参数估计来确定旅行时间价值的方法可以称之为出行者支付意愿法。由出行者支付意愿法可以看出，在目前备选的各种运输方式中真正能够影响出行选择的最重要变量就是旅行花费的时间和费用。基于此，这里可以假定出行者选择某种运输方式的出行效用函数为：

$$V_i = a_i + b_i p + c_i t \qquad (1-4)$$

其中，a，b，c 为效用函数中的待估计参数，p，t 为旅行费用和时间，因此可估计出的旅行时间价值为：

$$W = \frac{\partial V_i / \partial t_i}{\partial V_i / \partial p_i} = \frac{c_i}{b_i} \qquad (1-5)$$

在运用支付意愿原理测算旅行时间价值的过程中，本书在设定的出行效用函数中选取了影响旅行时间价值评价的最主要因素，即旅行时间与费用。然而，实际的旅行时间价值估计要比上述过程复杂得多，这是因为除了旅行时间与费用外，出行者的出行目的、收入等自身属性对旅行时间价值也会产生不可忽视的影响，这在涉及具体问题时还需要根据测算模型来进行变量选取，并继续深化研究。

第三节　文献述评

1992 年诺贝尔经济学奖得主 Becker 曾说："人们很少将时间价值纳入经济研究，运输便是属于这种为数不多的研究活动之一。"[1] 由此可以看出，旅行时间及其价值的研究一直以来都是交通运输经济学重点关注的对象。若究其原因的话：从宏观角度来说是因为在绝大多数交通运输网络的费用—效益评价中，和其他收益比起来，交通运输所带来旅行时间价值效益是极为引人注目的。换而言之，就是巨大的旅行时间价值效益是交通运输业存在并不断发展的一个重要原因。例如，英国主干道公路的旅行时间价值效益可占到费用—效益分析中货币收益的 80% 左右。而美国的州际公路系统中效益的 72% ~ 82% 来自于旅行时间价值的节约。在我国，高速公路项目的旅行时间价值效益也非常可观，其占比可达到货币收益的 25% ~ 50%。可见，交通基础设施所带来的旅行时间效益已成为其建设是否可行的最主要衡量指标。而从微观角度来看，旅行时间价值是影响出行者行为及出行方式选择的重要参数。例如，在旅行时间价值很高但出行距离却很远的情况下，出行者往往会选择

---

[1] 加里·贝克尔. 人类行为的经济分析 [M]. 上海：格致出版社，2008：129.

高速度的交通方式旅行。实际上，有关旅行时间价值评价的研究在很早之前就已受到交通运输学者的关注。鉴于目前国内外对于旅行时间价值研究的现状，本书将从旅行时间价值的理论研究、经验估计等方面对已有文献进行梳理。

一、基于时间分配的研究进展

虽然旅行过程中的时间价值研究很早就受到了学者们的重视，但是关于时间价值理论的研究却起步较晚。直到 20 世纪 60 年代，随着时间分配理论的提出和完善，旅行时间价值的理论研究才深入到经济学及交通运输经济学领域，并成了分析人类出行行为和交通运输需求的重要主题之一。

1965 年，Becker 最早提出时间分配理论，并通过该理论将时间因素引入到传统的效用函数中，改变了传统效用理论不考虑时间因素的缺陷。在该理论中，Becker 认为从家庭作为利用市场商品和时间进行"特殊生产"基本单位的角度考虑，人们所获得的效用不仅仅来自于商品，除此商品之外还应该包含时间。而这些商品可以用公式（1-6）表示：

$$Z_i = f_i\ (x_i,\ T_i) \tag{1-6}$$

在公式（1-6）中，作为商品向量的 x_i 和投入的时间向量 T_i 均作被当作是"生产"商品 Z_i 的投入要素。基于此，根据传统理论，该家庭效用最大化的函数可以用公式（1-7）表示：

$$U = U\ (Z_i,\ \cdots Z_m)\ = U\ (f_i,\ \cdots f_m)\ = U\ (x_i \cdots x_m;\ T_i \cdots T_m) \tag{1-7}$$

而其预算限制可以用公式（1-8）表示：

$$g\ (Z_i,\ \cdots Z_m)\ = Z \tag{1-8}$$

在公式（1-8）中，g 表示 Z_i 的支出函数，Z 则表示资源边界。由于市场商品和时间都是生产投入要素，因此根据实际情况约束条件可以认为是对市场商品数量和投入时间多少的限制，市场商品数量限制条件可以用公式（1-9）表示：

$$\sum p_i x_i = I = V + T_\omega \overline{\omega} \tag{1-9}$$

在公式（1-9）中，p_i 表示 x_i 的单位价格向量，T_ω 表示工作时间向量，$\overline{\omega}$ 表示每单位 T_ω 的报酬，而时间限制条件可以用公式（1-10）表示：

$$\sum_1^m T_i = T_c = T - T_\omega \tag{1-10}$$

在公式（1－10）中，T_c 表示既定的用于消费的时间向量，T 表示现有时间的总量，则生产函数可以用公式（1－11）表示：

$$T_i = t_i Z_i \tag{1-11}$$
$$x_i = b_i z_i$$

在公式（1－11）中，t_i 表示每单位 Z_i 的时间投入量，b_i 则表示每单位 Z_i 的市场商品投入量。而将市场商品和投入时间的限制条件统一起来，则可以得到公式（1－12）：

$$\sum (p_i b_i + t_i \overline{\omega}) \; Z_i = V + T \overline{\omega} \tag{1-12}$$

在公式（1－12）中，Becker 定义了"充分收入"❶ 的概念，即上式的右项；他认为"$p_i b_i + t_i \overline{\omega}$"可以代表 Z_i 的全部价格，其应该等于直接价格和间接价格之和。

在此基础上，Becker 从新的视角解释了传统经济学理论中消费者权衡工作时间与消费时间的问题——时间与商品（或货币）是可以通过减少消费时间和增加工作时间的方式来进行转换的，这就意味着放弃工作时间的同时就增加了消费的时间。因此，在 Becker 看来，时间价值就有了自己的概念，即消费时间价值应该体现为将该段时间作为工作时间来看待所获得的报酬。正是受到 Becker 的启发，此后的许多学者基于时间分配理论开展对非工作时间价值的研究。

Johnson（1966）则进一步修正了 Becker 的理论，即可以为人们带来效用的并非只有时间和商品，工作过程也可以影响效用。Johnson 认为工作过程中产生的愉快或不愉快情绪也应该包含在效用之内，于是他在效应函数之中加入了工作时间，得到了时间价值的计算方法，即工资率加上工作时间价值。此外，Johnson 也强调了非工作时间价值构成应该加入主观价值判断。尽管 Johnson 的这一观点尚需完善，但需要强调的是工作过程可以影响效用这一思路是具有重要意义的。既然工作过程可以影响效用，那么运输过程同样可能会影响效用，这也为后来广义服务质量对时间价值影响的研究提供了分析基础，但遗憾的是 Johnson 本人并没有注意到该问题。

随着时间分配理论的提出和进一步完善，旅行时间价值的研究方向则变

---

❶ Becker 认为充分收入（full income）是指在不考虑消费的情况下，通过将家庭的全部时间以及其他资源用于获取报酬所得到的全部收入。

得越来越明确。Oort（1969）认为交通运输过程中旅行时间节约相当于总支配时间增加，基于此他提出了一个包含工作时间、休闲时间和收入水平的函数来考察旅行时间的变化（Oort 认为旅行时间减少是外生的[1]）对效用的影响。如果以 T 表示总可用时间，t 表示旅行时间，W 表示工作时间，L 表示休闲时间，Y 表示收入，ω 表示工资率，则 Oort 文章得出的结果可以用公式（1-13）来表示：

$$-\frac{dU}{dt} = \frac{dU}{dT} - \frac{\partial U}{\partial t} = \frac{\partial U}{\partial L} - \frac{\partial U}{\partial t} = \omega \frac{\partial U}{\partial Y} + \frac{\partial U}{\partial W} - \frac{\partial U}{\partial t} \qquad (1-13)$$

上式的分析结果表明旅行时间减少的边际效用是休闲时间的边际效用减去旅行时间的边际效用。从本质上来说，Oort 分析的结论就是旅行时间会影响效用，而类似的研究结论会在以后的研究中陆续得到体现。

De Serpa（1971）严格地继承了 Becker 时间分配理论中的效用思想，认为经济活动中的效用来源于商品和消费时间。他建立了以下的模型：

$$MaxU = U\ (X_1,\ \cdots X_n;\ T_1\cdots,\ T_n)$$

$$s.\quad t\quad Y = \sum_{I=1}^{n} P_i X_i$$

$$T = \sum_{i=1}^{n} T_i$$

$$T_i \geqslant a_i X_i,\ i = 1,\ \cdots,\ n \qquad (1-14)$$

公式（1-14）中，T 表示总可用时间，T_i 则表示分配到消费商品 X_i 上的时间，a_i 则表示分配到消费商品 X_i 上的最少时间，Y 表示收入，P_i 则表示商品 X_i 的价格，该模型最重要的特点就是引入了消费商品所需的最少时间 a_i 作为限制条件。

正是基于上述模型，他开创性地将消费商品所需要的最少时间作为约束条件引入模型来为时间价值概念做出区分：资源性时间价值（value of time as a resource，VTR）、商品性时间价值（value of time as a commodity，VTC）和时间价值的节约（value of time savings，VTS），并推导得出某种活动时间价值的节约（VTS）等于资源性时间价值（VTR）与商品性时间价值（VTC）之差。其中，时间价值节约概念及推论为后来的旅行时间价值节约（value of travel time savings，VTTS）的研究提供了理论分析基础。同时，De Serpa 还指

---

[1] Oort 认为其可以包括以下两部分：旅行时间节约带来可支配时间增加效用的变化和旅行时间减少可以减轻运输过程中的不适应性而带来的效益。

出了 Johnson 在区分旅行时间价值与休闲时间价值上的缺陷，并给出了自己区分旅行时间价值与休闲时间价值的标准。而从现在研究的角度来看，其实 De Serpa 的最大贡献莫过于引入约束条件的分析方法并为后来研究时间价值的诸多学者所接受。这里需要强调的是，De Serpa 也注意到旅行时间价值研究应该考虑消费者对旅行时间的主观效用因素。

在 De Serpa 的研究成果发表之后不久，De Donnea（1972）也在 Becker 的时间分配理论基础上建立了新模型。他更侧重于从经济活动视角来理解效用函数——效用的获取直接来源于经济活动，并对经济活动进行详细分类。与 De Serpa 的理解不同，De Donnea 认为效用不仅与经济活动有密切关系，而且还会受到经济活动环境的影响。尽管在分析时间价值时的模型结果与 Oort、De Serpa 等人结论几乎一致，但 De Donnea 提出了一个以时间作为变量的环境边际效用函数，而 De Serpa（1973）却认为这种分析是完全没有必要的。

与此同时，Evans（1972）提出了与 De Donnea 类似的观点，即经济活动是获得效用的直接来源。但是，他认为要衡量作为效用直接来源的经济活动必须也只能以时间作为指标，因此 Evans 建立了一个仅含时间变量的消费行为模型。他认为，决策者在经济活动中进行时间分配时要将必须分配时间和可支配的时间区分开来。同时，Evans 同意 De Serpa 将类似"最少时间"的约束条件引入时间价值研究的观点。但两者的区别只是考察视角不同，Evans 只考虑经济活动所消耗的最少时间，而 De Serpa 则考虑消费某商品的最少时间。值得注意的是，从 Evans 全文论述中可以发现，虽然 Evans 自己并没有明确交通运输经济活动中旅行时间价值的定义，但他借用了 De Serpa 的旅行时间价值分类，认为交通运输活动中的 VTTS 不仅与 VTR、VTC 有关，而且与直接运输费用（该直接运输费用是随单位旅行时间变化而变化的）有关。此外，Evans 批评了 Johnson、Oort 等人将人们消费边际的旅行时间价值与特殊经济活动的时间价值混为一谈，致使他们在面对采用不同出行方式的人群的时间价值判断时所得到的分析结果总是趋同，并与实际情况不符。Bruzelius（1979）则通过将休闲时间和工作时间引入效用函数及约束条件扩展了 De Serpa 的模型。

Small（1982）提出了出发时间可能是影响出行选择和旅行时间价值评价重要因素的假设，基于此他建立了以出发时间为变量的模型。在模型中，出发时间、工作时间和工资率则被认为是影响旅行时间表（schedule）制定约束条件的决定变量。经验证发现，得出旅行时间价值受交通运输计划中时间表安排的影响，而且存在旅行时间表的安排合理则可以为出行者带来更高的满足程度的现象。值得一提的是，正是 Small 的该项研究结论为后来有关旅行时间价值可靠性研究提供了一个可借鉴分析框架。

Gronau（1986）扩展了 Becker 的理论模型，其研究结果显示节约的旅行时间价值会引起消费组合的变化，进而影响效用的变化。这一分析思路为以后对 VTTS 的研究有着重要的启示作用。另外在文章中，Gronau 也提出了旅行时间价值评价会受主观因素影响的观点。

Diaz（2000）、Mackie（2001）等学者在 Small、Gronau 等人研究结论的基础上提出了旅行时间节约是否可以根据时间表被自由地安排到其他的活动当中，并实现其节约价值？例如，采用汽车出行节约的时间可以被用来看书，那么它是否就意味着在以消耗汽油的方式来换取读书的时间？针对上述问题，Diaz（2003）综合了 Serpa 和 Evans 的分析框架，改进了约束条件，认为商品和时间（如以汽油换取时间的问题）之间有一定的联系，不仅是最少消耗时间的约束，而且还应该包括商品消费和时间之间相互联系的双向约束。与 De Serpa 提出的 VTR 不同，Diaz 认为由于经济活动（如交通运输活动）的时间价值是受商品消费影响的，所以应该包含节约消费的价值。基于此，Diaz 认为经济活动时间价值的节约应该带来三方面影响：其一，一项经济活动时间的节约可以用于其他经济活动；其二，该活动时间的节约直接引起效用变化；其三，时间的节约引起消费组合变化，进而间接引起效用变化。但是，Diaz 的分析结论只存在于理论探讨阶段，并没有得到实例验证。

Jiang & Morikawa（2004）提出了一个基于交通方式选择的旅行时间分配模型。他们以休闲时间、出行方式所需旅行时间、消费商品为变量建立模型，同时考虑了运输活动所需的最少时间约束条件。与上述模型不同，该方法考虑了不同出行方式的出行费用随旅行时间的变化而变化，因此其出行费用以旅行时间作为变量的形式体现在模型约束条件当中。文中结论认为，VTTS 应该包含由于出行方式导致的旅行时间和成本变化部分，而不仅是 VTR 与 VTC 之差。文章最后，他们强调了在旅行时间价值的研究当中应更多地考虑心理和实验的方法以提高论证结果的准确性。

Zamparini & Reggiani（2007）基于 VTTS 的旅行时间价值估计理念提出了 the value of freight travel time savings，即 VFTTS。他们认为 VFTTS 应该与 VTTS

的理念近似，可以被定义成货主为减少商品被运送到特定地点时间的支付意愿。换而言之，这是一种基于货主视角的旅行时间价值判断。一般来说，货主的时间应该有下面几种不同的含义 delivery time、transportation time 和 travel time。其中，delivery time 是指从托运人与交通运输企业交接的时刻开始一直到交通运输企业与收货人交接的那一刻为止。transportation time 则是指所有出发地与目的地之间物流时间的一种计量指标或方式，它应该包括运输、装卸和仓储等环节。travel time 仅仅指的是从出发地到目的地之间的持续时间。此外，他们还提出 VFTTS 对企业运营与公共交通管理的重要性。对货主来说，VFTTS 代表一种资源利用效率的提高与竞争优势增强，即减少物流时间可以使企业有机会将生产控制在规模经济范围之内，进而提高市场占有率。而在公共交通管理中，通常都存在错误估计（一般是低估）VFTTS 的倾向，这样则可能会导致低效率的政策出台或实施。

Díaz（2008）等人在一般消费行为模型基础上扩展出了一组有关经济活动时间分配方程用来估计休闲时间价值和已经被分配的工作时间价值，并以对应的工资率作为时间价值估计参照比较。他们证明了休闲时间价值与工资率间存在不相同的可能性，并归纳出可能的影响因素：工作日程、工作条件和保证时间。同时，他们指出该模型应用于类似交通运输这样有节约旅行时间价值作为约束条件的经济活动的广泛应用前景。Carlo Fezzi et. al（2014）结合了 Becker（1965）和 De Serpa（1971）的时间分配模型优势，利用了 RP 与 SP 技术对 VTT 进行了估计与模特卡洛模拟，得出 VTT 应该为平时工资率的 3/4 是比较合理的结论。

荣朝和（2011）提出经济学对交通/物流时间价值的认识，要从过去只能通过简单取平均收入或平均货值计算如何通过节约交通时间获取收益，转变为分析如何避免交通不可靠造成更大的机会损失。他提出虽然交通—物流时间价值可以表现为时间—货币之间的替代关系，但由于时间本身并不能用于交换，因此关于交通—物流时间价值的评价应该带有主观性并体现在机会收益或损失上。一般来说，交通—物流时间价值可以被理解为确定时点或时段内人们可能获得的机会收入，但在更大程度上，交通—物流时间价值更应该是可能使人们失去的机会收入。因为这种机会收入一旦被列入运输计划或是流程，人们就会想办法避免失去这种收入，即避免其成为机会损失。相对于增加收益视角的交通—物流时间价值分析，避免损失视角的交通—物流时间价值分析有利于将理性趋利性和价值感受性统一起来，符合大多数人面对损失比收益更敏感的损失厌恶效应。从这种角度来说，交通—物流时间价值对人们的意义在于可以通过技术和组织等手段将时间变为可控，以便让事情的发展更符合预期，不会让时间的延误造成更大的损失。此外，荣朝和还指出现实经济社会中交通—物流不确定性问题的解决，并不会只遵循有关非集计行为模型所假定的概率分布，而必须通过交通—物流技术和组织的进步去提高整个系统的效率和可靠性。虽然荣朝和教授指出了，对旅行时间价值的损失厌恶分析仍需要更进一步的研究，但是在其成果中并未对重视避免损失旅行时间价值的原因做出更深入阐述，也没有对交通/物流时间价值的非匀质性给予解释。

Maria Börjesson & Jonas Eliasson（2014）则根据瑞典居民旅行时间价值分布情况，重点讨论了旅行时间价值的损失规避效应。此外，Stefanie Peer et al（2014）通过调查发现，由于损失厌恶的存在，出行者对于旅行时间价值的主观看法与实际情况存在明显的差异，大约相差 1.5 倍。David A. et al.（2015）提出一种包含主观判断概率和偏好的方法来捕捉旅行时间价值，并通过对 2014 年悉尼旅客的调查与实证来检验主观因素对节约旅行时间价值的影响。

二、考虑影响因素的经验估计

相对于时间分配的理论研究来说，考虑影响因素的经验研究则是经过日积月累才能有今天丰硕的成果。例如，100 多年前的法国学者 Dupuit 就已经认识到了旅行时间价值节约在交通运输行业效益评估中的重要性；1925 年，美国在对一项高速公路项目调查中加入了关于旅行时间价值评估的指标；1940—1950 年，英国评估的旅行时间价值为 30 英镑/小时等。通过历史文献可以看出，旅行时间价值的经验研究实际上是早于理论研究的。旅行时间价值经验研究不断发展的一个重要表现就是关于影响旅行时间价值的因素研究。而影响因素的不断分类和更新则是为了能够更贴切、合理地反映交通运输活动中的实际旅行时间价值，但是其研究的目的并非为了验证经济理论的合理性，而且其也缺乏严谨的经济理论支撑。同时，经济理论的局限性也阻碍了其与经验研究的融合。因此，可以说基于时间分配的理论研究与考虑影响因素的经验研究一直以来都是并行不悖。而从某种程度上来说，其甚至是缺乏联系的。虽然，考虑影响因素的经验研究与基于时间分配的理论研究有所脱节，但国外对于此类研究的学者依然很多，如 Beesley（1965）、Quarmby（1967）、Small（1982，2005）、Hensher（1997，2001）、Bhat（1998）、Wardman（2001，2004，2011）、Gunn（2001）、Bates（2001）、Axhausen（2004，2008）、Shires & Jong（2009）、Maria Börjesson & Jonas Eliasson（2014）等，其研究成果也较为全面。而本书会以国外对影响因素的分类为线索对相关文献进行梳理。

一般来说，实际生活中出行者的旅行时间价值是受出行环境和个人特征影响的。因此，本书将根据以往的研究认为出行目的、出行方式、旅行时间或距离、广义服务质量等出行环境因素和收入等个人因素会对旅行时间价值研究产生影响。

出行目的的影响。交通运输作为经济需求的衍生活动，其出行目的是出行者动机的体现，因此出行目的就成为了影响旅行时间价值的重要因素。而且，基于不同出行目的出行者对各自旅行时间价值的评价也可能不同。例如，因公出行与因私出行，出行者各自的时间价值将会不同。1998 年，新西兰交通基金会就根据不同的出行目的对当地居民的个人时间价值进行了测算，如表 1 -5 所示。

表 1 -5　新西兰居民出行过程中的旅行时间价值测算

单位：美元/小时

	因公出行	因私出行
小汽车、摩托车旅客	21. 30	5. 25
小汽车、摩托车驾驶员	21. 30	7. 00
公交有座旅客	21. 30	5. 25
公交无座旅客	21. 30	10. 55
行人与自行车	21. 30	10. 55

资料来源：TransFund. Project Evaluation Manual. TransFund New Zealand. 1998

从表 1 -5 可以看出，同一种出行方式对应的因公出行旅行时间价值要高于因私出行旅行时间价值，且两者的比值为 2 ~4。美国交通运输部则根据国内的具体情况，针对本国居民的旅行时间价值进行了测算，具体如表 1 -6 所示。从表 1 -6 中可以看出，美国居民的工作旅行时间价值与非工作旅行时间价值的比值为 2 ~ 1.4。

表 1 - 6　美国交通部对居民交通运输活动中的旅行时间价值估算

单位：美元

		非工作出行	工作出行
车内旅行	城际车内价值	小时工资率×70%	小时全部收入❶×100%
时间价值	城内车内价值	小时工资率×50%	
出行等候、步行与换乘时间价值		小时工资率×100%	小时全部收入×100%

资料来源：http://www.colorado.edu/Economics/morey/. 2002. 10.

　　如果对出行目的进一步细分，商务出行的旅行时间价值就高于通勤，而通勤的旅行时间价值则又高于休闲出行。根据 Wardman（2001）、Gunn（2001）等人的研究发现，基于不同的出行目的出行者会有不同的旅行时间价值评价和预算安排，且商务出行者的旅行时间价值要高于其他两项。Mackie（2003）分析结果显示，商务旅行时间价值比休闲旅行时间价值高 163%，通勤则比休闲出行的旅行时间价值高 11%。Axhausen & Abay（2004）通过意向调查数据估计了瑞士居民的旅行时间价值。在文中，他们设计了 3 种调查方式，得到的结果显示旅行时间价值和出行目的的相关性很高。Axhausen（2008）等人以瑞士不同出行目的群体为研究对象，再次估计了 VTTS，并得到了更为显著的结果，具体见表 1 - 7。此外，若出行目的极为特殊，如抢险救灾、战事等，则该旅行时间价值很难再用单独货币指标进行衡量。

表 1 - 7　不同出行目的旅行时间价值

单位：瑞士法郎/小时

	商务出行	通勤	休闲出行	购物出行
公共交通的 VTTS	25.18	18.93	11.90	13.10
私人交通的 VTTS	27.66	19.04	18.83	17.84

资料来源：Axhausen, Hess, Konig, Abay, Bate S., Bierlaire. Income and distance elasticities of values of travel time savings: New Swiss results [J]. Transport Policy, 2008 (15): 173 - 185.

---

❶　表格里的小时全部收入包括所得福利、保险及其他收入，因此其一般会大于小时工资率。

出行方式的影响。根据以往经验研究，出行方式的选择也会对旅行时间价值产生重要影响。英国学者 Beesley（1965）通过区别性分析考察了1965—1966年英国运输部雇员通勤方式的选择对旅行时间价值估计的影响，经过实地调研 Beesley 发现通勤的旅行时间价值可以占到通勤者个人总收入的30% ~ 50%。然而这一开创性的研究存在的主要问题就是其并没有将运载工具的旅行时间价值（IVT）与其他类型的旅行时间价值进行区分。这一缺点由 Quarmby（1967）在利兹进行的大规模出行方式选择研究中所修正，他的研究表明步行及等候的旅行时间价值估计约为运载工具旅行时间价值估计的2 ~ 3倍。此后，一些学者继续深化了 Beesley 和 Quarmby 的研究工作❶。在后续研究成果中，值得一提的是 Lee & Dalvi（1969）的研究，他们开创性地使用了显示性偏好（SP）的调查技术，得到的旅行时间价值估计结果为每小时工资的15% ~ 45%。

实际生活中，出行者在选择出行方式往往比较注重各方式运载工具的旅行时间价值（IVT）。英国学者 Wardman（2004）比较了不同出行方式对市内通勤和城际通勤中 IVT 的影响。Wardman 发现无论是市内通勤或城际通勤，不同出行方式对 IVT 的影响是比较明显的。同时，也正如实际情况那样，对于市内通勤来说，地铁的 IVT 值最高，公交车的 IVT 值最低。而城际通勤中铁路的 IVT 则要高于私家汽车。Shires & Jong（2009）则重点分析了不同国家或地区影响旅行时间价值估计的因素。通过 Meta 分析他们发现出行方式等有可能是影响不同地区评估旅行时间价值的重要因素，具体情况见表1 - 8、表1 - 9、表1 - 10。Stefan L. Mabit, et al.（2013）利用在 Fehmarn Belt 收集的现场数据发现航空的平均 VTTS 要高于其他交通运输方式，但支持这一合乎常理预期的实证研究却非常之少。

---

❶ 后续研究成果具体参见 Kenneth Button. Transport Economics（3th Edition）［M］. Cheltenham：Edward Elgar，2010：104.

表1-8　欧盟不同出行方式的旅行时间价值估计

单位：欧元/小时

	航空	公交车	其他（火车、私家车）
商务出行	33.05	19.26	24
短距离通勤	—	8.84	10.69
其他（短距离出行）	—	6.32	8.97

资料来源：Shires & Jong. An international meta-analysis of values of travel time savings [J]. Evaluation and Program Planning, 2009 (32)：315 - 325.

表1-9　瑞士不同出行方式的旅行时间价值估计

单位：欧元/小时

	航空	公交车	其他（火车、私家车）
商务出行	45.95	26.78	33.36
短距离通勤	—	10.64	12.87
其他（短距离出行）	—	6.85	9.72

资料来源：Shires & Jong. An international meta-analysis of values of travel time savings [J]. Evaluation and Program Planning, 2009 (32)：315 - 325.

表1-10　澳大利亚不同出行方式的旅行时间价值估计

单位：欧元/小时

	航空	公交车	其他（火车、私家车）
商务出行	39.30	22.90	28.54
短距离通勤	—	8.52	10.30
其他（短距离出行）	—	5.77	8.18

资料来源：Shires & Jong. An international meta-analysis of values of travel time savings [J]. Evaluation and Program Planning, 2009 (32)：315 - 325.

　　本书认为，虽然上述文献中认定 IVT 很重要，然而在完整出行过程中不仅要考虑 IVT，还应该考虑各方式的衔接旅行时间价值。例如，以公路、铁路和航空这三种出行方式来说，航空的 IVT 高，但其衔接旅行时间价值却较低；相较于航空，铁路或公路的 IVT 低，但是其衔接旅行时间价值却较高。此外，对于此类现象也会存在于同一种出行方式。就公路而言，私家车可以提供便捷的门到门服务，其 IVT 和衔接旅行时间价值均高；而公交车不仅 IVT 低，而且其等待或换乘的衔接旅行时间价值也较低。

出行时间或距离的影响。一般来说，出行者所花费旅行时间或是距离的多少都对旅行时间价值有着直接且显著的影响，其中旅行时间长短的影响最为强烈（Stefan L. Mabit, et al., 2013）。而出行者所花费旅行时间长短不同，其对应旅行时间价值也会不同。Claffey（1961）评价了旅行时间长短旅行时间价值的影响之后发现旅行时间长短似乎在该模型中并没有呈现出预期中的重要性。Thomas（1967）再次利用美国的数据进行了同样的研究，而此时旅行时间长短却显示出了其对于旅行时间价值估计的重要性，他估计的旅行时间价值约为社会平均收入的 40%~83%。Dawson & Everall（1972）则以罗马、卡塞塔之间和米兰、摩德纳之间的城际通勤为例重复了上述实验，研究结果表明旅行时间价值约为其社会平均工资的 75%。Hensher（1979）在此方面的研究则走得更远，他怀疑以往的研究中是否充分考虑了在车上或等候时间部分以外的时间节约组成，特别是是否充分考虑了短时间出行方式和长时间出行方式之间的选择偏好问题。MVA（1987, 1994）则认为旅行时间价值可能会与交通运输活动持续时间的长短有关。例如，一方面，出行者随着旅行时间的增加，其在交通运输过程中疲劳感会增加；另一方面，出行者花在运输过程中的旅行时间比较长，就会影响到其安排时间的自由度，因此其旅行时间价值就比较高。而从以往研究成果看，虽然旅行时间长短作为影响旅行时间价值估计的重要因素，但是其与旅行时间价值之间的关系却并不十分清楚。例如，Hensher（1997）的研究发现随着旅行时间变长，时间价值呈下降趋势；而 Gunn（2001）的研究结果却恰好相反。Jiang & Morikawa（2004）通过案例分析得到了速度越快（即旅行时间越短）其旅行时间价值越高的结论，为旅行时间长短与旅行时间价值之间关系的进一步明确奠定了基础。

事实上，很多实证分析都研究了旅行时间价值与运输距离的关系，而研究结论则说明旅行时间价值的节约随运输距离的增加而增加。Mackie（2003）通过 Meta 分析得到了旅行时间价值节约的运输距离弹性为 0.26。Wardman（1998, 2004）在回顾英国旅行时间价值研究时，也评论了旅行时间价值与运输距离的关系。他认为距离增加 10% 时，旅行时间价值大约增加 2% 是合理的。但是，出行目的及方式的不同也可能导致其效应的放大或减少。在文中，Wardman 总结了 IVT 与运输距离的关系，具体情况见表 1-11、表 1-12、表 1-13。

表 1 – 11　以通勤为目的不同运输距离 IVT

单位：英镑

距离 （英里）	相对于私家汽车的 IVT					绝对 IVT					
	公交	地铁	铁路	汽车	汽车	公交	地铁	铁路	汽车	汽车	汽车
	公交	地铁	铁路	铁路	公交	公交	地铁	铁路	铁路	公交	汽车
2	0.65	1.77	1.23	0.95	1.33	3.0	9.5	5.7	4.4	6.1	4.6
10	0.58	1.57	1.09	0.84	1.18	4.0	12.7	7.6	5.9	8.2	7.0
50 –	—	—	0.96	0.75	—	—	—	13.2	10.3	—	13.8
100	—	—	0.91	0.71	—	—	—	15.0	11.7	—	16.5

资料来源：Wardman M.. Public transport values of time ［J］. Transport Policy, 2004 (11)：363 – 377.

表 1 – 12　以休闲为目的不同运输距离 IVT

单位：英镑

距离 （英里）	相对于私家汽车的 IVT					绝对 IVT					
	公交	地铁	铁路	汽车	汽车	公交	地铁	铁路	汽车	汽车	汽车
	公交	地铁	铁路	铁路	公交	公交	地铁	铁路	铁路	公交	汽车
2	0.65	1.05	1.23	0.95	1.33	2.7	5.1	5.1	4.0	5.5	4.2
10	0.58	0.93	1.09	0.84	1.18	3.7	6.8	6.9	5.3	7.5	6.3
50 –	—	—	0.96	0.75	—	—	—	12.0	9.3	—	12.4
100	—	—	0.91	0.71	—	—	—	13.6	10.5	—	14.9
200	—	—	0.87	0.67	—	—	—	15.5	12.0	—	17.8

资料来源：Wardman M.. Public transport values of time ［J］. Transport Policy, 2004 (11)：363 – 377.

表 1 – 13　以商务谈判为目的不同运输距离 IVT

单位：英镑

距离 （英里）	相对于私家汽车的 IVT					绝对 IVT					
	公交	地铁	铁路	汽车	汽车	公交	地铁	铁路	汽车	汽车	汽车
	公交	地铁	铁路	铁路	公交	公交	地铁	铁路	铁路	公交	汽车
2	0.65	1.05	1.23	0.95	1.33	7.1	13.4	13.5	10.4	14.6	11.0
10	0.58	0.93	1.09	0.84	1.18	9.6	18.0	18.1	14.0	19.6	16.7
50 –	—	—	0.96	0.75	—	—	—	31.5	24.2	—	32.8
100	—	—	0.91	0.71	—	—	—	35.8	27.8	—	39.2
200	—	—	0.87	0.67	—	—	—	40.7	31.5	—	46.9

资料来源：Wardman M.. Public transport values of time ［J］. Transport Policy, 2004 (11)：363 – 377.

备注：表 1 – 11、表 1 – 12、表 1 – 13 中引用的文献是英文文献，因此，表中距离的单位为英里。

广义服务质量的影响。除上述影响因素外，广义服务质量[1]也是出行环境中影响旅行时间价值的重要因素。根据相关文献，广义服务质量可以认为是交通运输过程中诸如出行可靠性与准时性、交通拥堵程度等各服务属性的集合，而这些属性对旅行时间价值有显著影响。

Gaver（1968）可能是最早提出进行旅行时间可靠性与准时性研究的人之一，他观察到当出行者发现交通运输过程中会存在不确定性的话，其旅行时间安排会进行调整以避免旅行时间延误，因此他认为在研究旅行时间价值变化时应建立一个考虑个体行为反应的效用最大化分析框架。Vickrey（1969）发现在规定时间前、后到达目的地的旅行时间价值不同的现象，并提出了一个考虑旅行时间表安排的单程出行选择模型。

Jackson & Jucker（1982）基于期望效用理论和金融研究中的风险回报模型给出了以旅行时间为变量的效用函数用公式（1 – 15）表示：

$$U = \gamma_1 \mu_T + \gamma_2 \sigma_T \qquad (1-15)$$

在公式（1 – 15）中 μ_T 为期望旅行时间，σ_T 为旅行时间变异，γ 则是外生参数。他们认为该函数表示出行者会在出行选择时最大程度的减少预期旅

---

[1]　Wardman（2001）在其 "a review of British evidence on time and service quality valuations" 一文中提出了广义服务质量这一概念，并认为其对旅行时间价值研究有重要影响。

行时间和降低旅行时间的不可靠性，并以旅行时间分布的期望和方差来估计平均旅行时间和旅行时间的不可靠性。他们基于该效用函数又添加了出行费用 C 为基本变量，通过边际替代率的计算得到旅行时间可靠价值（value of travel time reliability，VOR），时间价值（value of travel time VOT）及两者的比率（reliability ratio，RR）[1]。Polak（1987）、Senna（1994）等人在 Jackson &Jucker 等人的研究基础上将该模型进行了进一步的扩展。

Knight（1974）则提出了一个旅行时间"安全边际"的假说来解释出行者对交通运输过程中不确定性的反应。从本质上讲，Knight 认为出行者出发时间的选择是基于其在家中度过时间的边际效用等于提前到达工作地的边际效用与迟到的边际效用之和的假设条件。在 Knight 研究基础上，Pells（1987）指出旅行时间"安全边际"会受两方面因素影响：其一是出行者会尽可能减少迟到的次数；其二是相对于提早到达工作地点，出行者会尽可能最大化自己待在家的时间。而 Guttman（1979），Menashe（1986）等人则发现损失厌恶的出行者一般会选择可靠性较高的出行方式以避免旅行时间价值的损失。

在 Gaver、Vickrey 等人研究的基础上，Small（1982）讨论了重置旅行时间表的可能性。在 Small 的研究中，出发时间被作为变量引入关于效用、旅行时间和交通运输费用的分析，而出发时间、工作时间、工作地点和工资率则被认为是影响旅行时间表制定的体制约束决定变量。经过验证发现，出行者效用受出发时间的影响，而旅行时间价值则有可能受工作地点等约束条件的影响。基于此，Small 个提出了一个基于旅行时间表安排的线性效用最大化函数用公式（1-16）表示：

$$U(t_d; PAT) = \gamma_1 T + \gamma_2 SDE + \gamma_3 SDL + \gamma_4 DL \qquad (1-16)$$

在公式（1-16）中，t_d 是一个决策变量，通常代表了出行者的出发时间；PAT 是偏好到达时间；T 是运输在途时间；SDE（scheduling delay early）为提早到达时间，定义为 $\max[0, PAT(T+t_d)]$；SDL（scheduling delay late）为延迟到达时间定义为 $\max[0, (T+t_d)-PAT]$；DL 为虚拟变量，表示是否迟到；γ 则是待估参数，通常为负。与 Jackson & Jucker（1982）的定义类似，Small 通过引入出行费用 $\gamma_5 C$ 为基本变量，通过边际替代率的计算得

---

[1] Jackson & Jucker（1982）对 VOT，VOR 和 RR 分别给出了如下定义：$VOT = \dfrac{\partial U/\partial \mu_T}{\partial U/\partial C}$，$VOR = \dfrac{\partial U/\partial \sigma_T}{\partial U/\partial C}$，$RR = \dfrac{VOR}{VOT}$。

到旅行时间价值（VOT）、早到的旅行时间价值（VSDE）和迟到的旅行时间价值（VSDL），并总结出对旅行时间价值可靠性的估计依赖于旅行时间表制定的结论❶。也正是依托 Small 的研究，才为旅行时间价值的可靠性研究建立了分析框架。此后，Arnott et al.（1990，1993，1994）、Laih（1994）、Noland & Small（1995）、Garcia（1999）、Newell（1987）、Daganzo & Garcia（2000）、Daganzo（1985，1995）等学者将上述分析框架进行了改进和扩展。Bates（2001）等人在回顾了以往对可靠性研究的基础上对旅行时间价值进行了实证分析。继 Bates 的研究之后，对于旅行时间价值可靠性研究越来越多。如 Noland（1998）、Lam（2001）等学者则对旅行时间价值的可靠性进行了更为详尽的估计，他们发现旅行时间价值可靠性主要依赖于个案的调查，在他们的模型中的旅行时间可靠性估值约为男人工资率的48%、女人工资率的101%。另外，Small & Brownstone（2005）等人也发现对于旅行时间可靠性估值对于确保美国收费公路利用效率的提升有着重要影响。而最近的一些相关研究显示，出行者也愿意为提高旅行时间的可靠性和准时性而额外支付报酬（Senna，1994；Small et al.，1999；Hensher，2001；Bhat & Sardesai，2006）。有的研究结果甚至得出：出行者对于旅行时间价值的节约来说，更看重旅行时间可靠性和准时性（Asensio & Matas，2008；Batley & Ibáñez，2009）。Kenetsu Uchida（2014）则基于用户效用最大化利用两种模型估计了路网中的旅行时间价值和旅行时间价值的可靠性。除上述研究工作外，还有一些有关旅行时间价值可靠性的 Meta 分析，具体情况如表 1 – 14 所示。

表 1 – 14　基于 Meta 分析的旅行时间价值可靠性研究回顾

研究人员	调查方法与数据类型	时间价值的可靠率❷
Black & Towriss（1993）	SP	0.55
Small et al.（1995）	SP	2.30
Koskenoja（1996）	SP	0.75
Small et al.（1999）	SP	2.51

---

❶　Small（1982）对 VOT、VSDE 和 VSDL 给出了如下定义：$VOT = \dfrac{\partial U/\partial \mu_T}{\partial U/\partial C}$，$VSDE = \dfrac{\partial U/\partial SDE}{\partial U/\partial C}$，$VSDL = \dfrac{\partial U/\partial SDL}{\partial U/\partial C}$。

❷　旅行时间价值的可靠性（英文简称 RR）：通常可认为是旅行时间可靠价值（VOR）与旅行时间价值（VOT）的比值。

研究人员	调查方法与数据类型	时间价值的可靠率
Ghosh（2001）	SP & RP	1.17
Yan（2002）	SP & RP	1.47
Liu et al.（2004）	RP	1.73
Small et al.（2005）	SP & RP	0.65
Bhat & Sardesai（2006）	SP & RP	0.26
Hollander（2006）	SP	0.10
Liu et al.（2007）	RP	1.30
De Jong et al.（2007）	SP	1.35
Asensio & Matas（2008）	SP	0.98
Tilahun & Levinson（2010）	SP	0.89
Li et al.（2010）	SP	0.70
Carrion & Levinson（2010）	RP	0.91
Carrion & Levinson（2011）	RP	0.91

资料来源：Carrion & Levinson. value of travel time reliability：a review of current evidence. Transportation Research Part A，2012（46）：720 – 741.

关于拥挤旅行时间价值的研究，Train（1976）可能是第一位对其感兴趣的学者。他利用了显示性偏好的调查技术（RP）对当时拥挤的旅行时间价值进行了初步估算，得出其价值约高于非拥挤旅行时间价值的30%。Wardman（1986）区分了不同出行目（通勤、其他出行和商务出行）的情况下，其旅行时间价值的拥挤系数为1.39、1.46 和1.28。此后，Hague Consulting Group（1994）年也进行了类似的研究，其研究结果为1.70，2.04 和1.90。Abrantes and Wardman（2011）回顾了以往的9 个研究，发现29 个旅行时间价值的拥挤系数平均值为1.54（±0.12）。针对这一研究，Small（1999）曾评论说："就目前来看，关于区分拥挤和非拥挤旅行时间价值的研究少之又少。"而Hensher（1990，2001）则首次将汽车旅行时间进行了划分：自由行驶时间、减速时间和停止—启动时间。在Hensher相关的研究之后，关于拥挤系数的研究在逐渐增多。目前，国外关于拥挤系数的研究大都集中于比率指标的确定，即拥挤的旅行时间价值与非拥挤的旅行时间价值之比，具体见表1－15。

表 1 – 15　国外关于拥挤的旅行时间价值系数调查回顾❶

研究者	研究范围	拥挤程度	比值	出行目的与 调查方法	是否 单程
Abrantes & Wardman （2011）	UK Urban & Inter-Urban 1986—2008	Congested	1.54 1.43 1.59 1.54 1.51 1.55	All Business Commute Other RP SP	NO
Hensher et al. （1990）	Sydney	Congested	1.70	Business	NO
Douglas Economics （1996）	Sydney	Congested	1.31	All	NO
Kazakov et al. （1993）	Canada	Congested	1.37	Commute	NO
MVA（1997）	Nottingham	Congested	1.18 1.57 1.75	Non Business Commute	NO
Calfee et al. （2001）	US Metropolitan Areas	Congested	3.0	Commute	NO
Hensher（2001a）	NewZeal & Inter-Urban	Slowed down Stop-start	>2.7 >5.7	All	YES
Hensher（2001b）	New Zealand Suburban	Slowed down Stop-start	1.33 2.82	Commute	YES
Beca Carter Hollings & Ferner（2002）	NewZealand UrbanRoads	Slowed down Stop-start	1.07 1.49	All	YES
	New Zealand Rural Roads	Slowed down Stop-start	1.15 1.67	All	YES

---

❶　其中，拥挤程度 light、busy、heavy、congested、slowed down、stop – start、grid lock 分别表示轻微、繁忙、严重、非常严重、缓慢前行、停车—起步、全面堵塞；出行目的 business、commute、other、all、non 分别表示商务出行、通勤出行、其他目的出行、多种目的兼顾、无目的出行。

续表

研究者	研究范围	拥挤程度	比值	出行目的与调查方法	是否单程
Nielsen et al. (2002)	Copenhagen	Congested	1.31 1.64 2.16	Commute Business Other	NO
Nielsen (2004)	Copenhagen	Congested	1.61	All	NO
Steer Davies Gleave (2004)	Great Britain Inter-Urban	Busy Heavy Congestion Stop-start Gridlock Light Congestion Heavy Congestion Stop-start	1.20 1.46 1.67 1.96 1.11 ~ 1.38 1.47 ~ 2.12 1.61 ~ 2.62	All All	YES NO
Faber Maunsell (2005)	Brisbane	Stop-start Stop-start Stop-start Stop-start Stop-start Stop-start	1.65 1.38 1.89 1.28 1.34 1.52	All All All Business Commute Other	 NO NO NO NO NO
Fosgerau (2006)	Denmark	Congested	1.52	Non Business	NO
Deloitte (2006)	Auckland	Congested	1.12	All	NO
Fosgerau et al. (2007)	Denmark	Congested	0.88	Non Business	NO
Rich & Nielsen (2007)	Copenhagen	Congested	1.15 1.65 2.00	Commute Business Leisure	NO

研究者	研究范围	拥挤程度	比值	出行目的与调查方法	是否单程
Confidential（2007）	US Major City	Congested	1.6	All purpose	NO
Hensher et al.（2007）	Sydney	Slowed down	1.25	Non Commute	YES
Rose et al.（2008）	Sydney Santiago <200min Taiwan Suburban	Slowed down	1.35	Commute	YES
		Stop-start	2.79	All	YES
		Slowed down	1.25	All	YES
		Stop-start	1.43		
		Slowed down	1.31		
		Stop-start	2.08		
Murphy（2009）	Rostock2004	Congested	1.05	All	NO
			1.14	All	NO
	Montreal2005	Stop-start	1.65	Commute	
			1.23	Business	
			2.16	Other	NO
	Riga 2005	Stop-start	1.00	Commute	
			1.07	Business	
			1.07	Other	NO
	Serbia 2007	Stop-start	1.73	Commute	
			1.14	Business	
			1.05	Other	NO
Murphy（2009）	Brisbane 2007	Stop-start	1.19	Commute	
			1.24	Business	
			1.22	Other	NO
			1.04	All	

研究者	研究范围	拥挤程度	比值	出行目的与调查方法	是否单程
Hensher & Greene (2010)	Sydney	Slowed Down	1.68	Commute	YES
Maunsell Australia (2009)	Singapore	Light & heavy Cong	1.16	Commute	NO
		Stop-start & gridlock	1.71		
		Light & heavy Cong	1.12	Other	
		Stop-start & gridlock	1.68		
		Light & heavy Cong	1.00	Business	
		Stop-start & gridlock	1.36		

资料来源: Mark Wardman J., Nicolás Ibánz. The congestion multiplier: Variations in motorists' valuations of travel time with traffic conditions [J]. Transportation Research Part A, 2012 (46): 216 – 217.

根据表1–15可以看出，虽然各研究之间有较大差异，但其拥挤系数范围都集中于1.3~2.0。而且各研究结果也清楚地表明在考虑了不同的调查时段、不同的国家或地区、不同的出行目的与调查方法、是否单程等因素之后，拥挤的旅行时间价值也总是呈现出比非拥挤的旅行时间价值更高的趋势。

虽然上述研究一直是拥挤旅行时间价值的主要方向，但是近年来随着道路拥挤收费措施的实行，学者们也逐渐开始关注道路拥挤收费条件下的旅行时间价值研究。Calfeea & Winstonb（1998）通过对私家车出行者在道路拥挤条件下对拥挤收费的意向调查来获得数据，然后使用order logit模型对其进行标定，得到的汽车通勤的旅行时间价值为4.9美元/小时。Lam & Small（2001）通过对在加利福尼亚的SR91号公路上的"High Occupancy/Toll"车道的高峰期间的行为调查数据进行了分析，并使用模型对其进行了标定，得出的汽车通勤的旅行时间价值为22.87美元/小时。Brownstone & Ghosh（2003）利用对圣地亚哥一条收费公路的行为调查数据，并使用模型对其进行了标定，得到汽车通勤的旅行时间价值为30美元/小时。Small & Brownstone（2005）在加利福尼亚SR91号公路上的"High Occupancy/Toll"车道进行了调查，取得了意向调查数据和行为调查数据。从中得出私家车通勤的旅行时间价值为 20 美元/小时和 40 美元/小时。Debasis Basu & Bhargab Maitra（2010）针对城市交通拥堵与流动性障碍现象，利用可变信息板（VMS）对印度加尔各答市私家车和出租车的旅行时间价值进行估计比较。研究表明，VMS 中提供的信息对私家车和出租车的旅行时间价值估计存在显著影响，其中对私家车产生的影响会更大一些。Maria Börjesson & Jonas Eliasson（2014）针对瑞典居民出行决策的情况讨论了旅行时间价值分布的情况。其中，包括了旅行时间价值的损失规避和零碎旅行时间价值。此外，该论文还探讨了旅行过程和旅行特点等因素对旅行时间价值的影响。

收入的影响。作为个人特征的明显标记，收入已经逐渐演变为影响旅行时间价值的最重要因素之一（Gunn，2001）。根据现实情况，不同收入的出行者其旅行时间价值应该不同，有时同一个出行者在不同收入水平下其旅行时间价值也可能不同。而当个人收入变化时，旅行时间价值也应该随之变化；或者由于工作时间边际值的变化引起旅行时间价值变化。目前，在相关研究中已被证实的结论就是：出行者收入越高，则其旅行时间价值应该越高。例如，假设到达同一目的地有两种出行选择：铁路或飞机，根据现实情况，乘坐铁路所花费的在途时间要长于飞机，而花费的经济成本则要少于飞机。对于个人来说，乘坐铁路的在途时间和自由转换的旅行时间两方面所带来的正效用都低于乘坐飞机，但是乘坐铁路的经济成本和相对于个人收入的边际成本又都小于乘坐飞机，因此个人对乘坐铁路的旅行时间价值估计要大于飞机，但事实恰好相反。而造成这种差异的主要原因可能是乘坐火车与乘坐飞机的个人收入差距。个人在选择乘坐飞机时是因为其拥有高收入和高旅行时间价值评价，而乘坐火车则是因为其较低的收入和低旅行时间价值评价。Mackie（2003）等通过研究得出旅行时间价值的收入弹性在 0.72 ~ 0.82。但对于不同收入者来说旅行时间价值占其收入比例却并非一成不变的。Axhausen（2004）等研究瑞士通勤者的旅行时间价值时，发现考察对象的旅行时间价值与随着收入水平呈正相关关系，如图 1 - 1、图 1 - 2 所示。

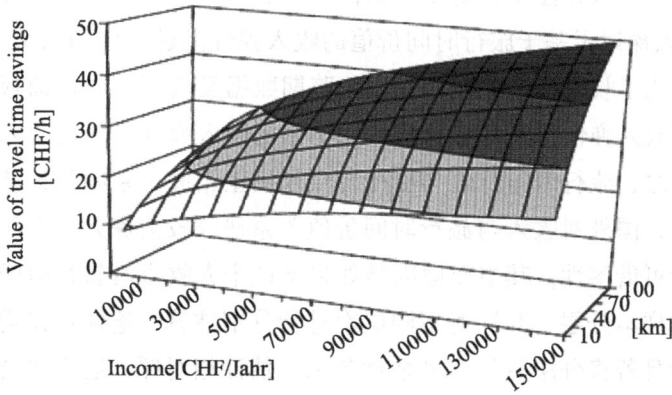

图 1-1 私家车通勤者的旅行时间价值节约与收入关系变化

时间价值单位：瑞士法郎/小时；收入单位：瑞士法郎/年

资料来源：Axhausen, Konig, Abay, et al. . Swiss value of travel time savings ［C］. European Transport Conferene Strasbourg, 2004: 1 - 18.

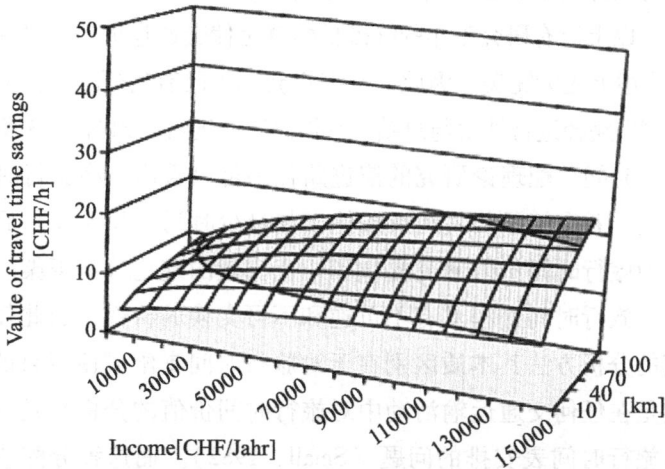

图 1-2 公共交通通勤者的旅行时间价值节约与收入关系变化

时间价值单位：瑞士法郎/小时；收入单位：瑞士法郎/年

资料来源：Axhausen, Konig, Abay, et al. . Swiss value of travel time savings ［C］. European Transport Conferene Strasbourg, 2004: 1 - 18.

Fosgerau（2005）研究了丹麦人的旅行时间价值收入弹性，在考虑了年龄、性别等因素之后，得出了旅行时间价值的收入弹性为 0.9。而 Axhausen（2008）等人将瑞士不同出行班次及不同目的群体设定为研究对象，再次以旅行时间价值的收入弹性作为衡量指标，得到了与以往显著不同的结果。Maria（2012）等人探讨了基于旅行时间价值的收入弹性问题。他们以 13 年作为时间间隔，对比了收入弹性的面板数据与跨期数据发现可以通过面板收入弹性来预测跨期收入弹性，且基于旅行时间价值的收入弹性是随着收入增加变化的。总而言之，旅行时间价值与出行者收入呈正相关关系则是被普遍接受的观点。虽然，国外对收入与旅行时间价值关系研究较为深入，但所得结论并不具有一般可借鉴性，其主要原因是如果验证个人收入对旅行时间价值的影响则需要对样本分层，并针对不同层次进行分别估算，这样不仅需要大量样本数据，而且若将分层后的模型估计与总体估计相对照，通常也会出现较差的统计特性。

三、对已有研究的评价

旅行时间价值作为交通运输经济研究的基础领域之一，其分析框架仍有待完善：从时间分配及其测算原理的理论探讨，到基于影响因素的经验估计与现场实证，以上所有研究工作的终极目标就是使交通运输经济学中旅行时间价值分析在描述上更为完美。因此，本书将会基于已有的研究文献对旅行时间价值研究的演进路径进行评价与总结，具体研究演进路径如图 1 - 3 所示。

其中，从时间分配理论研究的演进路径中可以看出，将旅行时间因素纳入到消费理论，并在给予相关约束条件（如最少时间、收入等）后确立的时间分配思路为旅行时间价值研究提供了一个有效的理论分析框架。但需要注意的是，由于旅行时间进程具有不可逆和不可交换的特性，因此任何针对旅行时间价值的分析方法其本质区别在于对旅行时间支配或使用目的的不同。换而言之，就是在任何交通运输活动中对旅行时间价值的分析都是一个旅行时间分配或是旅行时间表安排的问题（Small，1982）。而这种分配或安排则完全取决于人们自身的经验或预期。因此，人们对旅行时间价值的评价在很大程度上带有主观性质，其主要依赖于旅行时间拥有者或旅行时间所依附于资源的权利主体对其价值的主观评价。而基于时间分配的旅行时间价值评价也存在同样的问题，即在分析过程中忽略了影响出行者旅行时间价值的自身经历和行为的历史路径依赖作用。尽管 Metz、Johnson、De Serpa、Gronau、Jiang & Morikawa、Zamparini & Reggiani、Maria Börjesson & Jonas Eliasson、Stefanie Peer et al、David A et al、荣朝和等多位学者在各自的理论分析框架中都或多

基于时间分配的研究演进

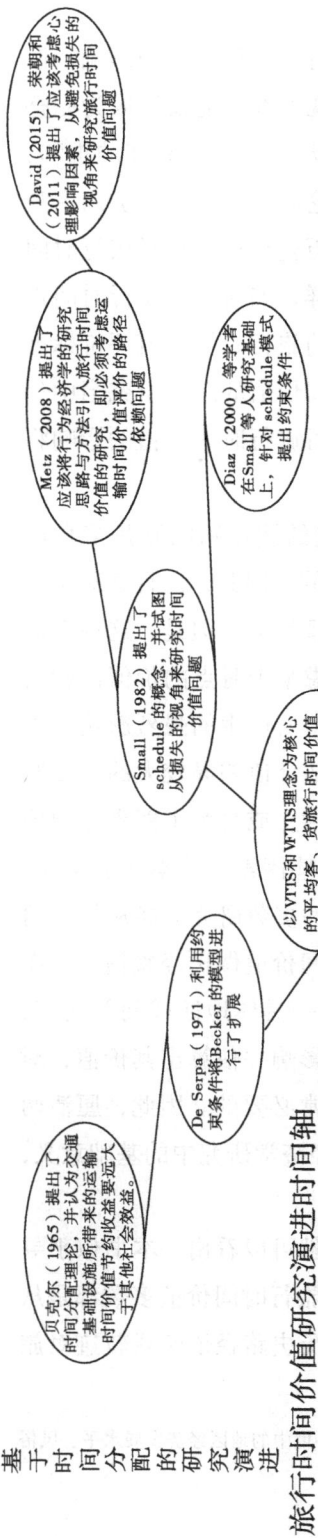

旅行时间价值研究演进时间轴

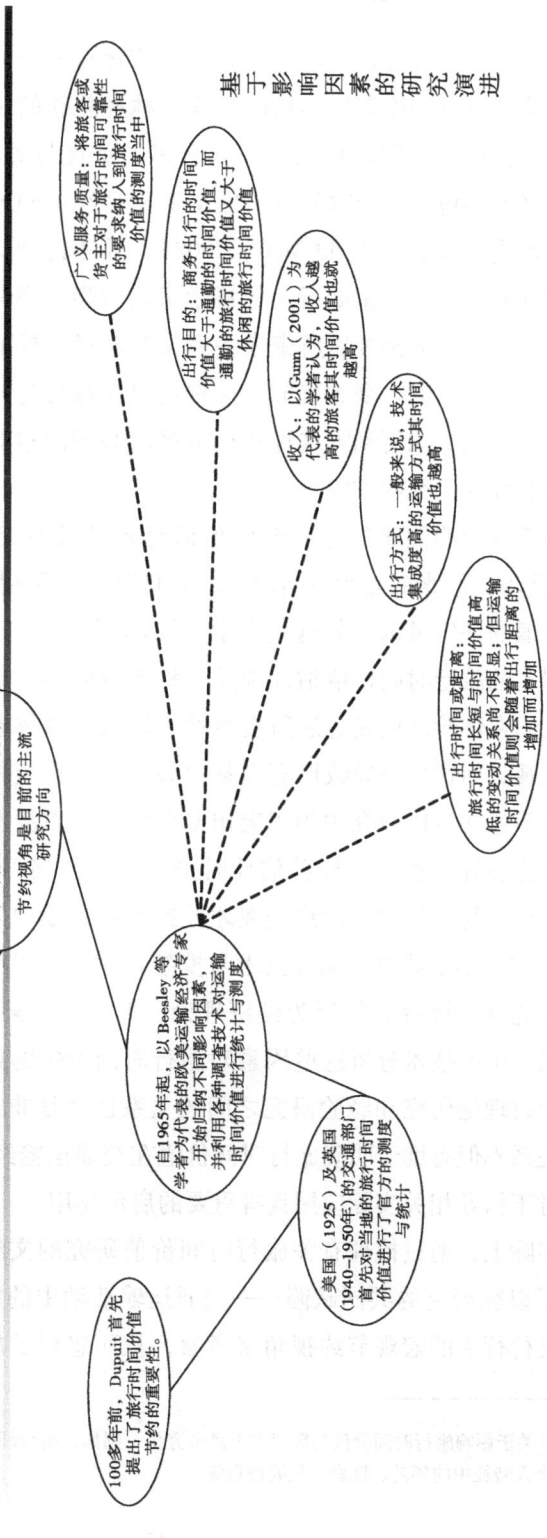

贝克尔（1965）提出了时间分配理论，并认为交通基础设施所带来的运输时间价值节约收益要远大于其他社会效益。

De Serpa（1971）利用约束条件将Becker的模型进行了扩展

Small（1982）提出了schedule的概念，并试图从损失时间的视角来研究时间价值问题

Metz（2008）提出了应该将行为经济学的研究思路与方法引入旅行时间价值的研究，即必须考虑运输时间价值的依赖问题

David（2015），柴明和（2011）提出了应该考虑心理影响因素，从避免旅行时间视角来研究时间价值问题

Diaz（2000）等学者在Small等人研究基础上，针对schedule模式提出约束条件

以VTTS和VFTTS理念为核心的平均客、货旅行时间价值节约视角是目前的主流研究方向

基于影响因素的研究演进

100多年前，Dupuit首先提出了旅行时间价值的重要性。

美国（1940-1950年）及英国（1925）的交通部门首先对当地的旅行时间价值进行了官方的测度与统计

自1965年起，以Beesley等学者为代表的欧美运输经济学家开始归纳不同影响因素，并利用各种调查技术对运输时间价值进行统计与测度

出行时间或距离：旅行时间长短与时间价值的变动关系尚不明显，低时间价值则会随着出行距离的增加而增加

出行方式：一般来说，技术集成度高的运输方式其时间价值也越高

收入：以Gunn（2001）为代表的学者认为，收入越高的旅客其时间价值也越高

出行目的：商务出行的时间价值大于通勤的时间价值，而通勤的旅行时间价值又大于休闲的旅行时间价值

广义服务质量：将旅客或货主对于旅行时间可靠性的要求纳入到旅行时间价值的测度当中

图1-3　旅行时间价值研究的演进路径及关键节点

或少地提到了主观心理因素或历史路径依赖对旅行时间价值分析的影响，但是由于受到当时理论发展的局限，这些林林总总的观点都未能发展成为完整的理论分析框架，所以也没有引起太多的重视与关注。但随着时间的推移，现在越来越多包含旅行时间价值的交通运输经济理论研究都在考虑引入主观心理因素进行分析（David Metz，2008），并考虑到历史路径依赖对旅行时间价值判断的影响。这正如行为经济学家们所指出那样，如何选取旅行时间价值评价标准和选取标准后所带来的后果对选择怎样的旅行时间价值评价标准的影响是一样大的。毫无疑问，这种趋势在旅行时间价值的理论研究当中仍将延续。因此，如何刻画这种路径依赖的心理因素对旅行时间价值的影响将是进一步深入研究的方向。

而考虑影响因素的旅行时间价值经验估计研究的演进路线则是多角度的❶，且不同因素对旅行时间价值的影响程度又不相同。因此，出行者对旅行时间价值的评价可以说是这些因素共同作用后的心理反应。但是，这种根据影响因素的旅行时间价值估计则是一种典型的只考虑某个时点的价值体验而忽视人们在体验之前或之后所发生的一切对这些体验所产生的强烈影响的静态价值观。而这也是导致已有文献中旅行时间价值估计值差异较大的重要原因。只不过在具体研究中为了突出某些因素的重要性，或是为了能更方便地进行调查设计，需要在经验估计时选择性地忽略一些因素。从本质上来说，由于旅行时间价值的这种易变性才导致上述文献中的多数研究只能从技术角度（例如，不断改进的调查技术与模型）对旅行时间价值做出经验估算，而并没有能够重视背后的行为经济理论。但是，就某一具体地区或问题而言，能利用正确的技术分析这些因素对旅行时间价值的影响并估算出其价值，对以后探讨理论研究和经验研究之间的关系也将是非常必要的。因此，厘清两者的关系不但有助于明确旅行时间价值在交通运输经济学研究中的基础意义，而且对于指导相关实际应用具有重要的启示作用。

实际上，通过梳理有关旅行时间价值研究的文献可以看出，本书似乎寻找到了以往研究的共同缺陷——交通运输活动中的旅行时间价值多数都是从集体出行行为的宏观节约视角来考察，从而忽视了历史路径依赖或轨迹对旅

---

❶ 关于影响旅行时间价值的因素本书尚未穷尽，例如，出行环境中的地区经济发展水平、风俗习惯及个人特征中的年龄、性别、先验信息等。

行时间价值评价的影响。而针对这种遗漏了旅行时间价值评价过程当中所涉及情景等重要特征的研究思路，著名交通运输经济学者 David Metz（2008）曾批评说，与传统交通运输经济基于广义成本最小化假设集中于旅行时间价值节约的研究视角相比，行为经济学的研究更看重与现实世界情况相契合，也更关注旅行时间价值的分析方式，而非沉溺于所谓标准的交通运输经济分析框架。Maria Börjesson & Jonas Eliasson（2014）、Stefanie Peer et al.（2014）、David A et al.（2015）等学者也认为应该注重从一种包含损失厌恶、消费者偏好与主观判断概率的分析框架来捕捉旅行时间价值，并提出旅行时间价值的判断应该出于一种合理的源偏好❶而非一种偶然情况。此外，我国学者荣朝和（2011）也认为，通过平均值计算交通时间价值的局限性，在于那些只是社会生活中十分特殊且前提要求非常严格的简化结果，其实不该将其当作普遍情况。正是由于有上述学者改进或提出新的分析思路来替代传统的旅行时间价值研究范式的探索，才为本书进一步的研究指明了方向。

第四节　内容与方法

一、研究内容

从完善传统交通运输经济学研究的角度出发，在借助前景理论中参照点依赖原理及损失厌恶效应等成果的基础上，本书选择了旅行时间价值作为研究主题与切入点，并进行了以下的一些探索性研究，其具体内容如下所述。

第一章，导论。在观察旅行时间价值损失经济现象的基础上，通过基础文献研读发现，目前的研究框架可能存在天然的缺陷：即对现实生活中存在的旅行时间价值损失厌恶效应缺乏一定的解释力，因此本书也就具备了进一步研究的方向与基点。

第二章，理论背景。在本章中，最主要的目的就是通过对参照点依赖原理及损失厌恶效应的相关理论与方法进行梳理，尝试将这种行为经济的研究思路融入经典的旅行时间价值研究框架之中，从而将基础理论与研究对象更

---

❶ 本书认为，源偏好可以被认为是旅行时间价值参照点的另一种表述。

好的统一起来，而这种结合对完善旅行时间价值的进一步研究会有更好的帮助。

第三章，分析框架构建。通过前两章梳理可知，造成目前研究框架对现实情况解释乏力的最主要原因就是忽略了旅行时间价值研究中参照点的作用，而本章就是在经典效用函数的基础上通过引入参照点的分析思路对传统旅行时间价值研究框架进行改进，其具体包括：构建了参照点依赖的旅行时间价值偏好曲线及扩展形式和旅行时间价值的损失厌恶曲线，并利用该曲线族对旅行时间价值的可靠性与非匀质性进行了阐释。

第四章，验证模型选择与改进。在已构建的分析框架基础上，本章对经典的logit模型进行优化，使之成为一个考虑参照点依赖原理与损失厌恶效应的旅行时间价值估计模型，同时该模型所表现出的拟合度和稳健性也使其具有了可观察和可检验的经济学意义。

第五章，现场数据的实证检验。有了第三章、第四章的理论基础与模型，本章利用SP技术对出行者的旅行时间及票价要求进行了现场调查，并通过参照点依赖的logit模型对现场数据进行了实证检验，并得到了预期的结果。

第六章，测量方法的拓展。在传统的旅行时间价值测算方法和需求弹性计算模型的基础上，提出了参照点依赖的旅行时间价值测算方法及需求弹性计算模型，并利用京津间公共交通运输系统内的调研数据进行了实证，以检测其适用性和有效性。

第七章，铁路客运差别定价策略分析。以旅行时间价值参照点依赖原理为基础对铁路客运差别定价策略进行解释，并通过构建一个考虑旅行时间价值的参照点依赖差别定价模型，分析得到我国铁路客运差别定价策略实施的前提条件与范围。

第八章，对出行路径选择的影响。本章考虑将引入参照点的旅行时间价值设置为核心变量，以累积前景理论作为分析工具，研究得出了参照点的设置对不确定出行环境中出行者路径选择行为的影响程度。

第九章，旅行时间满意与损失赔偿制度。本章通过构建一个考虑旅行时间参照点的模型说明旅行时间满意度形成的内在机理及其对旅行时间价值损失赔偿制度建立的重要意义，并在借鉴国际经验的基础上，提出了符合我国国情的旅行时间价值损失赔偿架构体系。

第十章，可继续深入的方向。在不妨碍旅行时间价值规范性研究的前提下，本章利用引入参照点的分析思路对"错时上下班"制度和应急交通疏散的管理机制问题进行了扩展性分析，并得到了一些有趣的结论。

二、研究方法

演绎法与实证方法相结合。本书主要采用了演绎推理的研究方法，坚持以旅行时间价值作为核心变量，从参照点依赖的视角进行推演，来构建分析框架，并在此基础上进行计量检验，其最终目的是为了保证分析过程中的变量及其参数有真实确切的经济含义。

实际观察与案例验证相结合。除演绎法之外，本书还采用了案例验证的方法，其作为了解和发现现实经济问题最直接、最有效的方法，可以通过比较分析历史案例归纳出相关结论。此外，本书还强调研究与真实世界可观察的一致性，因为参照点依赖及损失厌恶效应普遍存在于现实生活当中，这些都是从参照点依赖角度研究时间价值的基础性依据。

第五节　创新之处

其一，针对传统旅行时间价值研究存在的缺陷，本书试图扩展这一概念与基本分析单位外延，发掘观察旅行时间价值的新维度，即旅行时间价值的研究应该包括参照点依赖分析框架及损失厌恶效应。基于此，本书在前人研究成果的基础上引入了参照点，构建了参照点依赖的旅行时间价值分析框架，并通过推导过程中将参照点依赖原理、损失厌恶效应与旅行时间—运输费用替代曲线的有机结合，促使旅行时间价值研究由单一的节约视角向节约与损失并举的双重视角转变，由静态的价值观到动态价值观转变，由绝对旅行时间价值研究到相对旅行时间价值转变。

其二，在传统旅行运输时间价值研究框架中，其在研究模型方面过分偏重于理性描述，而本书则针对人们对旅行时间收益与损失评价行为存在不对称性这一特点，对传统的 logit 旅行时间价值研究模型进行修正，其修正的关键就是参照点的引入。当然，修正后的 logit 模型是可检验的，其依然可以被广泛使用且适用于旅行时间价值研究与运输行为分析。同时，这种包含区分损失或收益修正思路的 logit 模型也可以被扩展到那些对运输产品选择产生影响的其他属性研究当中。

其三，由于旅行时间价值评价存在明显的损失厌恶效应，利用参照点依赖的 logit 模型对其进行经验估计，可以很好地验证参照点依赖分析框架的解释性与实用性。同时，将参照点引入 logit 模型，通过损失厌恶系数对其进行定量转换，并根据实例计算出结果，对基于双重视角的旅行时间价值测算方法和交通运输需求弹性计算模型用于完善和拓展交通运输系统或通道评价体系将有重要且现实的意义。

其四，事实上，本书的研究目的并非驳斥原有的理论研究，而是希望通过行为经济学分析思路的引进来完善旅行时间价值及相关交通运输经济研究。同时，作者相信通过本书阐述可以使得旅行时间价值在未来研究的相关方向（例如，对差别定价策略的解释、对路径选择行为的影响、旅行时间满意与价值损失赔偿、"错时上下班"制度解析和应急交通疏散管理机制设计等）上可以取得富有成效的成果。正如本书在可继续深入方向中所描述的那样：随着时间的推移，研究者们正在或准备运用参照点依赖的思路来分析越来越多的交通运输经济问题。毫无疑问，沿着这些方向的探索性研究可能会推动交通运输经济发展到下一个阶段：将行为经济与交通运输经济学巧妙的融合，从而构建更为完善的交通运输经济学研究体系。

第二章　理论背景

在传统的交通运输经济研究理论与方法中，学者们通常会侧重于研究旅行时间的稀缺性及其价值，但同时他们却又不重视人们在考虑旅行时间价值时所产生的丰富内心活动。这正是因为传统交通运输经济学中关于旅行时间价值的分析框架已经假定了人们在充分考虑旅行时间价值时的思考与评价能力是完全理性的，即人们可以很轻松地给出旅行时间价值的计算公式，并几乎毫不受心理因素影响地做出最优出行决策。考虑到存在上述的情况，本书认为传统的旅行时间价值分析与评价必然会忽略了一些出行者的心理因素和条件限制。与传统的研究思路不同，本书认为旅行时间价值的分析应该将出行者心理因素影响作为研究的前提条件，并根据这些前提条件得到对应的分析结果，以及这些结果对现实世界中旅行时间价值的判断是否具有解释力。而就目前情况来说，也许考虑心理因素影响的出行行为决策与旅行时间价值关系的研究并不能构成一套完整的理论体系，但其中隐含的思想和方法却可以为现有的旅行时间价值研究，甚至交通运输经济学科体系的完善带来不一样的观察视角。而在传统旅行时间价值的分析中引入参照点就是本书的一个尝试。但是，在引入参照点对旅行时间价值进行分析之前，本书认为有必要对旅行时间价值参照点的内涵及其相关概念进行一下简单的梳理与拓展。

第一节　参照点

一、原始内涵

参照点作为本书中的核心概念，其重要性是不言而喻的。一般来说，参照点通常被认为是行为个体习惯的一种状态或是社会风俗和规范，有时也会是一种期望。因此，它的位置一般与行为个体的财富水平、社会地位、生活环境等息息相关。此外，近期内行为个体的变化、预期等因素也会不同程度地影响参照点。而国外一些学者根据以往研究成果（如 Yates、Stone 等）将参照点分为两类，其中一类可称之为现状参照点（status quo reference）；而另一类则被认为是非现状参照点（non-status quo reference）。❶ 其中，现状参照点是指决策行为个体以目前所处的现实状况作为参照点，如当前的社会地位、财富水平、生活环境等；而非现状参照点则是指无客观存在参照点水平的情况，如期望、目标等。而 Fiegenbaum & Hart（1996）等人则从企业战略制定的角度提出了"三维参照点矩阵"理论。他们认为，对于参照点的划分可以从内在维度、外在维度和时间维度三个方面进行划分。❷ 其中，内在维度参照点是指既定的企业决策过程标准和结果标准；外在维度参照点则体现在包括企业竞争对手、顾客收益、供应商利益及股东利益等诸多方面的标准；而时间维度的参照点是基于时间序列的划分标准，如过去、现在和未来。与 Yates、Stone 等学者的分类观点类似，Kahneman 等人认为参照点的选取既可以根据决策者的现状，也可以是决策者的预期❸。Lattin（1989）等人则通过考虑消费者对购买时的价格和相关信息间接确定了参照点。Hardie（1993）等人则通过对消费品牌的研究，根据数据拟合的结果认为将最近一次消费的品牌作为参照点最符合实际情况。同时，他们还列举了其他可能作为参照点的备选，如消费者购买最多的品牌、忠诚度最高的品牌等。Suzuki（2001）等人在探讨有关航空业市场份额的研究中，分别以当时十大运营商的加权平均数、非加权平均数、中位数、最高市场份额等作为参照点进行计算，将其中数据拟合最好的结果作为参照点。Botond KÖsaegi & Matthew Rabin（2006）提出参照点的选取应该基于个人过去类似经历和结果的合理预期，并应该与他们目前的最优决策目标相一致。我国研究者于永菊（2006）认为参照点并非是静止不变的，而是随动态决策的变化而变化的。Hal R. Arkes、David Hirshleifer、Danling Jiang & Sonya Lim（2006，2008）则以股票交易为例研究了在不同投资

---

❶ Yates F J. , Stone E R. The risk construct: Risk-taking behavior [M]. New York Wiley, 1992: 1 –25.

❷ Fiegenbaum A. , Hart S. , Dan L. Strategic Reference Point Theory [J]. Slrategic Management Journal, 1996（17）: 219 –235.

❸ 将参照点认为是现状的包括 Kahneman & Tversky（1979，1991，1992），Hsee &Abelson（1991）等学者；而将参照点认为是预期的则有 Dembo（1931），Siegel（1957）等学者。

背景情况下，股票价格参照点是如何偏移的。他们的研究结果表明：无论股票是损失还是收益，参照点都会向着新的水平移动，同时也会存在等额收益之后的参照点偏移量大于损失之后的参照点偏移量。Manel Baucells，Martin Weber & Frank Welfens（2011）提出金融市场中的价格参照点应该是影响其变化的一系列价格的函数，这些价格包括买入价、当前价、最高价、最低价和平均价。同时他们的研究结果还表明，买入价与最后价格在决定参照点时的权重最大。可以看出，上述观点可以较好地说明参照点的产生、选取与偏移机制。但从更深的层次来说，本书认为参照点的选取最初应来源于人们的"锚定心理"（anchoring），因此有学者认为："从某种意义上说，整个行为经济学就是广义的锚定论"。而"锚定心理"的重要特点之一就是人们在评价时常常会不自觉地寻找确定或过于看重一些显著的、难忘的证据，也就是说人们容易将社会传统或风俗、个人习惯或嗜好、法律等这些证据当作参照点。同时，这种心理也揭示了一个人类独具的微妙天性——倾向于为自己找一个决策的参照依据，也许该依据与决策并无丝毫联系。可以说，"锚定心理"不仅从心理学角度为参照点选取提供了一个坚实的理论基础，同时也揭示了人类对于事物价值认知和评价的一般规律，进而有助于改进经济学中传统价值评价标准。在本书中，作者为了解决交通运输经济学中旅行时间价值的确定会受到决策者或出行者心理影响的问题，试图借鉴上述研究思路对旅行时间价值参照点的内涵进行阐述。

二、内涵的重新标定

从上文对于参照点原始内涵的阐述可以看出，事实上人们对资源价值（其中当然也包括旅行时间价值）的评判或测算往往都包含着一套内在的心理参照标准，这就是研究者们通常所说的参照点。而为了更方便地阐述后续内容，本书在这里尝试对旅行时间价值参照点的内涵进行阐释。本书认为旅行时间价值参照点通常是出行者发自内心的一种预期和价值评判依据，它一般与出行者的基本目的、自身的出行经验、所处出行环境、交通技术发展水平等因素密切相关。对于进行旅行时间分配的出行者来说，影响他们旅行时间价值判断的标准可能不会是旅行时间所带来效用的绝对值，而应该是基于他们大脑中已存在的中立参照点的效用偏差值。同时需要注意的是，相对于某一个出行者而言，其旅行时间价值的损失或是收益都是根据这一中立参照点的位置来判断的，而当参照点变换时，其对于旅行时间价值损失或是收益的判断会随之变化。基于此，本书提出旅行时间价值的参照点是可以转换的，同时这种转换会带来旅行时间价值评价标准的改变。

与传统旅行时间价值分析思路类似，本书认为出行者自身的旅行时间价值参照点确定通常也会受到以下几方面因素的影响：基于自身旅行目的及过程经验而形成的预期、出行者自身属性和外部出行环境等。其中，基于自身旅行目的及过程经验而形成的预期是指，有直接相关经验的出行者一般会参考以前的出行经验形成一个目标或预期，若是其没有直接相关的经验则会根据间接经验（例如，周围人的经验）形成目标或预期。一般来说，出行者的相关经验越丰富则其参照点的设置就会越合理。同时，在这个旅行过程中所获得的认知体验和知识积累等都会影响下一次参照点的设定。而对自身属性来说，出行者一般会根据自身的经济社会地位（其中可能包括收入、职业、受教育程度等影响因素）来设定参照点，进一步来说就是出行者在具有了一定经济社会地位的基础上会选择设定较高的参照点，进而表现为他们选择高速且舒适的交通方式出行。而外部出行环境对旅行时间价值参照点的影响则可以表现为一种处于经济发展水平不同地域的同一出行者对时间价值评价的差异。此外，该影响也可以表现为一种典型的"从众心理"或是"羊群效应"，即旅行时间价值参照点的设定往往会依据大多数人的选择或认知。

第二节　参照点依赖原理

一、基本原理

在行为经济学中，参照点依赖是指参照点确定后所衍生出的一种心理效应。基于此，行为经济学家们提出，个体价值评价的依据并非是决策后可能效用的绝对值，而是以某个既存的心理中立基点（即参照点）为标准，将评价结果理解为实际情况与参照点的偏离程度。❶ 但是，传统经济学中的偏好理论认为参照点对偏好无任何影响，所以从各不同参照点得出的比较结论应该

---

❶ Kahneman, Tversky. Prospect theory: an analysis of decisions under risk [J]. Econometrica, 1979, 47 (2): 263 – 291.

一致，即不存在参照点依赖效应。然而，在收集和总结禀赋效应、现状偏见等现象中关于参照点依赖原理的证据后，经济学家们发现了参照点对人们的偏好有着不能忽视的重要影响，因此为了证明传统偏好理论的缺陷，Bateman等人曾设计了一个检验参照点依赖效应的实验。正是上述实验证据，支持了 Kahneman & Tversky（1979，1991）及 Monro & Sugden（1998）所提出的前景理论及其扩展模型，而该模型的实质就是试图将参照点依赖原理归纳为一个选择模型。因为，他们认为决策个体在选择判断时需要通过一个函数进行价值评估从而做出决策，而这个效用函数的载体则是通过引入参照点来进行定义的。所以，前景理论及其扩展模型具有的最基本性质之一就是参照点依赖，同时它也是损失厌恶及敏感性递减的前提条件。

事实上，这种参照点依赖原理可以在禀赋效应（endowment effect）当中得到充分体现。如 Thaler（1980）发现人们在出售商品可接受的最低价格要明显高于他们为得到物品所支付的最高价格。而 Novemsky & Kahneman（2005）经过进一步研究发现，人们再出手时所接受的最低价格大约是其支付价格的 2 倍。Kahneman（1990，1991）等人认为这可能是由于人们将出售的物品看作是一种损失，而该损失未得到应有弥补引起的价格提升，但买方可能将支付的金钱看作是一种损失，而为减少损失买方需要降低支付价格，这个就是由参照点依赖所引致的禀赋效应。

另外，参照点依赖还可用于解释现状偏见❶（status quo bias）现象。Knetsch & Sinden（1984）通过一个实验发现了该现象。他们随意发给学生的一些糖果和杯子，并告诉他们每个人都有机会将手中的礼物换成另外一种。尽管是随意分配且交易成本很小，但是 90% 以上的学生都不愿意交换手中的礼物。Samuelson & Zeckhauser（1988）发现，在日常生活中人们对工作、汽车、金融投资、政策制定等问题的选择情况进行研究，并指出现状偏见现象是普遍存在的。例如，他们发现当哈佛大学增补卫生保健计划的新选项时，与新教师相比，老教师往往都不会选择新计划。与此类似，Hartman（1991）等人考察了加利福尼亚州住宅消费者对相关服务计划的选择，发现消费者同意服务中断而愿意接受的价格与为了避免中断而愿意支付的价格之间具有明

---

❶　Samuelson & Zeckhauser（1988）首次提出了现状偏见的概念。它是指人们对现有状况的过度偏好。

显差异。此外，他们还发现消费者倾向于选择某些选项是因为这些选项代表了他们的现状。而 Johnson（1993）等人在保险购买决策研究中也发现了同样情况。因为当时宾夕法尼亚州和新泽西州都在考虑相关政策的改革，允许企业提供更加便宜的汽车保险服务，用来限制投保人在事故中要求获得过高赔偿金的权利。上述两州中的汽车保险公司都给消费者邮寄了表格，咨询消费者是希望购买便宜的有限权利保险还是较贵的无限权利保险，但两州所给出的默认选项却并不相同。事实证明，如果上述保险购买决策中州政府已经给出默认选项，那么该州中积极选择该项保险的消费者比例会明显高于其他选项。从上面的研究可以发现，人们对任何他们认为属于"现状"的事物赋予的价值会高于那些他们认为不是"现状"的事物。此外，市场的最先进入优势和消费者的品牌忠诚也可以很好地说明现状偏见。而且，如果将上文中 Thaler 试验中人们对出售商品的所有权认为是一种"现状"的话，那么禀赋效应则可以看作是现状偏见的一个特例。事实上，现状偏见在社会中的普遍存在远不止于此。其实人们日常生活中的权利、习惯、传统、道德、法律以及衍生出的各种社会规范都可以被视为现状偏见。

二、在旅行时间价值中的应用

借助上述思路，本书认为对于旅行时间价值的参照点依赖原理来说，它可以被认为是旅行时间价值参照点确定后一种衍生的评价效应，即影响出行者旅行时间价值评判的典型路径依赖现象。它存在的作用就是为了说明，在传统旅行时间价值的分析框架当中，需要突出一个可能被忽略的重要问题：出行者对旅行时间价值的评判是静态的、不易被改变的，它是一种典型的只考虑某个截面的结果和体验的价值观。而本书认为，在评价旅行过程中的时间价值时，出行者应该重视在评价旅行时间价值之前或之后发生的相关事情及其对旅行时间价值评价所产生的可能影响。因为从参照点依赖的视角来看，在旅行时间价值评判过程中其如何判断以及在判断之后产生何种结果对旅行时间价值评价的影响几乎一样大。例如，城市内的通勤过程中，为了符合自己的预期时间安排，避免旅行时间价值的损失，出行者习惯于选择自己经常乘坐的、可靠的交通方式出行。

同时，还需要强调的是，在改进传统旅行时间价值研究方法或模型的过程中，本书并不是一定要考虑影响其价值评价之前或之后的所有因素或事情，而是试图通过将旅行时间价值的参照点依赖原理引入经典交通运输经济分析框架之中来提高其描述与预测的精确程度，即通过参照点依赖原理来对旅行时间价值进行损失和收益的区分，而这样的区分会对后文构建出描述性更好的旅行时间价值模型起到至关重要的作用。

第三节　损失厌恶效应

一、损失厌恶效应及测度

损失厌恶是基于参照点依赖原理描述人们面对损失或收益时态度的一般规律。它指的是人们在面对等量损失要比等量收益更敏感的经验规则。因此，其体现在效用函数上，损失区域内的函数图像要比收益区域更陡峭，如图2－1。正是因为损失厌恶效应的普适性，经济学家们将其运用到金融投资、生产性服务供给、消费决策等诸多领域来解释有关经济行为。

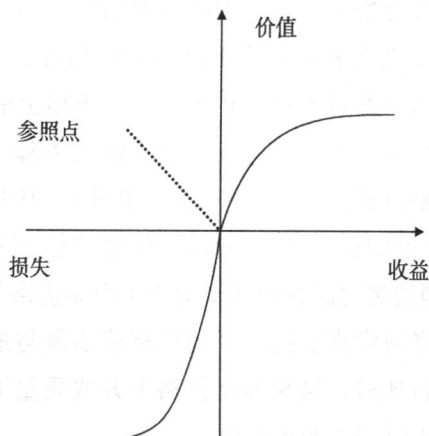

图 2－1　价值函数

在金融市场中，损失厌恶就可以很好地解释股权溢价等相关金融投资现象。在 20 世纪的大多数情况下，股票的资产回报率比无风险资产回报率高出6%~8%，如此高的股权溢价代表的是高风险，因此投资者往往会表现出风险厌恶，然而事实却并非如此。Benartzi & Thaler（1995）认为，基于现实中投资者的评估能力与频率总是有限的情况，如果投资者不频繁估计他们的投资绩效，则他们更倾向于风险追求，即评估期越长，股票等风险资产对他们的吸引力也就越大。事实证明，投资者并不是在规避收益的不确定性而是在规避损失，这样就赋予股权溢价问题一个传统经济学理论所不能解释的答案。此外，对于股票市场中投资者过早地抛售已升值的股票，而迟迟不肯将价值已下跌股票卖掉的损失厌恶现象，同样可以给予合理的解释。

Camerer（1997）等人发现纽约市出租汽车司机对工作时间的决策也存在损失厌恶现象。因为传统经济理论认为劳动者在日常劳动时通常会选择将自身利益最大化：应该在有助于他们增加收益的日子里（例如，城市举办大型赛事或下雨天等）工作的更久一些，而在收益不好的日子里早早收工。但是，Camerer 等人实地调研的证据却与之相反。这主要是因为纽约的出租汽车司机在每天出车前会习惯性地为自己制定一个收入目标，并且把达不到目标的情况视为自己利益的损失，所以就导致了他们在平均小时收入不好的日子里收班较晚的情况。

除上述现象之外，损失厌恶在消费选择分析当中也有着广泛的应用。例如，当某个商品的销售价格高于消费者心理价格时，消费者往往会将其视为损失并拒绝购买。而且消费者对价格上涨时的反感超过价格下降时的收益，同时与价格下降时商品消费量的增加相比，同等价格上涨时商品消费量的减少更多，也就是说商品价格上升时的弹性大于价格下降时的弹性，这种所谓的价格弹性不对称正是由于损失厌恶造成的。Putler（1992）首先通过鸡蛋价格上涨与下降对消费量的影响研究找到了价格弹性不对称的证据。Hardie（1993）等人则通过消费者对品牌的认知检验了商品价格与质量的弹性不对称现象。他们认为消费者通常喜欢把商品的价格或质量与最近一次消费的相同产品的价格或质量进行比较，结果显示价格上升或质量下降带来的负效用超过了价格下降或质量上升带来的正效用。

尽管已经累积了一些关于损失厌恶效应的成果，但作为度量损失厌恶程度的损失厌恶系数，目前学界仍未给出一个统一的标准。现在对损失厌恶系数的定义主要有以下几种形式[1]：$\lambda = \dfrac{-U(-x)}{U(x)}$（Kahneman & Tversky，

---

[1] 公式中的 λ 表示损失厌恶系数，U 表示效用函数。

1979；Schmidt & Zank，2005）；$\lambda = \dfrac{-U\ (-1)}{U\ (1)}$（Kahneman & Tversky，1992）；

$\lambda = \dfrac{U_{\uparrow}{}'\ (-x)}{U_{\downarrow}{}'\ (0)}$（Wakker & Tversky，1993）；$\lambda = \dfrac{U_{\uparrow}{}'\ (x)}{U_{\downarrow}{}'\ (0)}$（Benartzi & Thaler，

1995；KÖbberling & Wakker，2005）；$\lambda = \dfrac{\inf U'\ (-x)}{\sup U'\ (y)}$（$x > 0$，$y > 0$）（Bowman

et al.，1999）；$\lambda = \dfrac{\inf\ \left[\ U\ (-x)\ /\ (-x)\ \right]}{\sup\ \left[\ U\ (y)\ /y\ \right]}$（Neilson，2002）。

与此类似，在损失厌恶系数的计算上，相关研究的结果也大相径庭。其估算结果如表 2 - 1 所示。

表 2 - 1 损失厌恶系数测算文献综述

研究者	研究方向	估算值
Fishburn & Kochenberger（1979）	财富效用	4.8
Loewenstein（1988）	跨期消费	1.7 ~ 2.6
Tversky & Kahneman（1992）	财富效用	2.25
Putler（1992）	消费品	2.4
Hardie et al.（1993）	消费品	2.69/1.66
Bleichrodt et al.（2001）	健康	2.17/3.06
Schmidt & Traub（2002）	金融市场	1.43
Pennings & Schmidt（2003）	财富效用	2.5
Tu（2004）	跨期消费	1.1 ~ 1.4
Berkelaar，Kouwenberg & Post（2004）	金融市场	2.71
Nelson & Escalante（2004）	金融市场	0.27 ~ 4.95
Davies & Satchell（2005）	金融市场	1.8 ~ 2.6
Booij & Van De Kuilen（2006）	财富效用	1.79/1.74
Mattos，Garcia & Pennings（2008）	金融市场	1.8 ~ 2.6
Wisch（2008）	时间序列	约为 2.25
Tovar（2009）	贸易政策	约为 2

备注：表格为本书作者整理后所得。

相较于传统经济理论，损失厌恶被证明用于解释一些实际问题（诸如股

权溢价、纽约出租车司机劳动供给曲线的反常变化、鸡蛋或橘子汁消费中价格或质量表现出的弹性不对称、贸易保护政策的制定与实行等）会更为有效。从根本上来说，这种损失厌恶倾向来源于决策人具有参照点依赖偏好，一些现场的证据也支持了上述的观点，例如，在决定为一个公园植树的市场环境中，就发现了愿意接受价格与愿意支付价格之间存在不一致性的情况（Brookshire & Coursey，1987）。而将损失厌恶纳入经济决策模型的前景理论在解释该效应时也认为损失部分的效用函数变化要比收益部分的效用函数变化更大。因此，损失厌恶给本书的一个启示意义就是，成功的决策或评价应该更多地考虑损失方面。

二、旅行时间价值的损失厌恶效应

本书认为，对旅行时间价值损失厌恶效应的最初发现可能来自于出行者对交通方式晚点厌恶的现场证据。它可以被认为是，等量旅行时间价值损失带给出行者的影响要大于等量旅行时间价值收益，即出行者对旅行时间价值评价存在明显的不对称性。这种不对称性产生的原因，主要是因为人们在出行选择时就已经制定好了相应的时间计划，因此出行者在赋予该时间计划中关键时点或时段的价值比没有时间计划时所赋予的价值要大一些，这主要体现为考虑了计划中的损失旅行时间价值函数变化要比收益旅行时间价值函数变化更大。换而言之，就是出行者赋予与旅行时间价值损失或收益相联系的决策权重是不一样的，即旅行时间价值损失比收益对其价值评判的影响更大。

而与旅行时间价值参照点依赖原理相结合，这种旅行时间价值判断的不对称性可以被理解为旅行时间价值的实际损失或收益量相对于参照点的偏离方向及程度。在 Kahneman &Tversky 所提出的价值函数，见图 2 - 1，其会表现为一种不对称的价值曲线，这正是出行者对旅行时间价值评估后的主观感受。同时，这也符合了亚当·斯密在《道德情操论》一书中所描述的普遍现象：人们在由好变坏时所承受的痛苦要强于人们在由坏变好时所体验到的欢乐。而由于参照点不同所造成的旅行时间价值判断存在偏差，进而引起等量旅行时间价值损失所带来负效用与等量旅行时间价值收益所带来正效用的比值，本书将其称之为旅行时间价值的损失厌恶系数。

第四节　本章小结

在本章中，最主要的目的就是介绍参照点依赖和损失厌恶的相关研究思路与方法，而通过描述介绍其理论、方法及所涉及的代表性研究领域就是为了更好将新分析思路引入本书要研究的主题：旅行时间价值。正如上文所述，从对发现禀赋效应、现状偏见、股权溢价等事实与传统理论解释结果不一致的实验收集工作，到对这些实验结果提炼综合，再到提出参照点依赖、损失厌恶这些具有解释力的行为理论的发展，其所有行为的终极目标就是使经济学的描述分析更为完善。参照点依赖和损失厌恶对于经济学研究的意义可能是指出了传统经济分析在描述人类行为时的缺陷：传统经济学没有考虑到参照点对人类决策或选择的影响。因为在传统的经济学理论（包括交通运输经济学）中是假设人们的决策不受历史事件或自身心理所影响的，但对现状偏见、禀赋效应的研究却表明事实并非如此。某些事物先前被选择过的事实可以使该事物更具吸引力，而且这种典型的路径依赖现象也曾在交通运输经济学研究中频繁出现，例如，人们对出行方式晚点的厌恶。因此，如何将这种观察的结果及其解释过程正式地融入传统研究框架当中正是经济学各个研究领域需要共同努力的目标。

具体到这一章中，本书的目的并不是简单回顾参照点依赖和损失厌恶研究的发展历程，而是希望可以将其研究思路融入交通运输经济中关于旅行时间价值研究的理论体系，进而发现潜藏在表面现象之下的问题：交通运输经济活动中旅行时间价值的损失厌恶效应及其产生原因。通过观察和理解人们对旅行时间价值分析与评价过程是如何在行为经济学基础层面上进行的，从而将行为经济相关理论与旅行时间价值研究统一起来，这种结合的结果将对交通运输经济学中关于时间价值的研究会有更好地帮助。实际上，现实世界的情况亦是如此。随着国家经济社会越来越发达，旅客出行链和物资供应链越来越成熟稳定，人们对于旅行时间价值的判断或评价更多地取决于如果不能按时到达的损失厌恶程度。而这样的研究视角不仅遵循了人类是"有限理性"而非"完全理性"的前提假设，同时也符合人们对旅行时间价值损失比旅行时间价值节约更敏感的损失厌恶效应。例如，出行者同意交通运输服务中断或时间延迟而愿意接受的赔偿价格大于为了避免交通运输服务中断或时间延误发生而愿意付出的价格。与此同时，出行者愿意接受的旅行时间价值损失赔偿价格大约是出行者愿意为此支付价格的 1.5 ~ 2 倍。（Ramjerdi & Dillen，2007）。可以看出，旅行时间价值对于人们的意义在于他们有能力在一定程度上将交通运输过程中的旅行时间变为可控，以便能够让运输计划或流程的实施符合预期，尽量避免或减少因旅行时间延误而造成过多的损失。从这一点上来看，损失厌恶的旅行时间价值研究是极为必要的。

而更进一步来看，引起损失厌恶效应的根源是旅行时间价值评价过程中由参照点依赖原理而引致的损失厌恶效应。同时，对参照点依赖的忽视也是造成传统交通运输学中关于旅行时间价值研究理论与方法不完善的一个重要原因。因为相较于行为经济学的研究思路与方法，基于出行效用最大化或广义出行成本最小化假设的传统旅行时间价值理论及模型并不能客观地反映真实情况，而且现实生活中人们的行为也并非遵循效用最大化的标准经济学框架而行事。从这个意义上来讲，参照点依赖的旅行时间价值分析既有助于本书重新审视旅行时间价值的真正含义，将静态分析观转换为动态分析视角，同时也可以使交通运输经济中关于旅行时间价值的研究更加接近于真实世界：现实生活中的任何出行者、交通运输企业甚至整个交通运输行业对旅行时间价值的认识，都需要从过去简单的节约且平均的计算方法转化为如何避免不能准时到达所造成的损失及其程度的计量问题。而从该视角对旅行时间价值进行考察的重要性在于出行者或交通运输企业可以将旅行时间作为制定运输计划或安排的决定变量，并编制对应的时间表。这种时间表的存在则可以为出行者或交通运输企业带来更高的满足程度（Small，1982）。与此同时，对旅行时间价值研究的历史经验也已表明，旅行时间价值研究理论与方法的构建及完善可以促进交通运输业发展模式的合理转变，提高交通运输系统效率，优化旅行时间资源配置，从更科学的视角对交通基础设施建设进行评价，进而为社会经济实现又好又快发展打造一个稳定的交通运输服务平台。除此之外，本章中提到的参照点依赖原理与损失厌恶效应也将有助于改进旅行时间价值模型，并使其研究结果更加接近现实世界。

第三章　分析框架构建

在交通运输经济学中，关于旅行时间价值的研究继承发扬了新古典经济学的研究思路及方法，但却忽略了心理因素在其中所起的重要作用，而引入参照点的分析则有助于更好地把握和论证旅行时间价值研究的内涵。具体来看，本章在坚持新古典及交通运输经济学分析思路与方法的条件下，通过参照点引入，试图建立一个参照点依赖的分析框架来解释现实世界中存在的旅行时间价值评判过程中的路径依赖现象及由此衍生出的损失厌恶效应。此外，本章的另一贡献是借助于该分析框架重新阐述旅行时间价值所具有的独特属性。总而言之，作者认为，从这种参照点依赖的视角来重新审视交通运输经济学中的旅行时间价值问题对于我国构建合理的综合交通服务体系和提高运输服务资源的时间管理效率方面都有着重要的理论意义。

第一节　修正的可能

新古典经济学中关于"理性人"的前提假设之一就是人们赋予某种资源的价值是不容易改变的❶，尤其是不会因为受在使用这些资源时所得到效用的影响而改变，对旅行时间价值评价亦是如此。与理论假设相反，实际生活中人们对旅行时间价值的评价却是相当主观的，而深藏其背后的原因则是旅行时间自身所具有的不可逆性和不可交易性。进一步来看，人们对旅行时间价值评价的差异主要体现在是否可以在确定的旅行时点或时段内保证自己的经

---

❶　事实上，在新古典经济学的解释框架内，希克斯认为人们为失去某种资源而愿意接受的价格（WTA）与为获得相同资源而愿意付出的价格（WTP）是大致相当的。

济收益不受损失，而换个角度理解也就是旅行时间价值的损失厌恶效应。举个简单的例子来说，某人为赶去某地参加一个重要会议而提前预订了机票，但是由于天气原因导致飞机延迟起飞，此时该旅客就会重新考虑自己的出行安排，即是否马上换乘可替代运输方式或是稍等片刻？而无论该旅客选择怎样的计划，其目的都是要尽可能避免旅行时间延误，可以按时参加会议，进而规避自身的损失。通过上述举例可以发现，随着现代交通运输技术的进步，旅行时间价值的测算或估计对于人们的意义更侧重于人们有能力在某种程度上将旅行时间变为可控，使出行计划符合自己的预期，不会让旅行时间延误造成不必要的损失。而这种重视损失厌恶的旅行时间价值分析可以将交通运输经济学中关于人们"完全理性"的假设和人们的主观价值感受统一起来，符合大多数人在面对旅行时间价值损失要比面对收益更敏感的心理特征❶。从这一点上来看，重视损失厌恶的旅行时间价值研究是极为必要的。

而从经验研究的角度来看，揭示旅行时间价值损失厌恶这种现象的最根本原因来自于人们的参照点依赖心理。参照点依赖心理则是指对于旅行时间资源价值的大小，人们会根据心理设定的一个参照点（reference point）位置进行"损失"或"收益"定义。也就是说，实际情况与参照点的相对旅行时间价值差异要比绝对旅行时间价值差异更加重要。而说明旅行时间价值的参照点依赖原理及损失厌恶效应的开创性工作最早是由 Kahneman & Tversky 于1979 年完成的。他们认为，传统经济学理论中有关资源（在经济学中，时间通常被认为是一种最基本也是最稀缺的资源）价值的与当前的参照点毫无关系的假设虽然有助于简化个体选择和预测分析，但实际情况却比理论分析复杂得多，基于此，他们列举了实地调研证据以证明如下观点：初始资源的归属或分布状态将会影响人们对资源价值的评价及与之相关的决策。而人们在判断参照"收益"或"损失"时，资源之间的替代率可能会有较大差异（Kahneman & Tversky，1991）。与此同时，有关资源价值的一项心理学研究也显示，参照点在影响资源价值判断及决策过程中扮演着很重要的角色。

作为继承新古典经济学分析方法的重要分支之一的交通运输经济学在研究旅行时间价值分析框架时存在一种普遍观点认为：考虑到交通运输的商品属性，其旅行时间价值可以表现为传统消费者行为模型中旅行时间与运输费用的无差

---

❶ 损失厌恶的心理特征早在亚当·斯密的《道德情操论》一书中就有所提及。

异替代关系（Button，2010）。但是，由上文阐述可知，传统的旅行时间价值研究依然存在着一个重要缺陷，即在旅行时间价值的分析过程中忽略了参照点的重要作用。因此，无论是通过无差异曲线的方法或是等距离曲线的方法来分析旅行时间价值，其局限性就在于这些方法是在没有考虑参照点的情况下推演而来的，是针对社会生活中非常特殊且极为严格假设条件下的一种简化结果，其并不能够准确反映社会生活中旅行时间价值得失的真实情况。总而言之，就是传统旅行时间价值的理论研究采取了一种相对静态的价值观，即在旅行时间价值的分析过程中，人们很少直接受到以前的出行经历、计划安排或未来预期的影响，而本书则认为以出行经历、计划安排或未来预期为基准而形成的参照点在旅行时间价值分析过程中扮演着至关重要的角色，而且实地调研的证据也支持了本书的观点。例如，Small（1982）通过实地调研发现提早的旅行时间价值SDE（scheduling delay early）和延迟的旅行时间价值SDL（scheduling delay late）具有如下大小关系：SDE < SDL，即与提早的旅行时间价值相比，大多数人们更看重延迟的旅行时间价值[1]。而从引入心理因素与行为分析的新古典经济学角度来说，就是人们为失去时间价值而愿意接受的价格（willingness to accept）大于他们为获得旅行时间价值而愿意付出的价格（willingness to pay）[2]。

综上所述，本部分论证了对传统交通运输经济研究中旅行时间价值分析框架修正的可能性，而进行修正的关键则是参照点的引入。修正后的分析框架可能具有的优势就是在不改变传统的旅行时间价值分析前提假设基础上对其进行完善。这意味着，修正后的框架可以像传统旅行时间价值理论研究一样被广泛运用。而这种修正前后的一致性说明了将参照点引入传统旅行时间价值的研究方法或模型效果是可以被检验的。而且，在传统分析框架中引入参照点可以使为解释旅行时间价值的损失厌恶现象而构建模型变得更为容易——通过参照点的引入区分其收益和损失——这一理念还能被扩展到包括那些可能对选择产生影响的其他参照水平。而在接下来的部分本书将深入阐述：旅行时间价值参照点的设定及引入、参照点依赖分析框架构建以及随之衍生出可靠性和非匀质性。

---

[1]　在Small的研究中，上班的时间无疑就是衡量旅行时间价值的参照点。同时，需要注意的是，SDE和SDL在时间长短上是相等的。

[2]　Ramjerdi et al.（1997）、Algers et al.（1998），Hultkrantz &Mortazavi（2001）等诸多学者已经从不同的角度验证了WTA与WTP在时间价值估计方面的差距非常显著。而De Borger & Fosgerau（2006）则利用参照点依赖原理对时间价值在WTA与WTP间存在差距的原因进行了解释。

第二节　参照点的引入

在现实生活中，为了满足人们诸如准时、经济、舒适、安全等基本出行需求，相应的交通运输产品也应具备多方面的属性来与之相匹配。自然地，高等级交通运输方式或产品必定对应着高性能（例如，速度快、舒适、安全等）和高价格，低等级交通运输方式或产品则对应着低性能和低价格。

事实上，人们之所以在出行时会选择不同的交通运输产品或方式是因为他们存在一个多重属性的出行参照点。而这个参照点往往是人们对于交通运输产品多属性组合的心理评价。当然，这种评价并非是凭空而生的，它应该是考虑旅行时间、票价等诸多因素之后生成的参照点依赖行为的具体体现。而出行参照点的设定除了受上述因素影响之外，社会规范、从众或攀比心理等也会对人们有一定影响，因此参照点设定的过程实际上体现的是一种人们对基本出行信息筛选之后的综合评价过程。具体来看，参照点的设定情况会因人而异，这主要是因为每个人获取及处理出行信息的能力与方式不同而造成的。有时，即使是同一个体，其在不同出行情景下的参照点也会不同。此外，相关研究也表明，出于自身需求与交通运输的密切程度、支付能力以及对市场供需状况信息的收集，人们往往会对其所选择的交通运输方式属性（例如，旅行时间、速度等）设定一个价值判断的基准参照点，这个价值判断就是人们对交通运输方式或产品属性的认知参照点。

具体来看，交通运输产品中关于旅行时间属性的参照点设定方法有多种多样，而本书认为其大致可以归纳为以下几种：①根据"现状偏见"确定。大量的现场数据表明，现状偏见的现象普遍存在于人们对旅行时间属性的评价过程当中，因此以"现状偏见"的方式来确定参照点是最常用的方法之一。例如，当人们进行出行方式选择时，往往会选择交通运输市场中旅行时间最短的方式或自己认为旅行时间最合适的一种方式。②预期出行效用最大化或出行成本最小化来确定，即出行者对旅行时间的按质论价心理表现。对于理性的出行者来说，从自身需求出发并根据旅行时间与收入水平、消费能力的关系来计算出行效用或出行成本进而来确定参照点无疑是最理性的。但也正是因为该方法严格的前提假设与逻辑推导，使得诸如情绪等可能影响参照点确定的因素无法被考虑在内致使其计算结果往往与实际情况背道而驰。③根据社会情景和比较来确定。人作为群体动物，其中大多数都自己希望获得社会归属感，希望参照或模仿周围环境中的典范与模板；与此同时，由于社会比较心理的存在，人们希望自己与同社会等级的人"平起平坐"，甚至有一种追逐更高地位和社会等级的内在驱动力，因此人们在对旅行时间价值估计时会不自觉的受其他人的影响从而形成心理定式。

　　在明确了旅行时间参照点的设定方法之后，为了详细说明参照点的引入过程，本书认为有必要在此展开分析，其具体引入过程如图 3 - 1 所示。在二维坐标图 3 - 1 中，若以旅行时间参照点为原点则可以将这个空间划分为四个象限。在第 I 象限中，旅行时间和替代资源的属性都存在明显收益，且该象限中直线的斜率反映了旅行时间和替代资源间的权衡关系。在 II、IV 象限则分别对应旅行时间损失、替代资源存在收益和旅行时间收益、替代资源损失的情况，而由于损失厌恶效应的存在，这就使得该组直线的排列相对于第 I 象限中更为密集。在第 III 象限中，旅行时间和替代资源的属性都存在明显的损失，该象限内的直线斜率则代表着对旅行时间和替代资源"孰轻孰重"的判断。通过前文阐述可以看出，参照点的设定实际上是考虑旅行时间、替代资源（主要表现为票价）等诸多影响因素的综合结果。其中，人们对旅行时间价值损失或收益的感受则来源于参照点引入后带来价值变化的比较。

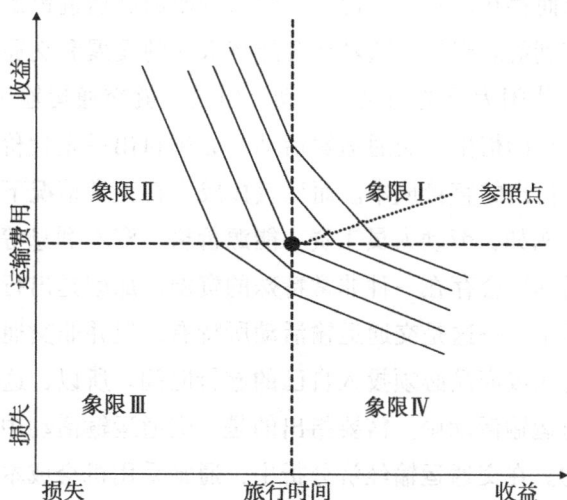

图 3 - 1　参照点引入过程示意

从上文的分析可以看出，旅行时间参照点将是本书中极为重要的一个概念，而且引入参照点的分析方法也是本书区别于传统旅行时间价值研究的重要方面。实际上，在前文中已经提到人们对旅行时间价值的分析通常会选择参照点作为依据。以城市通勤链条中的旅行时间价值分析来说，它不应该完全依赖于目前的旅行时间价值分析方法，同时还应该依赖于一个设定的参照点，而该参照点则可能是由过去的经验数值与对未来的预期所共同决定的。同时，大量的有关旅行时间价值影响因素的研究表明，在制订出行计划或进行时间安排时，人们通常将所处的出行环境与个体属性特征相结合来设定一个参照点。而相较于旅行时间价值总量来说，人们通常对自己的现状与设定的参照点之间的差距变化更为敏感。总而言之，上述观点或思路都会有利于本书将参照点引入传统的旅行时间价值研究方法当中。

第三节　基本分析框架说明

为了更好地阐述引入参照点的旅行时间价值分析框架，本书在这里先对交通运输活动的一些基本经济特性做出简要说明。事实上，交通运输活动的产生并非源于其自身所具有的位移功能，换而言之，就是交通运输活动是作为一种衍生需求而存在。一般来说，人们出行或商品运输都是为了在位移的目的地获得经济利益。当然，随着社会经济水平的发展和交通运输技术的进步，也会存在以休闲为目的的旅行活动。但是，就交通运输过程本身来说，无论是因为何种目的衍生的交通运输活动都必须付出一定代价，即为了完成交通运输活动所付出的直接成本。而该直接成本在正常情况下总是可以在市场中购买得到。例如，劳动人员工资、能源价格、资本利息等。此外，为了完成交通运输活动还会存在一种非常特殊的资源，那就是出行者或托运人自己投入的特殊成本——这是交通运输活动所特有，但并非交通运输活动所独有——被运输的人或商品必须投入自己的旅行时间。所以，这种旅行时间必须被纳入到交通运输活动中。需要指出的是，交通运输活动中所付出的旅行时间是有价值的。在交通运输经济分析中，通常采用机会成本的方法来处理旅行时间价值问题。因此，在交通运输路径选择行为的分析过程中不仅仅会考虑运输费用，同时还会考虑旅行时间价值。而这种利用机会成本来分析旅行时间价值的方法也通常会成为人们出行选择或决策的主要依据。由此可以看出，旅行时间价值在交通运输经济分析中的重要性是毋庸置疑的。而为了与其他形式的价值作比较，大量研究旅行时间价值的学者已经设计了许多精妙的方法来利用货币或其他资源表示旅行时间价值。秉承了以往交通运输经济学者对旅行时间价值研究的学术传统，本书拟将参照点引入经典的旅行时间价值分析过程当中，给出一种基于参照点依赖原理的旅行时间价值解释框架。

一、基本要素描述与偏好关系说明

根据交通运输经济学中经典的旅行时间价值分析方法，本书需要先建立一个二维坐标系，其中维度一可以被解释为旅行时间，维度二可以被解释为替代资源，一般表现为运输费用，并在此基础上引入一个偏好状态集合 $S = \{x, y, \cdots\}$，具体见图 3 - 2。同时，假设偏好状态集合 S 中的元素 $\{x, y, \cdots\}$ 在二维坐标系的象限中是同构的❶。而且对于 S 中的任意一个元素，都有 $x = \{x_u, x_{tc}\}$，$y = \{y_u, y_{tc}\}$，x_u，$x_{tc} \geq 0$，y_u，$y_{tc} \geq 0$，……其中 x_u，y_u，……表示元素在旅行时间维度上的分量，x_{tc}，y_{tc}，……表示元素在运输费用维度上的分量。当然，坐标系的维数是可以进行增加的。

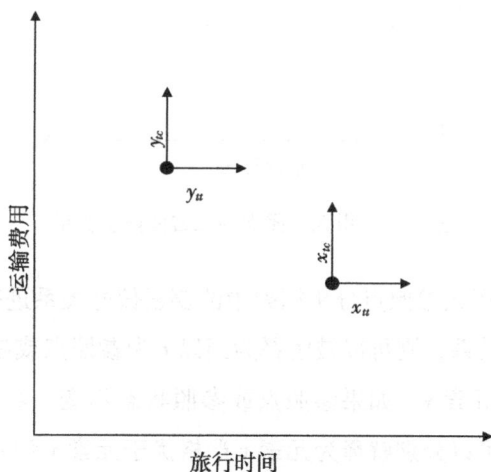

图 3 - 2 包含旅行时间与运输费用的二维坐标系

---

❶ 简单来说，同构一般是指对象之间定义的一类映射。本书引入同构概念是为了说明偏好状态集合 S 中的任意元素具有相同的性质，即元素之间可以认为是等价的。这里需要强调的是，对引入元素的研究范围应包含象限的边界。

通常来说，人们基于传统旅行时间价值研究方法的判断往往会得出一些与事实相违背的结论。例如，如果通勤的市郊铁路出行者时间价值要高于私家车驾驶者，那么休闲的市郊铁路出行者时间价值也一定会高于私家车驾驶者。然而事实却并非如此❶。若究其原因，本书认为可能是传统旅行时间价值的经济分析中忽略了参照点或参照状态的重要作用，即对于旅行时间价值的分析是参照无关的。为了解释上述情况，本书将在经典的旅行时间价值分析框架中引入参照点 r，具体见图3−3，并给出分析框架中基于参照点依赖的要素偏好关系基本定义：$\{\geqslant_r: r \in S\}$。其中，r 既是分析框架中引入的参照点，同时也是偏好状态集合 S 中的一个元素。x，y 则与上文中的假设相同，分别表示偏好状态集合 S 中的元素。

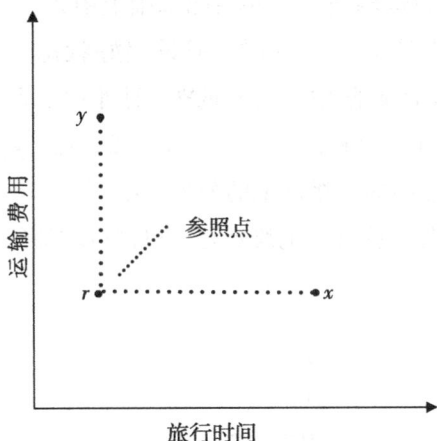

图3−3　引入参照点的二维偏好坐标系

然后，本书对引入参照点分析框架中的要素偏好关系进行详细说明❷。若存在 $x \geqslant_r y$ 的偏好关系，则可以被解释为当以 r 为参照点或参照状态时，选择元素 x 略优于选择元素 y。如果参照点或参照状态不变，对于偏好关系 $x >_r y$ 和 $x =_r y$ 来说，则可以分别解释为元素 x 严格优于元素 y 和元素 x 与元素 y 之

---

❶　Wardman（2004）的调查结果表明，通勤的市郊铁路出行决策者与私驾车驾驶者的旅行时间价值分别为7.2英镑/小时和6英镑/小时，市郊铁路出行决策者的旅行时间价值要高于私驾车驾驶者；然而，休闲的市郊铁路出行决策者与私家车驾驶者的旅行时间价值却同为6.5英镑/小时。由上述实例可以发现，基于传统的旅行时间价值结果与实际观察结果存在明显的不一致。

❷　这里改进了 Tversky & Kahneman（1991）论文中的标定方式。

间基本没有差异。需要说明的是，本书中参照点的引入都不会违背上述每一种偏好关系在经典交通运输经济学理论中的前提假设，即任意一种偏好关系都严格满足完全性、传递性和连续性。更进一步地说，任意一种偏好关系的顺序都是严格单调的，例如，存在 $x \geqslant_r y$ 且 $x \neq_r y$ 的前提条件，就意味着要素之间有 $x >_r y$ 的关系。因此，根据上述的假设，分析框架中的任意一种偏好关系都可以被近似的认为是一个符合严格单调且连续的函数。

二、效用函数的数学表述

在完成对旅行时间价值分析框架的偏好关系及构成要素说明之后，为了进一步解释该分析框架，本书将构建具有可分解特性[1]的函数关系进行表述说明。这里假设存在效用函数 V 可以被分解为单调且相互独立的旅行时间函数和运输费用函数；而旅行时间函数或运输费用函数则可以用一个单调递减函数 $R_i (x_i)$ 来表示，其中自变量 x_i 为旅行时间的长短或运输费用的多少，$i = tt$ 或 tc，r，$x \in S$。基于此，上文的分析框架可以表示为如下函数形式：

$$V_r (x_{tt}, x_{tc}) = V_r [R_{tt} (x_{tt}), R_{tc} (x_{tc})] \qquad (3-1)$$

在这个函数关系中，可分解特性作为函数的基本性质是可验证的。例如，在本书中总效用函数 V 是可加的[2]，那么根据可分解特性，总效用函数则可以表示为如下形式：

$$V_r (x_{tt}, x_{tc}) = R_{tt} (x_{tt}) + R_{tc} (x_{tc}) \qquad (3-2)$$

其中，$R_{tt} (x_{tt})$ 是以 r 为参照点的旅行时间函数，$R_{tc} (x_{tc})$ 则是以 r 为参照点的运输费用效用函数。而函数的参照点依赖原理则受这两条独立、单调而且可以相互转换的坐标轴影响。因此，参照点依赖分析框架中的旅行时间函数和运输费用函数可以分别表示如下：

$$R_{tt} (x_{tt}) = \begin{cases} v_{tt} (x_{tt}) - v_{tt} (r_{tt}), & x_{tt} < r_{tt} \\ 0, & x_{tt} = r_{tt} \\ \lambda_{tt} [v_{tt} (x_{tt}) - v_{tt} (r_{tt})], & x_{tt} > r_{tt} \end{cases} \qquad (3-3)$$

---

❶ 有关函数的可分解特性具体细节可参阅 Tversky & Kahneman（1991）的论文。

❷ 从函数的可分解特性来看，本书的总效用函数可以分解为旅行时间的函数和运输费用的效用函数，而旅行时间的函数或运输费用的效用函数又可以被认为是由一组确定参照点的相互独立且单调的函数组成。因此，即使构成总效用函数中存在非线性的函数关系，其同样也可以被表示为累加形式。

$$R_{tc}(x_{tc}) = \begin{cases} v_{tc}(x_{tc}) - v_{tc}(r_{tc}), & x_{tc} < r_{tc} \\ 0, & x_{tc} = r_{tc} \\ \lambda_{tc}[v_{tc}(x_{tc}) - v_{tc}(r_{tc})], & x_{tc} > r_{tc} \end{cases} \qquad (3-4)$$

在公式（3-3）、公式（3-4）中，$v_{tt}(x_{tt})$，$v_{tt}(r_{tt})$，$v_{tc}(x_{tc})$，v_{tc}(x_{tc}) 为一组相互独立且单调的函数❶；常数 λ_{tt}，$\lambda_{tc} > 0$ 为各自的损失厌恶系数。一般来说，损失厌恶系数 λ 是描述人们面对损失比收益更敏感的心理特征经验估值，所以对损失厌恶系数的估计最早来源于实验的观察结果。其中，损失厌恶系数 λ 的定义公式为：

$$\lambda = \frac{Loss}{Gain} \qquad (3-5)$$

在公式（3-5）中，$Loss$ 代表的是人们可接受的价值损失；$Gain$ 代表的是人们可接受的价值收益。而根据相关的实验研究结果显示❷，若被估计资源的价值函数呈线性，则损失厌恶系数的估值范围一般在 2~3。而在本书函数表达形式中，旅行时间和运输费用函数中的损失厌恶系数 λ_{tt}，λ_{tc} 可以清楚地说明相对于参照点或参照状态，人们对旅行时间和运输费用的损失厌恶程度。举个简单的例子，如果效用函数为一组线性函数，且旅行时间和运输费用函数中的损失厌恶系数分别为 $\lambda_{tt} = 3$ 和 $\lambda_{tc} = 2$ 时，通过图 3-4 发现损失厌恶系数可以反映出旅行时间和运输费用在各自维度上的重要性。同时，也可以从图 3-4 中旅行时间和运输费用的比率计算当中推测出在此次出行活动中人们更看重旅行时间价值。

三、偏好曲线引入

这里依然借用传统交通运输经济学中的方法构建偏好曲线来讨论旅行时间价值的参照点依赖分析框架，具体见图 3-5。在图 3-5 中，横坐标代表旅行时间，纵坐标代表运输费用，且这两者都是完成交通运输活动中所需付出的基础资源。其中，引入坐标轴的偏好曲线 V 具有如下特点：它可以表示为

---

❶ 为了清楚说明问题，文章在这里选取了特殊的线性函数。但需要说明的是，V 并非只局限于特殊线性函数。

❷ 通过著名的"杯子实验"，Kahneman、Knetsch & Thaler 等人发现两组实验者对杯子价值的评价不同，由于损失厌恶现象的存在，两组"卖者"的出价都明显高于"买者"，其比率大约为 2∶1，即此次试验中的损失厌恶系数估计值大约为 2。

出行主体在不同情况下的偏好，是相对于参照点的相同偏好结果所形成的轨迹；两坐标轴代表旅行时间与运输费用，且两坐标轴中的资源价值并非都可以通过价格形式来进行体现，其中，旅行时间有价值但不可以购买；约束线与偏好曲线相切处的斜率为旅行时间与运输费用相对于参照点的边际价值替代率。

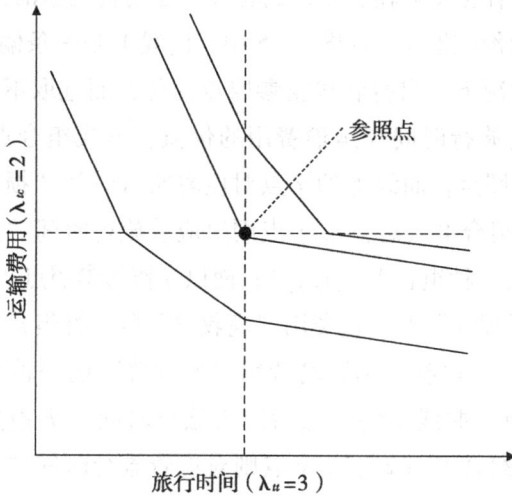

图3-4 旅行时间和运输费用损失厌恶程度的无差异折线

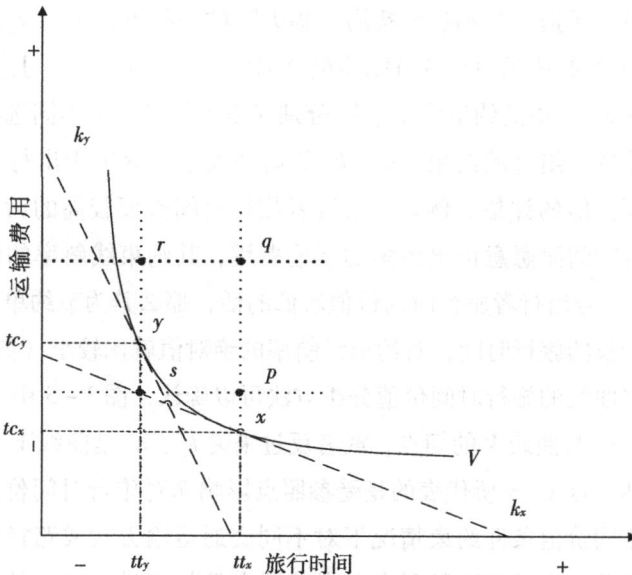

图3-5 引入参照点的偏好曲线

　　假设在某一交通运输系统或通道内存在多种在旅行时间上连续变化的交通运输方式或路径，且无论选取哪种交通运输方式或路径进行交通运输活动都需要消耗旅行时间和运输费用以作为实现交通运输目的所付出的代价。因此，在该前提条件下，出行者需要选择的就是节约旅行时间价值或避免旅行时间价值损失但消耗更多运输费用，或者节约运输费用但消耗更多旅行时间，甚至导致旅行时间价值损失。在图 3－5 中，曲线 V 是一条偏好曲线，代表在其他条件不变的情况下，出行者根据参照点的位置而选取不同交通运输方式或路径出行所消耗旅行时间与运输费用的价值所形成组合点的轨迹。例如，此时若以 r 作为参照点，曲线上的 x 点对应着旅行时间"损失"和运输费用"高收益"的一种组合 $V_r (x_{tt}, tc)$，y 点则对应着旅行时间"无损失"和运输费用"低收益"的一种组合 $V_r (x_{tt}, tc)$；而以 q 作为参照点，曲线上的 x 点对应着旅行时间"无损失"和运输费用"高收益"的一种组合 $V_q (x_{tt}, tc)$，y 点则对应着旅行时间"收益"和运输费用"低收益"的一种组合 $V_q (x_{tt}, tc)$；当以 p 作为参照点，曲线上的 x 点对应着旅行时间"无损失"和运输费用"低收益"的一种组合 $V_p (x_{tt}, tc)$，y 点则对应着旅行时间"低收益"和运输费用"损失"的一种组合 $V_p (x_{tt}, tc)$。当以 S 作为参照点，曲线上的 x 点对应着旅行时间"损失"和运输费用"低收益"的一种组合 $V_s (x_{tt}, tc)$，y 点则对应着旅行时间"无损失"和运输费用"损失"的一种组合 $V_S (x_{tt}, tc)$。当然，与上述点 x、y 类似选择的所有可能性组合都可以体现在曲线 V 上。

　　另外，图 3－5 中的约束线 k_x、k_y 分别代表出行者做出不同选择的相关旅行时间与运输费用组合的约束。k_x、k_y 的斜率大小则取决于出行者根据参照点对旅行时间价值的评估。例如，出行者旅行时间价值较高的话，那么其为节约单位旅行时间而愿意付出较多的运输费用，其约束线斜率的绝对值就比较大（如 k_y）；若出行者旅行时间价值较低的话，那么其为节约单位运输费用而愿意忍受较长的旅行时间，其约束线斜率的绝对值就比较小（如 k_x）。通过上述引入偏好曲线的旅行时间价值分析方法可以确认，图 3－5 中点 x、y 分别是约束线 k_x、k_y 与曲线 V 的切点，或者反过来说 k_x、k_y 是曲线 V 上两点 x、y 的切线。显然，点 x、y 所代表的是受参照点影响而对旅行时间价值估计不同的出行者在不同价值条件约束情况下对不同交通运输方式或路径所做出的选择结果。基于此，本书在这里列出考虑参照点且与曲线 V 相切的旅行时间—运输费用约束线的斜率，也就是出行者根据参照点在相应出行选择上的旅行时间—运输费用的边际替代率，其计算公式如下：

$$MPS_{参照点} = \frac{\Delta tc}{\Delta tt} \qquad (3-6)$$

公式（3-6）中，$MPS_{参照点}$为确定参照点后的旅行时间—运输费用的边际替代率，Δtt为相对于参照点的旅行时间边际变化量，Δtc为相对于参照点的运输费用边际变化量。

而对于图3-5中引入的不同参照点r、q、p、s，本书将以不同参照点的确定作为前提条件，利用上文的偏好假定来说明价值曲线V上不同选择x、y的关系。当以r作为参照点时，选择x在旅行时间方面处于劣势，但在运输费用方面具有明显优势；而选择y在旅行时间方面既没有优势也没有劣势，在运输费用方面则是微弱优势；所以，尽管从数量上看选择x在旅行时间方面的劣势与其在运输费用方面的优势（相对于选择x在运输费用方面的优势来说）大致相当，但是从损失厌恶的角度❶来说，人们更偏好于选择y，即$y >_r x$。当参照点从r转变为q时，无论是选择x或是选择y，它们对于参照点来说都没有价值的损失。选择x在旅行时间方面既没有优势也没有劣势，但在运输费用方面的优势明显；而选择y在旅行时间和运输费用两方面都有微弱优势；从数量上看，选择x在运输费用方面的明显优势与选择y在旅行时间和运输费用两方面的微弱优势之和相等，而且由于选择x或是选择y在旅行时间和运输费用两方面都没有损失，因此人们对于选择x和选择y的偏好程度差不多，即$y \approx_q x$，而此时其他条件就很可能成为影响选择结果的关键因素。当参照点由q转变为p时，选择x在旅行时间方面既没有优势也没有劣势，但在运输费用方面具有微弱优势；而选择y在旅行时间方面具有明显优势，但在运输费用方面处于劣势；尽管从数量上看，选择y在旅行时间方面的优势要略大于其在运输费用方面的劣势，但是由于损失厌恶的影响，人们对选择y在运输费用方面的劣势的敏感性要远高于其在旅行时间方面的优势，因此人们在选择时会更偏好于选择x，即$x >_p y$。当参照点由p转变为s时，选择x在旅行时间方面处于劣势，但在运输费用方面有微弱优势；而选择y在旅行时间方面既没有优势也没有劣势，但在运输费用方面处于劣势；仅从数量上看，选择x和y在效用函数求和方面大致相当，但考虑到损失厌恶的

---

❶ 损失厌恶这一心理特征已经被证明对解释一些现场数据很有用处。具体案例可参见科林·凯莫勒等编，贺京同等译的《行为经济学及其新进展》一书。

影响，人们就会放弃上述选择。

接下来，本书在这里引入效用函数计算公式来对上述偏好关系进行数学表述，并验证上述偏好分析结论。如图3－5，确定参照点（分别以 r、q、p、s 作为参照点）之后，发现参照点可以将图3－5中二维坐标分为四个不同的象限，每个象限中的偏好价值曲线 V 都可以反映相对于参照点的旅行时间价值和运输费用价值的取舍替代及损失厌恶效应对它们的影响。而本书这里将重点讨论价值曲线 V 上的不同选择 x、y 相对于不同参照点而落在不同象限内的旅行时间价值和运输费用价值关系问题。符合上述假设情况，在价值曲线 V 一定的情况下，根据参照点的不同，其上对应的两种选择 x、y 计算结果如表3－1所示。

表3－1　不同参照点下的效用函数计算和选择结果

参照点选取	效用函数计算	可选择结果
r	$\lambda_{tt}\left[v_{tt}\left(x_{tt}\right)-v_{tt}\left(r_{tt}\right)\right]+\left[v_{tc}\left(x_{tc}\right)-v_{tc}\left(r_{tc}\right)\right]$ $v_{tc}\left(y_{tc}\right)-v_{tc}\left(r_{tc}\right)$	y
q	$v_{tc}\left(x_{tc}\right)-v_{tc}\left(q_{tc}\right)$ $\left[v_{tt}\left(y_{tt}\right)-v_{tt}\left(q_{tt}\right)\right]+\left[v_{tc}\left(y_{tc}\right)-v_{tc}\left(q_{tc}\right)\right]$	x 或 y
p	$v_{tc}\left(x_{tc}\right)-v_{tc}\left(p_{tc}\right)$ $\left[v_{tt}\left(y_{tt}\right)-v_{tt}\left(p_{tt}\right)\right]+\lambda_{tc}\left[v_{tc}\left(y_{tc}\right)-v_{tc}\left(p_{tc}\right)\right]$	x
s	$\lambda_{tt}\left[v_{tt}\left(x_{tt}\right)-v_{tt}\left(s_{tt}\right)\right]+\left[v_{tc}\left(x_{tc}\right)-v_{tc}\left(s_{tc}\right)\right]$ $\lambda_{tc}\left[v_{tc}\left(y_{tc}\right)-v_{tc}\left(s_{tc}\right)\right]$	—

由表3－1中的计算结果可知，当以 r 为参照点时，选择 x 旅行时间有价值损失，而选择 y 在两方面的价值均无损失，因此，出行者偏好选择 y；当参照点从 r 转变为 q 时，选择 x、y 在两方面给出行者带来的价值大致相当，因此，出行者对选择 x、y 的偏好相差无几；当参照点从 q 转变为 p 时，选择 y 运输费用有价值损失，选择 x 在两方面均无损失，因此，出行者偏好选择 x；当参照点从 p 转变为 s 时，无论是选择 x 还是选择 y，它们在这两方面均有损失，因此，出行者会想办法以其他选择来代替 x、y 来规避损失或者在 x、y 中选择损失较小的一项。

四、偏好曲线拓展

前文已经分析了特定情况下不同参照点的旅行时间和运输费用的关系问

题。然而，实际生活中的偏好曲线并非只有上文中的一种，它是受其他条件（例如，出行目的等）影响而变化的，因此，本书在这里将图3-5中的偏好曲线进行扩展，形成不同参照点下的一组偏好曲线，且每一条偏好曲线都会与不同的约束线相切形成对应的切点。若选取不同偏好曲线上点 x_1，x_2，x_3……和 y_1，y_2，y_3……并分别连接起来，就可以形成图3-6中对应的"习惯性出行的偏好曲线" C_x 和 C_y。

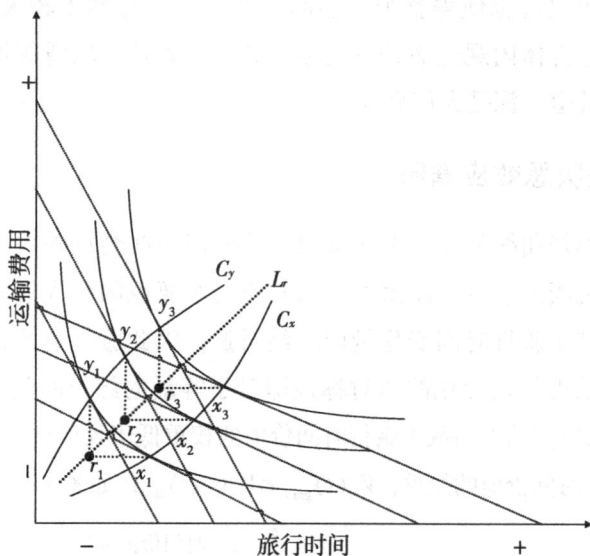

图3-6 习惯性出行的偏好曲线

图3-6中，C_x 曲线代表在确定的不同参照点下，受旅行时间约束弱而对旅行时间价值评估并不高的出行者，他们一般偏好选择速度慢的交通运输方式或路径；C_y 曲线代表在确定的不同参照点下，受旅行时间约束强而对旅行时间价值评估高的出行者，他们一般偏好选择速度快的交通运输方式或路径；而 L_r 是不同出行参照点的所形成的参照点依赖线。一般来说，位于参照点依赖线 L_r 上半段的出行者通常都拥有较高的旅行时间价值，而位于参照点依赖线 L_r 下半段的出行者通常都拥有较低的旅行时间价值。

在这里需要指出的是，上文中的参照点依赖分析框架可以为旅行时间价值研究提供一个可行的分析思路：该分析框架，一方面揭示人们在认识旅行时间价值时的一般行为趋势；另一方面，传统旅行时间价值的标准——由传统的旅行时间支付意愿或机会成本来进行价值衡量——由于参照点的引入而得到了改进，即将人们对旅行时间的主观价值"锚定"在实际价值这个具有不确定性的坐标系中，并由参照点和实际取值点间相对位置的差异，通过效用函数来进行表现。从实际意义来说，这种改进的分析框架可以有助于解释实际情况中人们对旅行时间价值的偏好与需求影响出行决策机制的问题。例如，随着社会经济发展和交通运输技术的进步，人们往往更倾向于乘坐飞机或高速铁路进行旅行，而以集装箱多式联运和以准时配送、损失厌恶为特点的现代物流业的兴起也使得整个社会的运输效率都得到了较大提高。但是，与此同时一些专为休闲观光而开发的豪华游轮、索道、轮滑等慢速的交通运输方式也大行其道，深受人们喜爱。

五、损失厌恶效应阐释

与传统的偏好曲线相比，引入参照点的偏好曲线会反映一个更深入的既成事实，即损失厌恶效应。而损失厌恶效应的主要原因是人们对于旅行时间价值的判断是基于旅行时间变化量而非绝对量，因此旅行时间价值就会在其判断曲线上显示出等量变化的非对称性即对于等量的旅行时间变化来说，处于旅行时间收益区间的人们赋予旅行时间价值的权重低于处于旅行时间损失区间的人们赋予旅行时间价值的权重，$V(t)_{gain} < V(-t)_{loss}$，如图 3-7 所示。

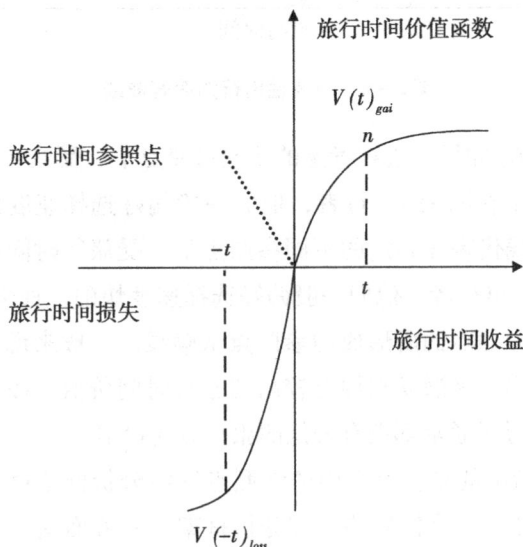

图 3-7　旅行时间价值的损失厌恶效应

事实上，关于旅行时间价值损失厌恶的观点有助于本书更深刻理解现实中个体或企业在进行出行选择或定价决策时的一般规律。因此，由旅行时间价值损失厌恶效应得到的一个重要启示意义就是，在交通运输过程中应该尽量追求保持出行者的旅行时间价值不损失的最低标准，与此同时该要求也凸显了其对交通运输企业定价影响的重要性。因为出行者的旅行时间价值完全取决于拥有者（即出行者）对其的判断，这也就间接地决定了出行者愿意为避免损失而付出的成本或代价。例如，有两位出行者 A 和 B 在某高峰时段争取最后一张高速铁路车票，他们都会付出努力（该努力可以以货币形式或其他形式来体现）来避免旅行时间价值的损失。如果考虑两人都认为自己该拥有车票的情形（即出行者 A 和 B 就都会持有自己拥有车票的可能性大于 1/2 这一信念）下，出行者 A 和 B 就会认为如果他们不参与争抢这一车票可能造成的损失将是 $V(-t)$（如图 3-7 所示）。也就是说，在最后一张车票还未售出的情况下，两位出行者 A 和 B 会投入很大努力来争取他们认为可以避免旅行时间价值损失的车票，这就是可以证明旅行时间价值损失厌恶效应的一个事例。对旅行时间价值损失厌恶效应的认知表明，完美的出行方式或路径选择和成功的定价策略的变化应该更多地考虑避免出行者旅行时间价值损失。

第四节 对旅行时间价值独特属性的解释

从交通运输经济学角度来看，旅行时间—运输费用的偏好曲线说明了在约束线下，旅行时间与运输费用的取舍关系，它在一定程度上反映人们对旅行时间价值的认识。一般来说，现实生活中人们不会过多留意所谓的社会平均旅行时间价值的高低，而是对自己的现状与参照点之间的差距更为敏感。因此，人们在对旅行时间价值的评价过程当中会不自觉地将计划好的旅行时段或是时点设定为参照点，将参照点与实际情况进行比较，而且不同时段或时点上的比较结果差别很大，尤其是在参照点前后时段会存在着明显的波动。而本书在这里将根据分析框架引申出传统旅行时间价值研究中被忽略的两条重要且独特的性质：可靠性和非匀质性。接下来，作者将利用引入参照点的分析框架分别对这两条性质做深入的阐释。

一、可靠性

作为旅行时间价值的基本性质，可靠性被认为是有需求的人或物在交通运输网络移动过程中任意两节点间所经历旅行时间中不确定事件发生的概率。一种普遍观点认为，其在旅行时间价值研究中的意义主要体现在提高出行者在旅行时间方面的可预测性，而其重要性则表现为出行者的主观"惩罚"（penalties），即与提早到达的"旅行时间价值收益"相比，人们更看重迟到的"旅行时间价值损失"（Carlos Carrion，David Levinson，2012）。而本书认为这种"惩罚"实质就是指人们对旅行时间价值损失要比对收益更敏感的损失厌恶效应。基于此，本书将利用上文中的参照点依赖分析框架对旅行时间价值的可靠性进行说明。

为了解释可靠性，本书继续将 x、y、r、q、p 引入参照点依赖分析框架，并假设 $p_{tt} > q_{tt} = y_{tt} > x_{tt} = r_{tt}$、$x_{tc} > y_{tc}$，$r_{tc} = q_{tc} = p_{tc}$，具体见图 3 - 8 所示。

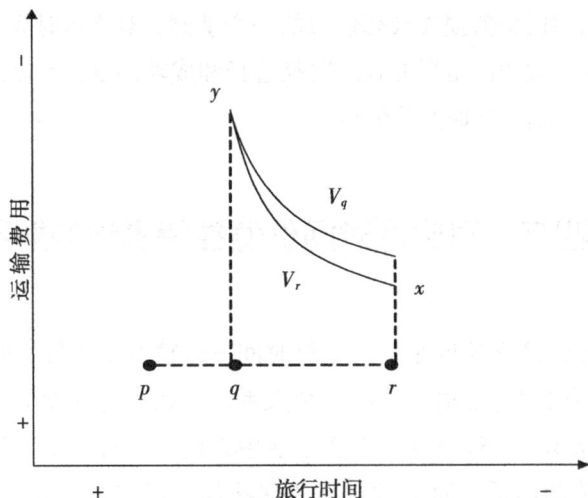

图 3 - 8　旅行时间价值的可靠性

如图 3 - 8 所示，那么当以 q 为参照点时，则 $x =_q y$；而以 r 为参照点时，则 $x >_r y$[1]。此外，还可以从图 3 - 8 中看出，由于受到旅行时间价值可靠性

---

[1]　图中的效用函数也具有可分解特性，所以下标的互换并不会影响上述结论。后文中的非匀质性分析也可以得出同样的结论。

（损失厌恶）的影响，以 r 为参照点时，通过点 y 的偏好曲线 V_r 要比以 q 为参照点时通过点 y 的偏好曲线 V_q 的斜率更为陡峭，即 $V_r'(y) > V_q'(y)$，其中，$V'(y)$ 是偏好曲线 V 在点 y 上的斜率。

进一步，本书将继续使用前文中优势与劣势的概念来阐述可靠性问题。例如，分析框架中的一组有序对 $[x_i, r_i]$，其中 $i = tt$ 或 tc。当 $x_i < r_i$ 时，则称之为有优势；当 $x_i > r_i$ 时，则称之为有劣势。这里需要说明一点，本书以不同的括号形式来区别有序对中不同元素的分量组合 $[x_i, r_i]$ 和有序对中同一元素的分量组合 (x_{tt}, x_{tx})。这里假设存在具有可分解性的效用函数 $V_r(x)$ 可以被表示为 $V_r[v_{tt}(x_{tt}, r_{tt}), v_{tc}(x_{tc}, r_{tc})]$，其中存在 $x_{tt} = r_{tt}$ 且 $x_{tc} < r_{tc}$ 的关系，如图 3 - 8 所示。

承接上文，若以 q 为参照点时，对于同处于偏好曲线上 V_q 的选择 x 和 y 来说，$x =_q y$ 就意味着两组有着优势的有序对中不同元素的分量组合，$[x_{tt}, q_{tt}]$、$[x_{tc}, q_{tc}]$ 与 $[y_{tt}, q_{tt}]$、$[t_{tc}, q_{tc}]$[1] 相比，出行者对它们的价值估计是没有差别的。类似的，若以 r 为参照点时，$x >_r y$ 就意味着相对于 $[y_{tt}, r_{tt}]$、$[y_{tc}, r_{tc}]$ 这样一种一优一劣的组合来说，出行者更偏好于 $[x_{tt}, r_{tt}]$、$[x_{tc}, r_{tc}]$[2] 这一组优势组合。通过上述分析可以看到，当参照点从 q 转变为 r 时，选择 y 在旅行时间方面会面临延误（即 $[y_{tt}, r_{tt}] = [q_{tt}, r_{tt}]$），出行者就很可能无法按时完成出行计划，因此会对选择 y 在旅行时间方面的可靠性产生质疑进而影响对旅行时间价值的评价。与此同时，参照点的改变也消除选择 x 在旅行时间方面的优势（即 $[x_{tt}, q_{tt}] = [r_{tt}, q_{tt}]$）进而也会影响到对其旅行时间价值的评价。综上已知，由于存在损失厌恶效应，出行者会想办法（改变出行计划或选择更快速的运输方式）来避免旅行时间延误可能带来的价值损失。与此类似，在图 3 - 8 中，若以 p 为参照点时，选择 x 或选择 y 几乎是没有区别的；但是，若以 x 为参照点，则出行者会更偏好 x；而以 y 为参照点，则出行者更偏好 y。

实际上，上述分析可以解释现实生活中出行者在面对具有不确定性出行前景时的路径选择行为。本书在这里就列举一个日常生活中的实例来印证上述分析。假设 A 地与 B 地间只有高速铁路和航空两种交通运输方式，并可以

---

[1] 相对于参照点 q 来说，$[y_{tc}, q_{tc}]$ 这一组是无优势的，即 $y_{tc} = q_{tc}$。

[2] 相对于参照点 r 来说，$[x_{tt}, r_{tt}]$ 这一组是无优势的，即 $x_{tt} = r_{tt}$。

近似认为此两种方式其他方面的属性相差不大，只存在高速度、高票价，低速度、低票价的区别，则其出行所耗费的旅行时间和票价组合可以分别表示为以下组合形式（t_{rail}，p_{rail}），（t_{air}，p_{air}）。而且根据实际情况两种交通运输方式的旅行时间、票价应满足如下条件 $t_{rail} > t_{air}$，$p_{rail} < p_{air}$。某出行者应邀从 A 地去 B 地参加会议（考虑到该出行者此次出行的必要性，则其会以 A 地至 B 地间最高运输费用作为其购买票价的参照点），计划出行时刻为 t_0，会议召开时间 t_1，并满足在途时间为 $t_1 - t_0 = \Delta t$ 且 $\Delta t \geq t_{rail} > t_{air}$。此时，若由于意外事件，导致该出行者的旅行时间必须压缩，此时，旅行时间的改变，使得出行者的旅行时间参照点发生变化，这里将分为以下三种情况进行讨论：当 $\Delta t \geq t_{rail} > t_{air}$ 时，则该出行者依然可以按照原计划进行出行并无影响；当 $t_{rail} > t_{air} > \Delta t$ 时，该出行者认为无论采用哪种交通运输方式都会有旅行时间损失，此时其会想办法去减少旅行时间损失，因此该出行者会选择航空作为其出行方式；当 $t_{rail} > \Delta t \geq t_{air}$ 时，航空在旅行时间的节约方面几乎没有任何优势，而选择高速铁路出行就会产生旅行时间延误，此时该出行者会想办法去避免旅行时间损失，使自己可以按时到达 B 地开会，那么选择乘坐飞机也会毫无疑问地成为该出行者的选择。

二、非匀质性

除了可靠性之外，旅行时间价值还有一条重要的性质——非匀质性。它通常表现为旅行时间价值在特定时点或时段前后的明显波动（一般来说，其函数图像是上凸的）。上述现象背后的原因则是由于交通运输活动中存在的不确定性导致人们对处于不同时点或时段（相对于参照点来说）上的旅行时间价值判断存在很大差别，而且无论是早到（旅行时间参照点之前）或迟到（旅行时间参照点之后），旅行时间的边际价值都会随着其与参照点间距离的增加而减少，即确定参照点后的旅行时间价值敏感性递减问题。例如，某出行者需要赶飞机，那么对于该出行者来说在离飞机起飞时间 5 分钟时点的旅行时间边际价值要高于 10 分钟时点，因为从支付意愿的角度来说，该出行者为了避免误机愿意在起飞前 5 分钟时点付出比 10 分钟时点更高的代价。与此类似，货运领域也是如此。

同样，为了解释非匀质性，本书依旧将 x，y，q，p 引入参照点依赖分析框架。假设 $x_{tt} < y_{tt}$，$x_{tc} < y_{tc}$，$q_{tc} < p_{tc}$，且 $y_{tt} = q_{tt} < p_{tt}$，如图 3-9 所示。

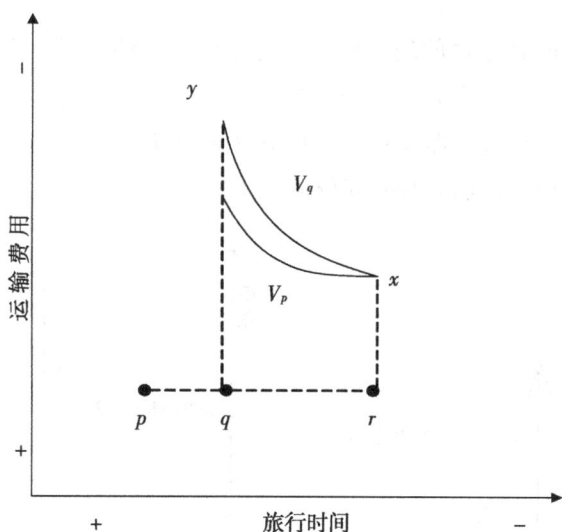

图 3 – 9　旅行时间价值的非匀质性

当以 q 为参照点时，则有 $x = _qy$，当参照点从 q 转变为 p 时，则暗含着 $x \leqslant_p y$。得出上述结论的原因如下：如果旅行时间边际价值（即匀质的）不变，那么当参照点从 q 转变为 p 时，选择 x 和选择 y 的价值是相等的。但是，在旅行时间维度上相等距离的变化，由于旅行时间参照点不同，因此其旅行时间的边际价值也不相同。一般来说，离参照时点越远，则其边际价值越低，反之则越高。由此，以 q 为参照点时，通过点 x 的偏好曲线 V_q 要比以 p 为参照点的偏好曲线 V_p 的斜率更为陡峭，也就是说 $V_q'(x) > V_p'(x)$，其中，$V'(x)$ 是偏好曲线 V 在点 x 上的斜率。同样，在以 p 为参照点时，对于旅行时间来说点 y 相较于点 x 离参照点更近，即相对于 y_u 而言，参照点从 q 到 p 的转换使得 y_u 从原来的无优势变为有优势；而对于 x_u 来说，则是其原有的优势得到等量的扩大。但由于敏感性递减的原因，对出行者来说，等量旅行时间引起的优势变化使得选择 y 要优于选择 x，因此可以得到上述暗含的结果。需要说明的是，尽管这里用到的旅行时间边际价值递减与传统假设中的边际效用递减规律有相似之处，但是它们在逻辑分析上是无关的，其主要原因是旅行时间的边际价值递减是有参照点的。

对应在现实社会生活中，要保持经济活动中交通运输环节的持续稳定，必须要重视过程中对应时点或时段的价值波动，即旅行时间价值非匀质性的外在表现。例如，上班、开会或者飞机登机等，出行者一般需要赶在这些旅行时间参照点之前到达目的地。而且随着旅行时间的迫近，人们为避免迟到愿意付出的成本也会随之升高，而这种越来越高的成本付出正是出行者为了避免损失而承担的代价。图 3 – 10 中的几条曲线大致可以描述出现实生活中不同情况下的参照点前后旅行时间价值的非匀质性。

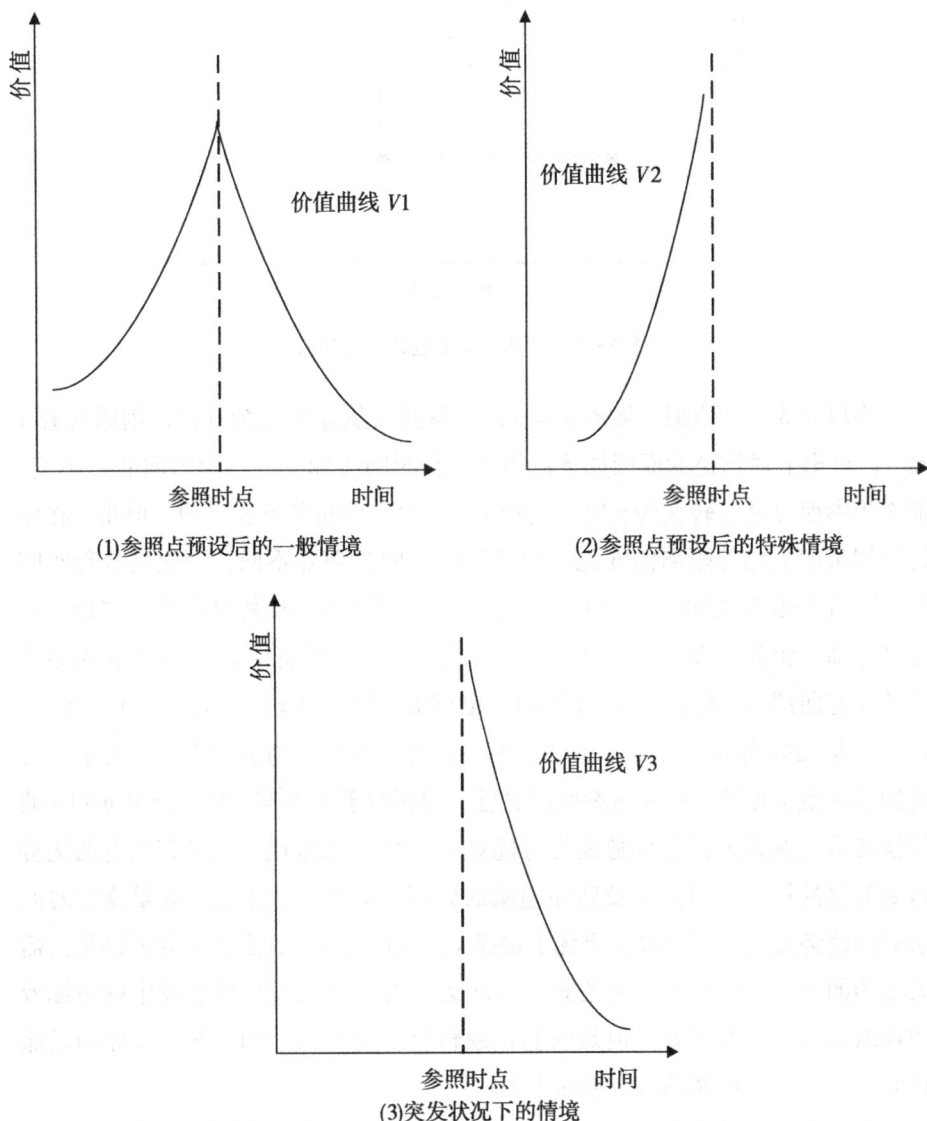

(1)参照点预设后的一般情境　　　　　　(2)参照点预设后的特殊情境

(3)突发状况下的情境

图 3 – 10　不同情况下参照点前后旅行时间价值非匀质性示意

　　图 3 – 10 中横轴代表的是不同情况下交通运输活动的旅行时间参照点。本书根据旅行时间参照点的设定情况不同可以将其分为以下几类：图 3 – 10 （1）和 3 – 10 （2）表示按照运输流程或计划进行的旅行时间参照点的预设，图 3 – 10 （3）则表示在突发情况下的旅行时间参照点设定。其中，图 3 – 10 （1）表示出行者在其预设参照点的旅行时间价值最高，在参照点之前，与旅行时间参照点的距离越近，则旅行时间的边际价值越高，因此图 3 – 10 （1）中表现出旅行时间价值凸高的情况；在参照点之后，与旅行时间参照点的距离越远，则旅行时间的边际价值越低，因此图 3 – 10 （1）中表现出旅行时间价值迅速下降的情况，职员（或学生）乘坐公交车或地铁去上班（或上课）就属于此类情况；图 3 – 10 （2）表示的是图 3 – 10 （1）的一种特殊情境，其在参照点之前的情况与图 3 – 10 （1）类似，但在参照点之后，旅行时间的边际价值趋向于无穷大❶，即使赶到也已失去意义，赶火车或飞机等就属于此类情况；图 3 – 10 （3）表示以特殊事件发生时点作为参照点的情况，在参照点之后，旅行时间的边际价值最高，随着时间推移，旅行时间的边际价值会迅速下降，应急救援或疏散一般属于此类情况。

　　显然，关于旅行时间价值可靠性与非匀质性的分析有助于交通运输经济学转变其研究视角，即对于旅行时间价值的认识从节约的单一维度向节约与准时可靠并举的双重维度转化。同时，也更注重改善交通运输组织及制度安排或交通运输技术进步来提高运输系统效率，以避免因旅行时间延误而导致的不必要损失。

第五节　本章小结

　　事实上，传统交通运输经济理论中对人们评价旅行时间价值行为的描述并不准确，这主要因为传统的旅行时间价值分析是一种节约的时间价值观，它只可以典型地反映某一时点或时段内的大多数人对于旅行时间价值认识或

---

　　❶　这里考虑的是一种理想的情况。

评价的平均水平，但模糊了不同人群对旅行时间价值的认识差异以及评价过程中的路径依赖现象。而作者认为造成这种问题的根源是人们对于旅行时间价值的认识或评价忽略了参照点的重要作用。因此，本章的主要贡献就是通过引入参照点的分析思路发现传统旅行时间价值研究中的天然缺陷，建立参照点依赖的旅行时间价值分析框架对其进行完善。当然，这样巧妙的分析思路主要得益于 Kahneman & Tversky（1979，1991，1992）的最初贡献。而关于旅行时间价值分析中的参照点，本书认为其主要可以概括为影响人们旅行时间价值评价行为的路径或历史。而从这个意义上来说，传统旅行时间价值理论由一种节约的、静态的时间价值理论（它典型地只考虑了节约的、瞬时的价值评价结果，进而忽视了这些旅行时间价值评价结果得到的具体过程以及在这些旅行时间价值产生之前或之后所发生的一切事情对这些旅行时间价值评价结果所起到的可能影响）转变为一种节约与损失厌恶并重的、动态的时间价值理论。

众所周知，秉承新古典经济学传统的交通运输经济学对旅行时间价值研究的假设条件是不受历史事件影响的，但有关的经验研究却表明事实并非如此。某事件先前影响旅行时间价值评价的事实可能会在此后继续影响人们对旅行时间价值的评价，这种路径依赖的现象对损失厌恶也同样如此。与此同时，也应该注意到，引入参照点的旅行时间价值分析并不一定要考虑到之前或之后所发生的每一件事情，因为这样一种分析思路可能会变得复杂和缺乏预测精准度。相反，如果在传统旅行时间价值理论中做出一些修改——将参照点考虑在内可以提高模型描述能力，并且不用牺牲太多东西的话，那么传统的旅行时间价值理论就应该进行这样一种尝试。总而言之，本章的工作就是通过引入参照点的分析思路来尝试证明遵循这一原则就可以构建出一个描述性更好的旅行时间价值分析框架。正如先前所论述的那样，本章的研究目标并非要驳斥现有的旅行时间价值理论或是借用其他经济学理论来取代它。相反，其目的是尽可能保留传统旅行时间价值研究中的许多优势（例如，简约、严谨、富有逻辑性等）的同时，将原来的理论完善成为一种描述性、精确性的实证理论，从而使传统旅行时间价值理论体系更丰富、在描述性上更准确。而本章讨论过的参照点依赖的旅行时间价值分析框架已试图朝该方向迈进——通过观察人们在实际生活中是如何看待旅行时间价值并做出决策，并将这种结果融入传统的旅行时间价值研究过程当中。显然，这里本书并不是预测旅行时间价值理论的发展方向，而是通过搭建诸如损失厌恶效应表象与旅行时间价值评价之间的内在联系来发现潜藏在行为结果之下的一些基本分析过程之间的关系。而利用心理学与经济学相结合的方法去理解人类是如何做出旅行时间价值评价这样的工作是极富成效的。因此，沿着这个方向进行旅行时间价值的进一步研究也是很有必要的。

第四章 验证模型选择与改进

从其他学科（例如，心理学）借用研究工具对交通运输经济学中旅行时间价值估计模型在应用方面改进并使之成为更适用于实证分析则可能是本章的重要贡献。即使对考虑旅行时间价值的非集计行为模型（例如，logit 模型）进行微小的改进，也有助于该模型更准确的衡量旅行时间价值和预测行为。在这里，本书以第三章中构建的旅行时间价值参照点依赖分析框架作为理论基础对经典的 logit 模型进行改进，希望可以通过改进的模型来使其具有可观察与可检验的经济学意义，进而验证旅行时间价值的损失厌恶效应以及测算旅行时间价值。

第一节 旅行时间价值与非集计模型

一、模型的基本原理

目前，在估算旅行时间价值的诸多模型中，非集计行为模型（例如，logit 模型）是应用最为普遍的一种。而且，非集计行为模型在获取数据的方式上一般采用 SP 或 RP 和 SP 相结合的调查方法，这样也更有利该模型用于旅行时间价值的实证研究。

非集计行为模型一般是以随机效用最大化理论为基础。从发展历程来看，其研究与构建始于 20 世纪 60 年代，学界普遍观点认为 Warner 是最早在交通运输领域应用二项 logit 模型的学者。随后，Domencich & Mcfadden 成功建立了第一个离散型的城市交通需求模型。而自此之后，非集计行为模型在交通运输规划与工程领域得到了普遍应用。在交通需求预测中，它是一种强调基于每个决策主体数据来建立模型的非集计行为统计分析方法，因而其从本质上来看是区别于传统方法的（例如，四阶段法）。而最基本的非集计行为模型一般以随机效用最大化为理论基础，即它假定了出行者在一套可以选择且相互独立的方案集合中会选择他所认定的出行效用最大方案。这里假设 N_n 是出行者 n 对应的可选择出行方案集合，此时当出行者 n 选择出行方式或路径 i 的出行效用为 U_{in} 时，如果存在 $U_{in} > U_{jn}$，$\forall i \neq j \in N_n$，那么出行者就会被认定选择出行方式或路径 i。同时，考虑到随机效用理论，可以把选择出行方式或路径 i 的出行者 n 的效用 U_{in} 分为两部分，一部分是基于可观测出行选择变量的效用函数 V_{in}；另一部分是基于可观测出行选择变量的效用随机扰动项 ε_{in}，这样出行者 n 的效用 U_{in} 就可以用如下函数来表示：

$$U_{in} = V_{in} + \varepsilon_{in} \qquad (4-1)$$

公式（4-1）中，V_{in} 为出行者 n 的选择出行方式或路径 i 的出行效用函数确定项，ε_{in} 为出行者 n 的选择出行方式或路径 i 的出行效用函数随机扰动项。V_{in} 是出行者 n 的个人社会经济属性 S_{in} 和出行方式或路径 i 特性 A_{in} 的函数。一般来说，为了方便计算，可以将出行效用函数确定项 V_{in} 定义为线性函数（当然其也可以是非线性的），于是就有公式：

$$V_{in} = \sum_{}^{k} \theta_{ki} X_{kin} \qquad (4-2)$$

$$X_{kin} = g_{ki}(S_{in}, A_{in}) \qquad (4-3)$$

公式（4-3）中，θ_{ki} 是待估系数，X_{kin} 为可观察的变量要素，g_{ki} 是可观测的个人社会经济属性 S_{in} 和出行方式或路径 i 特性 A_{in} 的函数。因此，出行者 n 选择某一出行方式或路径 i 的概率 P_{in} 为：

$$
\begin{aligned}
P_{in} &= \text{Prob}(U_{in} > U_{jn};\ \forall i \neq j,\ j \in N_n) \\
&= \text{Prob}(V_{in} + \varepsilon_{in} > V_{jn} + \varepsilon_{jn};\ \forall i \neq j,\ j \in N_n) \qquad (4-4) \\
&= \text{Prob}(V_{in} + \varepsilon_{in} - V_{jn} > \varepsilon_{jn};\ \forall i \neq j,\ j \in N_n)
\end{aligned}
$$

公式（4-4）中，$0 \leqslant P_{in} \leqslant 1$，$\sum P_{in} = 1$。因此，如果假设出行效用的概率扰动项向量 $\varepsilon_n = (\varepsilon_{1n}, \varepsilon_{2n}, \cdots \varepsilon_{nm})$ 某种概率分布，那么选择概率 P_{in} 则可以用 ε_{in} 的分布参数和出行效用确定项向量 $V_n = (V_{1n}, V_{2n}, \cdots V_{nn})$ 来表示。

当上述概率项服从二重指数分布时，就可以通过推导得到经典的 logit 模型；而当概率项服从正态分布时，则可以推导出 probit 模型[1]。一般来说，尽管用 probit 模型来估计旅行时间价值时其参数确定比较复杂，但是却可以克服一些 logit 模型的缺陷。但是，需要注意的是，probit 模型必须要求效用函数中的随机不可观测部分是服从正态分布的，这本身就是极为严格的限制。而且，相较于 logit 模型来说，probit 模型是非封闭的，其就需要基于大量的行为调查数据并通过计算机模拟来实现，因此在估算旅行时间价值时 logit 模型的应用比 probit 模型的应用更为普遍。

当效用函数中的随机扰动项服从参数为（0，1）的二重指数分布时，出行者 n 选择出行方式或路径 i 的概率为：

$$P_{in} = \frac{\exp(V_{in})}{\sum_{j \in n_n} \exp(V_{jn})} \qquad (4-5)$$

公式（4-5）就是经典的 logit 模型。

一般应用非集计行为模型进行旅行时间价值估计时，首先需要确定出行效用函数，通过 SP 或 RP 和 SP 相结合的调查方法进行数据采集，并利用数据对模型进行标定和检验。

二、传统模型存在的不足

为了解决传统方法不能准确反映不同出行者的行为特征和交通需求对旅行时间价值影响及估算问题，大多数针对旅行时间价值的研究都会采用 β_2 模型来进行分析：即利用出行者交通需求与出行选择概率来估计旅行时间价值。其中，Beesley（1965）、Lisco（1967）、Lave（1970）等学者通过将比较判别、线性概率和二元选择等方法引入到客流分担率模型中，探讨旅行时间与出行效用或成本间的关系来估算旅行时间价值，其所得结果与后来 McFadden 教授所建立的条件 logit 模型所得结果极为相似。

一般来说，利用经典的 logit 模型来进行旅行时间价值估算与评价，通常是以不同交通运输方式的选择作为出发点，建立出行方式选择的出行者随机效用函数。在出行者随机效用函数中，其一般包括旅行出行时间和出行费用两个基本解释变量以及其他相关解释变量。然后，通过获取不同出行方式选

---

[1] 关于这两种模型的具体推导可参见：关宏志. 非集计模型：交通行为分析的工具[M]. 北京：人民交通出版社，2004：10-25.

择的数据进而对出行者随机效用函数的系数进行标定。这里假设标定了旅行时间与运输费用，那么在出行者随机效用函数达到最大化的基础上，就可以利用下面公式来估算旅行时间价值：

$$VTT = \frac{\partial V_i \partial t_i}{\partial V_i \partial c_i} \tag{4-6}$$

公式（4-6）中，出行者随机效用函数一般表现为线性形式，因此不同出行者选择出行方式 i 时的随机效用函数固定项可以表示为：

$$V_i = \gamma_i + \alpha_i p_i + \beta_i t_i \tag{4-7}$$

公式（4-7）中，γ_i，α_i，β_i 为待估参数，p_i，t_i 出行方式 i 的运输费用与旅行时间，因此，就有出行者选择出行方式 i 的概率为：

$$P_i = \frac{\exp(\gamma_i + \alpha_i p_i + \beta_i t_i)}{\sum_k \exp(\gamma_k + \alpha_k p_k + \beta_k t_k)} \tag{4-8}$$

公式（4-8）中，P_i 为出行者选择出行方式 i 的概率，k 为任一备选出行方式。通过对公式（4-8）中待估参数进行标定，那么就可以得到出行者选择出行方式 i 的旅行时间价值为：

$$VTT = \frac{\partial V_i \partial t_i}{\partial V_i \partial c_i} = \frac{\alpha_i}{\beta_i} \tag{4-9}$$

为了简化计算过程，一般可以采用 Nerlove-Press 的表示形式，即对所有的备选出行方式都有 $\alpha_i = \alpha$，$\beta_i = \beta$。因此，就可以得到下列表达式：

$$\ln \frac{P_i}{P_k} = a_{ik} + b_{ik} \Delta p_{ik} + c_{ik} \Delta t_{ik}, \ (i, \ k = 1, \ \cdots, \ 1; \ i \neq k) \tag{4-10}$$

公式（4-10）中，$\Delta p_{ik} = p_i - p_k$，$\Delta t_{ik} = t_i - t_k$。

此外，logit 模型也可以通过对出行者在备选线路之间选择的概率、旅行时间与运输费用进行抽样调查，然后对模型中的参数进行标定同样可以得到旅行时间价值。当然，在实际应用模型的过程当中，出行者的随机效用函数可能会包含更多的解释变量。除了多元 logit 模型和条件 logit 模型外，排序 logit 模型也可以被用来估算旅行时间价值，由于排序 logit 模型可以根据不同交通方式的技术经济特性对出行选择进行排序，因此其也可以较好地反映交通技术变化与旅行时间价值之间的变动关系，但是其对数据处理的复杂程度也将增加。由上述分析可知，如果要更深入地分析旅行时间价值就需要利用更能反映实际的模型，而建立反映出行者选择行为的 logit 模型与旅行时间价值的内在联系进而寻求更合理的解释与预测是极为必要的，这是将旅行时间价值理论研究与实证检验相联系的重要桥梁，对推动旅行时间价值的向前发展有着重要且实际的意义。

尽管人们从很早就开始就利用 logit 模型进行旅行时间价值研究，但是早期的实证或模型研究与能准确反映人们对旅行时间价值评价或决策行为的理论并没有建立起真正的联系：早期的实证或模型研究更注重旅行时间价值的节约，注重其带给个人与社会的效益。而最近人们开始逐渐关注旅行时间价值延迟所带来的损失，并尝试估算它给个人与社会带来的影响。从理论分析的视角来看，节约旅行时间价值的研究主要集中于出行者对边际时间价值收益的支付意愿，而损失旅行时间价值的研究可能主要体现为出行者对边际时间价值损失的承受能力与厌恶程度。从实证研究的视角来看，旅行时间损失的价值要高于旅行时间节约的价值。这可以具体反映为，随着社会交通基础设施的完善与技术的进步，人们要想以更快速的技术速度来旅行，这就意味着需要付出更多的资源或费用来换取旅行时间，与此同时导致了人们对旅行时间价值评价的标准不断提高和旅行时间价值损失厌恶指向性的日益明显。而上述的分析旨在说明一个问题，就是随着外界环境变化与交通技术进步，用传统的 logit 模型可能无法准确地反映现实旅行时间价值的真实评价情况，因此为了能反映现实情况（例如，同一出行者对于旅行时间价值损失与节约的敏感性可能不会相同，即存在旅行时间价值评价的不对称性），本书将在接下来部分对基于 logit 模型的传统旅行时间价值方法进行改进，希望建立基于参照点依赖 logit 模型的旅行时间价值估算方法，并试图将其与普遍存在于人们行为中的损失厌恶效应相联系，进而使得改进后的旅行时间价值估算方法有着更坚实的交通运输经济理论基础与更实际的应用。

第二节 模型改进的理论基础

回溯理论研究与经典文献可以发现，事实上包含参照点依赖原理的分析方法已经渗透到了除旅行时间价值研究之外交通运输经济学中的一些领域中。例如，在公共交通票价弹性不一致或不对称方面的研究（Hensher & Bullock，

1979；Goodwin，1992；Dargay & Hanley，2002），但是其还没有得到交通运输经济学界的普遍关注。尽管如此，这些理论已经在交通运输经济学及其相关研究文献中崭露头角，其中最著名的莫过于前景理论的应用（Kahneman & Tversky，1979）。该理论与之前的期望效用等理论最重要的区别就在于，前景理论中收益或损失的确定都是基于参照点的。从眼前的目的出发，本书可以将现有的水平作为决策的参照点。而以这种思路处理问题的动机在于，它允许人们以不同的标准来评估收益或损失，进而可以通过参照点依赖原理体现出个性化的价值评价标准。当然，除了参照点依赖之外，前景理论中的效用函数在参照点上面部分（收益部分）是凹的，损失部分是凸的。而且，效用函数在损失区域内更为陡峭。Tversky & Kahneman（1992）认为效用函数的这些性质源于人们依靠直觉进行评价从而产生反应的一种普遍规律，并对相应的函数性质给予命名：损失厌恶和敏感性递减。损失厌恶就是指人们对等量损失比收益更敏感。例如，对于绝大多数人来说，丢失 100 元人民币的负效用要大于得到 100 元人民币的正效用。而产生这种效应的原因部分出于直觉，部分出于经验。敏感性递减则表明，当距离参照点越来越远时，边际变化的心理影响将逐渐减小。例如，对于现状来说，100 元人民币和 200 元人民币收益之间的差别要远大于 1100 元人民币和 1200 元人民币收益之间的差别。

与此同时，行为经济学家们对损失厌恶偏好的假设也应用于更为广泛的问题研究。Tversky & Kahneman（1991）在前景理论的基础上提出了一个模型。该模型主要是应用参照点依赖和无风险选择中的损失厌恶思想来检验排列偏好依赖之于基础理论问题的意义❶。而本书则希望通过对该模型的改进来检验参照点依赖偏好假定在交通运输经济学中的应用，即验证旅行时间与票价的损失厌恶效应，同时提出考虑该效应的旅行时间价值测算方法。但是鉴于人们在出行时会有多方面的需求（例如，旅行时间、票价等），因此仅以价格作为参照点的模型似乎已不再适用。因此，作者将采用一个基于参照点的多属性分析框架来建立新的模型。换而言之，就是影响选择结果的各属性都应该具有参照点，即这个参照点依赖模型不仅是对票价的估计，同时也是对其他基本属性（例如，旅行时间）估计的模型。综上所述，该模型一般会具

---

❶　例如，Munro（1998）检验了参照依赖偏好假定在福利经济学中的应用。Munro & Sugden（1998）检验了当参与人具有偏好依赖时，经济达到一般均衡的必要条件。

有以下特点：①每次出行选择的结果都可以被分为若干相互独立的属性；②每种独立属性都可以根据自身特点建立相应的效用函数；③在描述各属性价值替代关系时需要先设定参照点。

为了更形象阐述人们出行时的基本属性与参照点问题，首先需要回忆一下现实中的出行情境。无论是乘坐高铁出行或城市内通勤，出行者往往会在旅行时间与运输费用之间进行无差异替代或选择，即将旅行时间货币化以衡量其价值。但这种无差异替代或选择并非是毫无根据的，而是在考虑了参照点情况下进行的。图4-1就描述了这样一个引入参照点的双属性（旅行时间和票价）运输服务（或产品）坐标系。在图4-1中，分别设定三个参照点 p，q，r，这些参照点具有票价相同（$P_p = P_q = P_r$）但花费的旅行时间由少到多（$T_p < T_q < T_r$）的特点。同时，在这个坐标系中引入两种不同的交通运输方式 x，y。本书进一步假定当以 r 为参照点时，出行者对于交通运输方式 x，y 的选择是无差异的，且可以将其标记为 $x =_r y$。

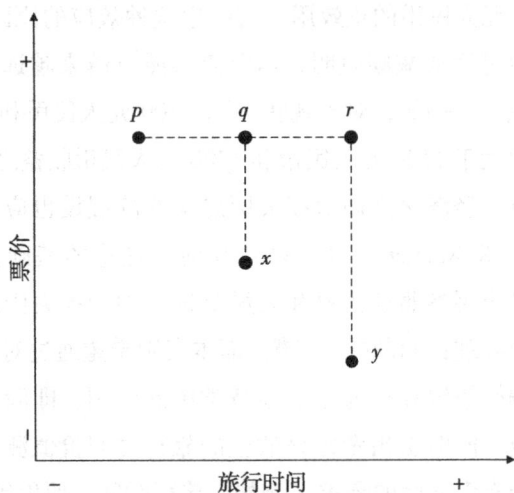

图4-1 引入参照点的旅行时间—票价示意图

考虑到本书中损失厌恶的含义：针对同一参照点来说，运输产品的某种属性在损失区域内的效用函数要比收益区域内的效用函数更为陡峭。那么，当以 r 为参照点时，出行者会认为交通运输方式 x，y 对他来说是可能是无差异的；但以 q 为参照点时，出行者则会选择或更偏好交通运输方式 x，即 $x >_q y$，具体见图4-1。因为，当以 r 为参照点时，无论是交通运输方式 x 或

y，其在体现交通运输服务（或产品）的基本解释变量——旅行时间和价格——都没有损失：交通运输方式 y 在旅行时间方面与参照时间持平，在价格方面则是远低于参照价格，交通运输方式 x 则在旅行时间和价格方面都有一些优势，而交通运输方式 x，y 的无差异标记 $x \approx_r y$ 就意味着交通运输方式 y 价格方面的巨大优势与交通运输方式 x 在旅行时间和价格方面优势之和带给出行者的感受是无差异的。然而，当参照点从 r 转换到 q 时，交通运输方式 y 在旅行时间面临损失的同时，交通运输方式 x 也丧失了其在旅行时间的等量优势。尽管参照点移动带来等量的变化，但对于出行者来说其赋予旅行时间价值的权重要大于优势的丧失，而上述情况也就是损失厌恶效应在交通运输产品中旅行时间属性方面的体现。

借助第三章的理论分析框架，本书这里将拓展一个具有可分解特性[1]的函数关系进行说明。假设一个可加效用函数的自变量为 x，该自变量又可以被分解为 x_t 和 x_p 来分别表示交通运输产品的旅行时间和价格属性，则引入参照点 r 的函数就可以表示为如下形式：

$$V_r (x_t, x_p) = R_t (x_t) + R_p (x_p) \qquad (4-11)$$

公式（4 – 11）中，$R_t (x_t)$ 和 $R_p (x_p)$ 可以分别被认为是以 r 参照点的旅行时间和价格的参照点依赖函数[2]。对上述具有可加的函数关系，本书可以引进一个损失厌恶系数 λ 来描述出行者对旅行时间和价格这两种度量交通运输产品基本属性的损失厌恶程度。

$$R_t (x_t) = \begin{cases} v_t (x_t) - v_t (r_t), & x_t \leqslant r_t \\ \lambda_t [v_t (x_t) - v_t (r_t)], & x_t > r_t \end{cases} \qquad (4-12)$$

$$R_p (x_p) = \begin{cases} v_p (x_p) - v_p (r_p), & x_p \leqslant r_p \\ \lambda_p [v_p (x_p) - v_p (r_p)], & x_p > r_p \end{cases} \qquad (4-13)$$

公式（4 – 12）、公式（4 – 13）中的 $\lambda_t > 0$，$\lambda_p > 0$ 分别表示旅行时间价值和价格各自对应的损失厌恶系数，它描述的是出行者在面对旅行时间价值或价格损失要比收益更敏感的心理特征经验估值。

---

[1]　从函数的可分解特性来看，本书的总效用函数可以分解为旅行时间的函数和价格的效用函数，而旅行时间的函数或价格的效用函数又可以被认为是由一组确定参照点的相互独立且单调的函数组成。因此，即使构成总效用函数中存在非线性的函数关系，其同样也可以被表示为累加形式。

[2]　为了方便说明问题，本书在这里将 $v (x)$ 定义为单调递减的函数。

第三节　参照点依赖模型

一、模型构建与变量解释

旅行时间与价格作为影响出行者选择与损失厌恶系数估计的公共变量，其参照点选取无疑是构建模型的关键。在行为经济学以往的经验研究当中，参照点通常被认为是现状或预期目标。关于参照点选取最常用的一种方法就是以出行者最近一次出行的旅行时间或购买价格作为参照点。当然，这种参照点确定的方法自有其方便之处。因为自 Samuelson & Zeckhauser（1988）提出现状偏见（status quo bias）之后，大多数的相关研究或多或少遵循了类似的研究思路，即自然而然地将现状纳入参照点的候选范围，而任何其他选择都会被编码为与现状进行比较后而产生的结果。如果要从心理或行为学角度来进行解释的话，则是因为最近的消费体验往往会带给消费者深刻的印象，这种心理效应在快速消费品和服务方面体现得尤为明显。与此同时，该假设结果也得到了实验证据的支持[1]。

考虑到参照点依赖与损失厌恶对出行选择及旅行时间价值评价的影响，本书改进的模型相较于传统模型有以下几方面特点：其一，模型为基本属性（旅行时间、价格等）都设立了参照点，这样就可以更准确地衡量损失或收益对出行选择的影响，进而拓展了考虑旅行时间价值损失的计量研究框架；其二，在模型中衡量基本属性（在本书中就是旅行时间与票价）损失系数一般都要大于收益系数；其三，模型可以更好地处理相关截面数据的异质性问题。基于上述优势，作者将一个包含旅行时间和价格属性的二维分析框架引入logit 模型对其进行改进。

以随机效用理论为基础的经典 logit 选择模型是由美国经济学家 Mcfadden 教授首先提出的。随后，在研究参照点依赖原理对备选方案的影响时，该模型被 Hardie、Johnson & Fader（1993），Briesch、Krishnamurthi、Mazumdar &

---

[1]　具体可参见 Samuelson & Zeckhauser（1988）在对哈佛大学增补卫生保健计划的实例研究和 Johnson（1993）等人对宾夕法尼亚州和新泽西州居民购买汽车保险决策的实例研究。

Raj（1997），Klapper、Ebling & Temme（2005）等学者采用并进行实证分析。

经典的 logit 模型具有如下结构：

$$P_{ij} = \frac{e^{v_{ij}}}{\sum_k e^{v_{ik}}} \qquad (4-14)$$

公式（4-14）中：P_{ij}——出行者 i 在出行时选择交通运输方式 j 的概率；

$v_{ij} = \sum_m \beta_m x_{ijm}$——出行者 i 在出行时选择交通运输方式 j 的效用函数；

x_{ijm}——出行者 i 在出行时选择交通运输方式 j 的第 m 个属性解释变量；

β_m——待估参数；

k——备选方案。

经典的 logit 模型往往会包含影响人们选择的出行方式基本属性（例如，旅行时间、价格等）与出行者个人及社会经济属性[1]。基于该组解释变量，模型中出行者在出行时选择交通运输方式 j 的效用函数为：

$$v_{ij} = \beta_0 + \beta_1 time_{ij} + \beta_2 price_{ij} + \sum_{z=3}^n \beta_z other\text{-}attributes_{ijz} \qquad (4-15)$$

公式（4-15）中，$time_{ij}$ 和 $price_{ij}$ 表示出行者 i 在出行时选择交通运输方式 j 的旅行时间和票价，$other\text{-}attributes_i$ 表示出行者 i 个人及社会经济属性的集合，而其各项属性也会有对应的待估计参数。

但是，此类模型在探讨决定出行方式的基本解释变量（例如，旅行时间、价格）时并没有考虑到出行者选择行为时的参照点依赖原理，而且也没有区分基本解释变量的收益或损失情境。因此可以说，经典 logit 模型中的基本解释变量应该隐含着"损失中性"[2] 的条件。但是从实际情况来看，以上的隐含条件则显得过于理想化了，因此将参照点依赖及损失厌恶引入模型并对其进行改进是非常有必要的。

根据第三章的理论分析框架，这里可以考虑对经典的 logit 模型进行改进：将（4-15）式中的 $time_{ij}$ 和 $price_{ij}$ 替换为（4-12）、（4-13）中的函数，同时替换的效用函数也必须具有可分解性。所以，在确定参照点 r 之后，出行者 i 在出行时选择交通运输方式 j 的效用函数如公式（4-16）所示：

---

[1] 有关出行选择的影响因素研究具体可参见 Abrantes（2004，2008），Wardman（1998，2001，2004，2011）等人的一系列研究。

[2] 损失中性即默认出行决策者对收益或损失赋予的权重是相等的，例如 $\lambda_{TIME} = \lambda_{PRICE} = 1$。

$$v_{ijr} = \beta_0 + \beta_1 [timegain_{ijr} + \lambda_1 timeloss_{ijr}] + \beta_2 [pricegain_{ijr} + \lambda_p priceloss_{ijr}] +$$

$$\sum_{z=3}^{n} \beta_z other\text{-}attributes_{ijz} \tag{4-16}$$

公式 (4-16) 中，$timegain_{ijr}$——当确定参照点时，出行者 i 出行选择交通运输方式 j 时相较于参照时间 r，方式 j 节约的旅行时间；

$timeloss_{ijr}$——当确定参照点时，出行者 i 出行选择交通运输方式 j 时相较于参照时间 r，方式 j 多消耗的旅行时间；

$pricegain_{ijr}$——当确定参照点时，出行者 i 出行选择交通运输方式 j 时相较于参照成本 r，方式 j 节约的成本；

$priceloss_{ijr}$——当确定参照点时，出行者 i 出行选择交通运输方式 j 时相较于参照成本 r，方式 j 多花费的成本。

在公式 (4-16) 中，对于旅行时间属性来说，$timegain_{ijr}$ 意味着相较于参照时间 r、交通运输方式 j 可以节约旅行时间，因此是"收益"；$timeloss_{ijr}$ 意味着相较于参照时间、交通运输方式 j 需要多消耗旅行时间，因此是"损失"。同理，对于价格属性来说，$pricegain_{ijr}$ 意味着相较于参照成本 r、交通运输方式 j 可以节省成本，因此是"收益"；$priceloss_{ijr}$ 意味着相较于参照成本 r、交通运输方式 j 需要多花费成本，因此是"损失"。

在对效用函数中基本解释变量的收益和损失做出说明之后，接下来就需确定这些变量的计算公式。假设 r 是出行者在做选择时所设定的参照点，t_{ir} 就是出行者 i 的参照旅行时间，t_{ij} 是出行者 i 选择交通运输方式 j 的期望旅行时间；同理，p_{ir} 就是出行者 i 的参照价格，p_{ij} 是出行者 i 在出行时选择交通运输方式 j 时的支付意愿。那么，基于上述假设，出行者在旅行时间价值和价格方面的收益和损失的计算公式如下所示：

若交通运输方式 j 的实际旅行时间等于或少于出行者所设定的参照点，即 $t_{ij} \leqslant t_{ir}$，则有：

$$timegain_{ijr} = -(t_{ij} - t_{ir}), \ timeloss_{ijr} = 0;$$

若交通运输方式 j 的实际旅行时间多于出行者所设定的参照点，即 $t_{ij} > t_{ir}$，则有：

$$timegain_{ijr} = 0, \ timeloss_{ijr} = -(t_{ij} - t_{ir});$$

若交通运输方式 j 的实际价格等于或少于出行者所设定的参照点，即 $p_{ij} \leqslant p_{ir}$，则有：

$$pricegain_{ijr} = - (p_{ij} - p_{ir}), \ priceloss_{ijr} = 0;$$

若交通运输方式 j 的实际价格多于出行者所设定的参照点，即 $p_{ij} > p_{ir}$，则有：

$$pricegain_{ijr} = 0, \ priceloss_{ijr} = - (p_{ij} - p_{ir})。$$

二、模型补充说明

本书在这里将主要就参照点依赖的 logit 模型特性进行说明。而这其中主要包括模型的拟合程度、损失厌恶系数测度、异质性与稳健性估计。接下来，本书针对上面提出的四个要点依次进行说明。

模型的拟合度说明。正如 Kahneman 等人所指出的那样，如果参照点依赖和损失厌恶效应普遍存在于消费决策、供给生产等市场当中，那么运输消费或供给市场中的决策者也会同样存在参照点依赖和损失厌恶，然而在传统 logit 模型的预测当中将很可能忽略这种效应。而本书认为通过对 logit 模型的改进有可能弥补这种缺陷，而且改进后的参照点依赖的 logit 模型也会表现出较强的拟合能力。

损失厌恶系数测度说明。参照点依赖的 logit 模型即公式（4-6）中的损失厌恶系数 λ_t 和 λ_p 的大小可以表示出行者对旅行时间与价格的损失厌恶程度。当损失厌恶系数 $\lambda_t > 1$ 或 $\lambda_p > 1$，则表示出行者对旅行时间或价格具有损失厌恶效应，而且系数越大出行者的损失厌恶效应就越强烈。当然，本书希望得到的预期结果应该是 $\lambda_t > 1$ 和 $\lambda_p > 1$。与此同时，模型中也并没有规定旅行时间的损失厌恶系数 λ_t 和价格的损失厌恶系数 λ_p 的大小关系（或许 $\lambda_t > \lambda_p$，或许 $\lambda_t < \lambda_p$，或许 $\lambda_t = \lambda_p$）。Kahneman & Tversky（1991）在关于参照点依赖的论文中写到，一般来说出行者对货币的损失厌恶程度要低于其他产品属性，即 $\lambda_p < \lambda_x$（λ_x 代表除价格外，被消费产品的任意属性）。而本书的实证结果也试图验证 Kahneman & Tversky 提出的假说，出行者对旅行时间的损失厌恶程度超过对价格的损失厌恶程度，即 $\lambda_t > \lambda_p > 1$。

异质性估计说明。关于模型的异质性估计问题，改进后的参照点依赖的 logit 模型会考虑出行者与出行者选择间存在的明显差异性。因此，它相较于传统的 logit 模型则更适用于处理差异较大的截面数据。

稳健性估计说明。对于传统的 logit 模型来说，因为在模型构建过程中并未考虑到出行者对旅行时间价值或价格的参照点依赖原理，所以会对模型的稳健性估计产生较大影响。而为了保证对出行者选择结果估计的稳健性，在传统模型中引入参照点就显得尤为重要。

第四节　本章小结

本章认为造成传统交通运输经济研究与现实情况差异较大的主要原因是忽略了出行者的参照点依赖与损失厌恶心理。参照点依赖原理主要是强调各备选交通运输方式属性参照点或参照状态（包括旅行时间、票价等）的选取是出行者进行评价和选择的前提。损失厌恶效应则反映了出行者在面对损失（包括旅行时间损失、票价损失）比收益更敏感的经验原则。而本章中利用参照点依赖 logit 模型对存在的问题进行修正，并得到了较为理想的推导结果，这主要体现在以下几方面：其一，参照点依赖的 logit 模型具有较好的拟合度；其二，模型中所涉及的旅行时间和票价损失厌恶效应都对出行者的选择行为以及相关评价指标的估计可能会产生较大影响；其三，参照点依赖 logit 模型也适用于处理差异较大的截面数据，并具有较强的稳健性。

第五章　现场数据的实证检验

本章在第三章、第四章研究的基础上，根据参照点依赖 logit 模型，基于 SP 技术的出行选择调查数据，利用 order logit 估计方法，考察了不同出行者自身经济社会属性与外界环境因素对旅行时间价值评价的影响，并试图验证普遍存在于出行者群体中的等量旅行时间和票价的损失比收益更敏感的旅行时间价值损失厌恶效应，估计出对应损失厌恶系数。

第一节　出行情景带入

为了更形象的阐明本章要实证的问题，本书先假设以下出行情景：

情景之一：你和从未乘坐过京沪高速列车的朋友去乘坐京沪高铁出行。曾有过乘车经历的你认为乘坐京沪高铁是一种很棒的体验：350km/h 的车速，舒适的列车环境和周到的服务。虽然京沪高铁的票价不能算是低廉，但你依然会觉得它物有所值。当你乘车时却惊讶地发现，原来京沪高铁的票价下调了，但其行车速度也随之下降到 300km/h。你失望之余发现，你的朋友却认为京沪高铁票价合理，而且速度很快，他特别满意。

情景之二：某一天清晨，当你去上班时注意到往常乘坐的地铁因检修暂停使用，而你可以走到离此不远的公交站去乘坐公交车或是选择乘坐出租车。如果你选择乘坐公交车，它的票价比较便宜，但其速度也比较慢；而选择乘坐出租车，所付价格却比较高，但速度快。在这种情况下，你在进行选择时会与地铁进行比较吗？当你选择出租车时，你是更享受提前或即时到达的快感，还是更担心高昂的价格？而当你选择公交车时，你是会为节约下的车费高兴，还是会为因在途时间长可能导致迟到的结果而忧虑？更进一步讨论，等额度的票价上涨与下降给你带来的感觉或效用也是同样的吗？

通过对上述出行情景的描述至少可以说明一类的问题：人们在出行选择时通常都会自觉或不自觉地将出行方式属性（例如，旅行时间、票价等）与预设的参照点进行比较，即人们在评价这些属性的收益或损失是相对于参照点而言的。此外，人们对旅行时间（或票价）损失比收益更敏感的心理特征形成了另一重要经验概念——损失厌恶，同时，这种损失厌恶效应也需要被相关现场实例所证实。

第二节　损失厌恶效应的影响

一、损失厌恶与出行选择

与出行需求类似，出行选择可以被认为是一种派生选择，它并不是出行者最终的决策，而是为了实现某一目标的过渡性选择。例如，上面所提到的通勤者，为了满足他的出行目的，就需要他必须选择一种交通运输方式，出租车或公交，才能完成不同活动（由非生产转向生产）之间的转换。实际上，这种派生选择就是在可供出行者选择的不同方式中，挑出能够满足自身出行效用最大化的方式，以达到出行目的的过程。当然，在这一过程中，旅行时间价值是首先要被考虑的条件。但是，由于旅行时间价值的判断带有很大主观性，因此，出行者在出行选择时总会根据自身经验和外部环境对旅行时间价值持有一种主观评价或态度，而这些根据出行选择经验和外部环境所得到的评价或态度一旦被确定为参照点，那么出行者就会利用各种方法来避免旅行时间价值的损失，因为出行者总是希望旅行时间在一定程度上变为可控制的，进而使得旅行计划符合自己的预期。而上述现象，本书认为可以将其称之为"旅行时间的禀赋效应"，它反映的是出行者在考虑旅行时间价值的出行选择过程当中，他们会赋予等量损失的旅行时间价值更高的权重，即旅行时间价值存在损失厌恶效应，而且这也符合大多数出行者对旅行时间价值损失比收益更敏感的实际心理感受。此外，关于旅行时间价值损失厌恶的观点也可以帮助本书理解现实生活中为什么出行者一旦尝试了更便捷、更快速的出行方式之后，就会放弃原先的出行方式进而转向这种更高级出行方式的现象。

更进一步分析，如果出行者预先设定了一个旅行时间价值标准并得到满足，那么这个设定标准就会成为其参照点。而随着更高级的技术得到普遍应用，该出行者原来所设定的旅行时间价值标准作为参照点的效应就会渐渐消失，新的交通技术或更高级出行方式所带来的旅行时间价值标准可能就会成为该出行者的参照点，进而就会导致该出行者选择更先进的出行方式。但是，这种层层递进的参照点依赖以及损失厌恶现象也可能会导致出行者过分地追求高速度、高标准的出行方式，进而导致交通运输资源的错配问题。

总而言之，在经济水平与交通技术突飞猛进的过程中，对旅行时间价值的损失厌恶效应解释及其系数估计作为一个亟待研究的交通运输经济学问题已经逐渐凸显出来。而对旅行时间价值损失厌恶现象影响出行选择的认知也已表明，成功的交通运输资源分配及其配套制度设计应该适度地考虑出行者在出行选择中的旅行时间价值损失厌恶效应及其程度问题。基于此，本书将建立一个验证模型，对旅行时间价值损失厌恶效应进行检验。

二、考虑损失厌恶的计量模型

本书虽然假设了出行者在出行选择过程中会存在旅行时间价值的损失厌恶效应，但是科学的结果仍然需要严格的计量分析给予支持。而通过对出行者的选择行为数据进行调查统计后（调查包括出行方式属性与出行者个人及经济属性），就有出行者在出行选择时的效用函数为：

$$v_{ijr} = \beta_1 \left[timegain_{ijr} + \lambda_t timeloss_{ijr} \right] + \beta_2 \left[pricegain_{ijr} + \lambda_p priceloss_{ijr} \right] +$$
$$\beta_3 gender_{ij} + \beta_4 age_{ij} + \beta_5 income_{ij} + \beta_6 purpose_{ij} \tag{5-1}$$

公式（5-1）中，$timegain_{ijr}$、$timeloss_{ijr}$ 和 $pricegain_{ijr}$、$priceloss_{ijr}$ 分别表示出行者 i 在出行时选择交通运输方式 j 的旅行时间收益、旅行时间损失与票价收益、票价损失，它主要用来衡量出行者对旅行时间和票价在损失与收益方面的敏感程度。具体来说，$timegain_{ijr}$ 表示相对于参照点节约的旅行时间，$timeloss_{ijr}$ 表示相对于参照点损失的旅行时间，$pricegain_{ijr}$ 表示相对于参照点节省的票价，$priceloss_{ijr}$ 表示相对于参照点损失的票价。其中，$timeloss_{ijr}$ 和 $priceloss_{ijr}$ 所对应的损失厌恶系数 λ_t 和 λ_p 则分别表示出行者对旅行时间与票价的损失厌恶程度，一般来说该系数是大于 1 的，而且该系数越大则出行者的损失厌恶效应就越强烈。而模型中的控制变量则是在以往研究经验的基础上所取得的。归纳起来，可以包括以下两类：个体特征变量（$gender_{ij}$、age_{ij}、$purpose_{ij}$）与经济收入变量（$income_{ij}$）。其中，个体特征变量包括年龄 age_{ij}（18~30 周岁，30~40 周岁，40~50 周岁，50 岁以上）、性别 $gender_{ij}$（男性 =1，女性 =0）与出行目的 $purposse_{ij}$（因公 =1，因私 =0）；经济收入变量则包括个体的月收入 $income_{ij}$（2000 元以下，2000~5000 元，5000~10000 元，10000 元以上）。而上述各主要变量对应的待估计系数分别为 β_1、β_2、β_3、β_4、β_5、β_6。

第三节　基于 SP 技术的现场调查

由于本书中的被调查者收入、性别、年龄、出行目的等因素各不相同，因此他们对单位旅行时间价值的估计也有着不同的评价或理解，进而对评估结果产生一定影响。根据研究需要，作者在这里采用 SP 技术对被调查者进行有针对性（例如，预先设定公共交通的种类与出行目的等）的方案设计。然后，再根据所设计的不同出行方案（其中包括改变旅行时间、票价等），通过问卷调查获取出行者的意愿数据，为构建的理论模型提供数据基础。接下来，作者将主要从 SP 调查方案设计、数据采集与处理方法选取等方面入手进行梳理。

一、调查原则与方法

SP 调查方法一般是指出行者为了获得"对假定条件下的多个出行方式所表现出来的主观偏好"而进行的选择意愿调查。它通常是作为一个交通运输市场调查工具来研究出行者对于不同技术经济特性的交通运输产品或服务的接受程度。因此通过这项技术，研究者往往可以掌握影响被调查者选择的主要变量，而且可以减少甚至消除这些主要变量或属性间的相互依赖性。同时，SP 调查具有更加灵活且可以同时处理多个变量的特性，特别是在被调查者提供多个出行选择的情况下可以提高调查效率，节省费用，并为建立效用函数提供充足的数据支持。

尽管 SP 调查法有着种种优势，但本书在采用 SP 调查方法研究旅行时间价值时需要特别注意在调查设计时充分考虑到影响出行选择的各种因素以降低偏差出现的概率，进而来提高调查数据的可靠性。根据以往的研究经验，良好的 SP 调查方法设计可以有效地提高数据可靠性，而要应用 SP 调查方法就必须要遵从以下的设计原则：①可靠性。在所有备选的交通运输方式中，需要确定各种备选方式的影响变量数目及其水平，同时这些变量也必须要客观地反映不同备选方式的技术经济特性，这样既可以便于受访者做出选择，又能提高数据的可靠性。②合理性。出行选择方案设计的内容既可以是现实情况也可以是虚构或假设的情景，但这就更需要注意内容的合理性，以保证分析结果的正确性。③简明性。出行选择方案的设计要求简洁明了、易于理解并且在被调查者的经验范围之内，使被调查者可以在较短的时间内做出确切回答。④约束性。出行选择方案中的选项内容必须保持现实的约束性，进而让被调查者根据自己的出行经历来表达偏好或选择，以避免产生不切实际的反应。

二、样本采集数量

与其他数据收集方法类似，在设计 SP 调查时必须注意样本的构成与容量大小。在一般的 SP 调查中，其基本要求就是需要获得容量充分大且有代表性的样本。根据相关研究经验，其样本容量可以通过以下公式确定：

$$n_i > \frac{p_i\ (1-p_i)}{\left(\dfrac{e}{z}\right)^2 + \dfrac{p_i\ (1-p_i)}{N}} \qquad (5-2)$$

其中，n_i 是选择第 i 种出行方式的最小样本容量；p_i 是选择第 i 种出行方式的出行者比例，e 是允许的误差，z 是一定置信水平下服从正态分布的变量值，N 是总体的大小。从公式（5-2）可以看出，对于给定的 N、e 和 z，$p_i = 0.5$ 时 n_i 的取值无疑是最大的，一般情况下，$e = 0.1$（这表示最大的允许误差范围为 10%），$z = 1.96$（对应 95% 的置信水平），综上就可以得到表 5-1。

表 5-1 不同总体下的样本最小容量

N	100	500	900	1300	1700	2100	2500	2900
f	49	81	87	98	91	92	92	93
抽样率（%）	49	16	10	7	5	4	4	3

从表 5-1 中可以看出，随着总体规模的扩大，样本最小容量将趋于收敛。因此，就一般情况来看，对于不同方式的有效样本在 100 左右就可以满足基本要求，如果条件允许，样本容量可以适当扩大。由于受到 SP 调查对样本容量的要求和调查条件限制，本次的调查初步拟定发放问卷 500 份。

三、问卷设计与变量取值

一般来说，好的问卷设计应该是精简与详尽间的平衡。因此，本次 SP 调查所设计的问卷由以下三部分构成，包括情景设计与对象、个人属性和出行方式偏好。其中，情景设计与对象要求确定被调查者范围以及被调查者对所提供的调查情景做出符合本人意愿的选择的真实性；个人属性包括被调查者的收入、性别、年龄和出行目的等，主要用于对被调查者个人特性的分析以及与选择结果做比较分析；出行方式偏好调查则是根据被调查者的出行经历及本次出行选择来了解其出行方式偏好状况（问卷设计见附录）。

在考虑了问卷设计结构之后，下面将针对这三部分分别进行属性变量及其水平值选取，需要注意的是属性变量及其水平值选取应当根据研究目的而定。首先，本书先对情景设计与对象进行说明：本书的 SP 调查研究确定的被调查者范围包括北京与天津之间选择公共交通方式出行的出行者及其选择意愿；其次，根据前人研究成果确定影响旅行时间价值的个人属性因素，其一般包括出行目的、性别、年龄和收入等，它们分别对应模型中 *purpose*，*gender*，*age* 和 *income* 等变量；最后，针对不同交通方式的技术经济特性与出行者意愿来确定影响出行者选择偏好的因素，主要包括旅行时间 *time* 和票价 *price*。同时，考虑到本书研究的主题是引入参照点对旅行时间价值分析，那么就需要对旅行时间与票价的参照点进行确定。按照前文的理论分析，决策者在对旅行时间价值做出评价时，其并非依据绝对的旅行时间，而是按照实际旅行时间与参照旅行时间比较后形成的主观感知价值进行判断的。因此，考虑到传统旅行时间价值模型中隐含着"损失中性"的条件，本书在这里将对代表交通运输方式属性与出行者意愿的基本变量旅行时间与票价进行改进，即将原来的变量 *time* 和 *price* 拆分为 *timegain*、*timeloss*、*pricegain* 和 *priceloss*。其中，*timegain* 为旅行时间收益，*timeloss* 为旅行时间损失；*pricegain* 为票价收益，*priceloss* 为票价损失。而关于旅行时间与票价参照点的确定，联系前文中关于"现状偏见"的理论探讨和相关经验研究[1]可知，相较于以出行者分担率、出行者忠诚度等方法，以现行旅行时间和票价作为参照点无疑最具操作

---

[1] 具体可参见 Hardie，Johnson，Fader 在 "Modeling loss aversion and reference dependence effects on brand choice" 一文附录 2 中对五种参照点确定方法进行的比较过程。

性。当然，关于出行方式属性与出行者意愿参照点的确定可以用到更为复杂的方法与模型。但就本书来说，作者采用的方法建立在前文理论基础之上，并符合参照点确定的科学程序。尽管以目前的旅行时间和票价水平作为参照点是一种比较严格（这种方法只适合处理截面数据而非时间序列或是面板数据）的定义。

综上所述，为了了解京津间各种出行方式对出行者选择行为的影响，同时在模型中体现出研究所关注的变量，本章根据以往的经验研究❶与本次调查问卷的需要来确定对出行者选择行为产生影响的变量及其取值，具体见表5-2。

表5-2　京津间影响出行者方式选择的变量

影响变量		对应的模型变量	
		变量表示	变量取值
个人属性	性别	gender	哑元变量，男1，女0
	年龄	age	被调查者实际年龄
	收入	income	被调查者实际收入
	出行目的	purpose	哑元变量，因公1，因私0
公共属性	票价（price）票价收益	pricegain	支付意愿与实际票价的差值（＋）
	票价损失	priceloss	支付意愿与实际票价的差值（－）
	旅行时间 time 旅行时间收益	timegain	期望时间与实际时间的差值（＋）
	旅行时间损失	timeloss	期望时间与实际时间的差值（－）

四、调查数据统计

本书基于出行者在出行选择时对京津间不同公共交通方式的选择情景，采用SP调查方法❷，进行实证研究的最终其目的是确定验证本书提出的理论模型的有效性，同时对全体出行者的旅行时间价值及其可能存在的损失厌恶系数进行估计。为了获取真实、准确的基础数据，本书根据上述研究目的进

---

❶　有关变量选取的经验研究具体可参见英国学者Button（2010）及国内陈团生（2007）等人的著作与论文。

❷　SP调查方法本质上是一种心理学实验方法，其是在假设条件下对出行决策者选择意向的调查，具有可操作性高、数据误差可调，备选方案集合明确等优点。

行了实地调研与问卷发放❶。此次实地调查的时间为 2012 年 12 月 14 日至 15 日，上午 8：00 - 12：00 和下午 14：00 - 20：00，调查地点为北京站、北京南站、赵公口客运站、天津站、天环客运站的各候车室，调查对象则来自于京津间采用公共交通出行的人群，并尽力保证问卷在时间段上平均分配。问卷共发放 500 份，回收有效问卷 428 份，问卷有效率为 85.6%。此外，本次调查考虑到了被调查者出行偏好的地域差异，所以在实地问卷发放时特地对被调查者进行了甄别，使得被调查对象的居住地与行程都集中于京津地区，从而降低了地域差异对调查结果的影响。因此，可以说本次问卷的发放具有较强的科学性与可靠性。而本次问卷发放后的统计结果也显示，本次调查的样本基本符合人口统计学的特征。接下来，本书将对此次调查的结果进行逐一统计分析。

出行目的分布。在被调查的 428 名出行者当中，因公出行的人数约占总出行人数的 51%，因私出行的人数约占总出行人数的 49%。可以看出，京津间因公与因私出行的出行者比例大致相当，其具体如图 5 - 1 所示。

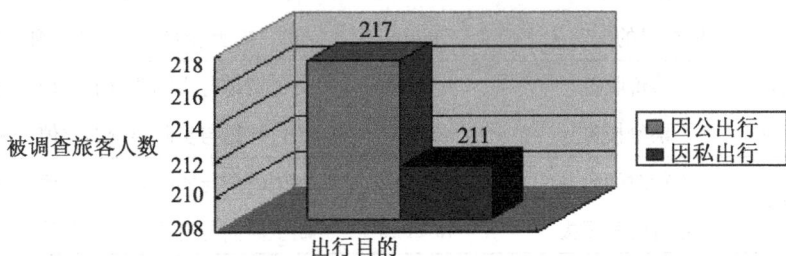

图 5 - 1　出行目的分布

性别分布。在被调查的 428 名出行者当中，男性约占总出行人数的 59%，女性约占总出行人数的 41%。可以看出，京津间出行的男性比例要比女性比例高将近 20%，具体情况如图 5 - 2 所示。

年龄分布。在被调查的 428 名出行者当中，他们的年龄主要集中在 18 岁至 50 岁之间，约占总出行人数的 98%，50 岁以上的调查对象约占被调查者总数的 2%。可以看出，京津间出行的出行者主要以中、青年为主，18 岁以

❶　由于本次问卷填写较为复杂，因此在正式调查之前对本书问卷进行了小范围的发放与测试，并根据反馈意见对提问方式进行了修改，确定所设计问题无歧义，回答问卷的总时间基本控制在 8min ~ 10min。

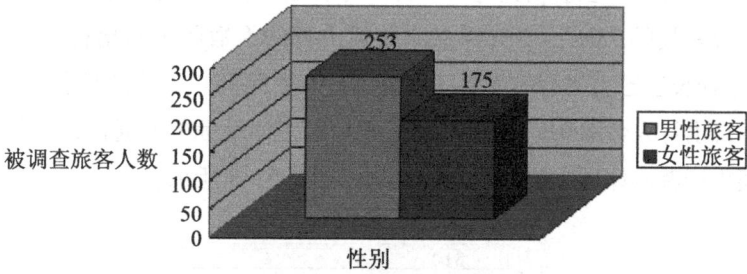

图 5 - 2　性别分布

下及 50 岁以上两个年龄段人群对于出行的需求较少，其具体如图 5 - 3 所示。

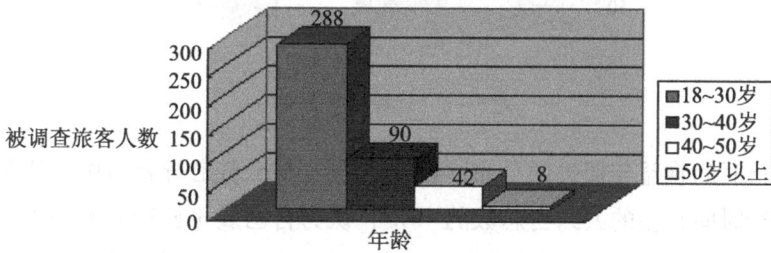

图 5 - 3　年龄分布

收入分布。在被调查的 428 名出行者当中，出行者月收入在 2000 ~ 5000 元（含 5000 元）之间的约占 53%，月收入 5000 ~ 10000 元（含 10000 元）之间的约占 18%，月收入在 2000 元（含 2000 元）以下的约占 24%，月收入在 10000 元以上的约占 5%，也就是说在京津间出行的出行者群体多数处于中等偏上收入水平，具体如图 5 - 4 所示。

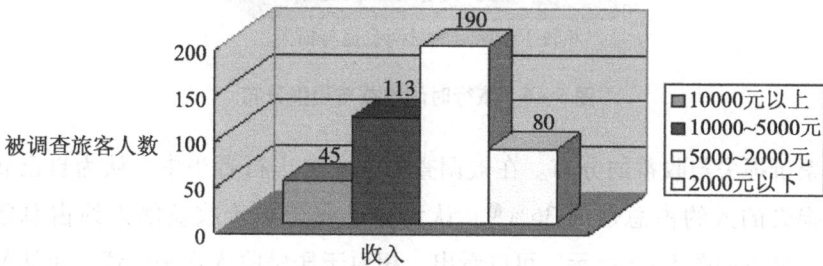

图 5 - 4　收入分布

出行选择分布。在被调查的 428 名出行者当中，选择京津城际出行的人数约占总出行人数的 73%；不选择京津城际出行的人数约占总出行人数的 27%（其中，选择长途巴士出行的人数约占总出行人数的 18%，选择普通列车出行的人数约占总出行人数的 9%）。可以看出，随着京津城际的开通运营，其已经成为京津间出行者群体的主要出行方式，具体如图 5 – 5 所示。

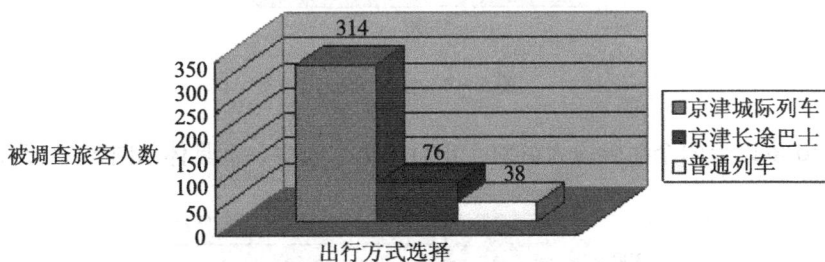

图 5 – 5　选择结果分布

旅行时间收益与损失的分布。在被调查的 428 名出行者当中，认为自己属于旅行时间收益的人约占总数的 40%，认为自己属于旅行时间损失的约占总数的 60%，具体如图 5 – 6 所示。可以看出，随着高速铁路的开通，京津间的出行者群体希望以越来越快的速度实现城际间旅行，同时该项数据也间接说明京津间的"融城效应"在逐渐显现。

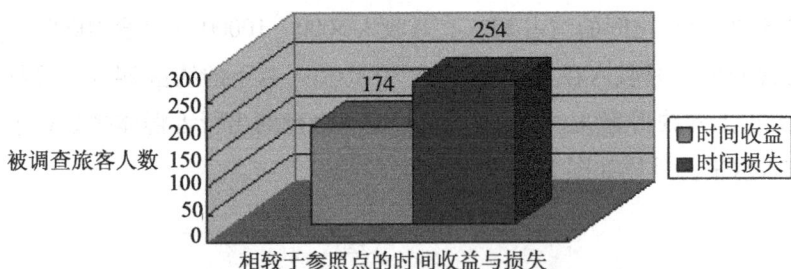

图 5 – 6　旅行时间收益与损失分布

票价损失与收益的分布。在被调查的 428 名出行者当中，认为自己属于票价损失的人约占总数的 36%❶，认为自己属于票价收益的人约占总数的 64%，具体如图 5 – 7 所示。可以看出，相对于居民收入水平来说，京津间各

---

❶　需要注意的是，本书将旅行时间和票价中不损失（即差值为零）的情况都归为了收益。

种公共交通方式的票价并不算高。

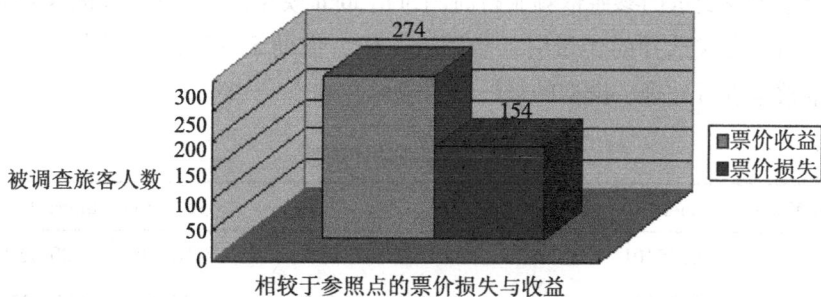

图 5 - 7　票价损失与收益分布

五、估计方法选取

与此同时，通过对样本统计发现，此次调查中的出行者选择行为离散数据有着天然的排序（城际列车、长途巴士、普通列车）。例如，出行者在条件允许的情况下更偏好于选择高速度的方式旅行，因此其选取出行方式的数据顺序或概率就有着一定的排序❶。针对此类问题，一般的理论研究常常采用 order logit 估计方法，这主要是因为 order logit 正是针对有排序特征的离散数据进行估计的计量方法，而且其较一般二元或多元离散选择模型的不同点是作为被解释变量的各个选择项之间具有一定的内在顺序或级别。与此同时，考虑到排序数据采取多项 logit 估计方法会忽视数据的内在排序性，而且使用 OLS 可能会导致模型将排序数据处理为基数。因此，本书在这里假设模型随机扰动项服从逻辑分布，对于上述具有内在排序性的调研数据采用 order logit 估计。

第四节　实证结果解释

一、损失厌恶系数估计

基于对调查问卷的统计分析，可以构建出行方式选择与出行者的出行目

---

❶　考虑到无论是从旅行时间、票价或技术哪个角度来看，文中所选取的三种交通运输方式的技术经济特性都有着天然的排序。正是因为受这些技术经济特性的影响，才使得本次调查问卷的统计数据也呈现出一定的排序特征。

的、性别、年龄、收入、期望旅行时间与实际旅行时间差距、支付意愿与实际票价差距等变量的参照依赖旅行时间价值 logit 模型，同时采用 Stepwise 法❶对影响出行方式选择的变量引入和筛选。作者借助 STATA12.0 软件，对 428 份样本数据进行处理，模型的最终结果显示在表 5 - 3 中。

表 5 - 3　参数估计结果

Travel Mode	Coef.	Std. Err.	z	P > | z |	95% Conf. Interval	
income	- .0015101	.0001836	- 8.23	0.000	[- .0018698	- .0011503]
timegain	.0793953	.0285584	2.78	0.005	[.023422	.1353687]
timeloss	- .1598741	.0187414	- 8.53	0.000	[- .1966066	- .1231415]
pricegain	- .283982	.1375224	- 2.06	0.039	[- .5535209	- .0144431]
priceloss	.4146889	.0708055	5.86	0.000	[.2759126	.5534651]

由表 5 - 3 中的参数估计结果可知，*income*、*timegain*、*timeloss*、*pricegain* 和 *priceloss* 五个变量对出行方式选择结果影响显著。其中，*income* 对应的系数为 - 0.0015101，说明其对出行方式选择结果有负方向影响，即随着收入的增加出行者选择乘坐高等级交通运输方式的概率会增加；*timegain* 对应的系数为 0.0793953，说明其对出行方式选择结果有正方向影响，即当期望旅行时间高于实际旅行时间出行者选择乘坐高等级交通运输方式的概率会减少；*timeloss* 对应的系数为 - 0.1598741，说明其对出行方式选择结果有负方向影响，即当期望旅行时间低于实际旅行时间出行者选择乘坐高等级交通运输方式的概率会增加；*pricegain* 对应的系数为 - 0.283982，说明其对出行方式选择结果有负方向影响，且支付意愿高于实际票价时出行者选择乘坐高等级交通运输方式的概率会增加；*priceloss* 对应的系数为 0.4146889，说明其对出行方式选择结果有正方向影响，即当支付意愿低于实际票价时出行者选择乘坐高等级交通运输方式的概率会减少。此外，本书还发现在参数估计结果中 *timeloss* 和 *priceloss* 的系数分别大于 *timegain* 和 *pricegain*。那么，根据旅行时间和票价的损失厌恶系数计算公式：

$$\lambda_t = \frac{\lambda_t \beta_1}{\beta_1} \qquad (5 - 3)$$

---

❶　Stepwise 是在向前引入的每一步之后都要考虑从已引入方程的变量中剔除作用不显著变量，直到没有一个自变量能引入方程和没有一个自变量能从方程中剔除为止的一种变量筛选方法。

$$\lambda_p = \frac{\lambda_p \beta_2}{\beta_2} \qquad\qquad (5-4)$$

其中，$\lambda_t \beta_1$ 和 β_1 分别为基本解释变量 *timeloss* 和 *timegain* 所对应的系数；$\lambda_p \beta_2$ 和 β_2 分别为基本解释变量 *priceloss* 和 *pricegain* 所对应的系数。因此，由上述参数估计结果还可以计算得到出行者在消费交通运输产品时的旅行时间损失厌恶系数和票价损失厌恶系数分别是 2.01 和 1.46，它们分别反映了出行者对旅行时间和票价的损失厌恶程度。上述估算结果验证了人们在消费交通运输产品时也会存在旅行时间与票价的损失厌恶情况（$\lambda_t = 2.01 > 1$，$\lambda_p = 1.46 > 1$）和出行者对票价的损失厌恶程度要低于其对旅行时间的损失厌恶程度（$\lambda_t < \lambda_p$）的理论预期，其具体情况如图 5-8 所示。

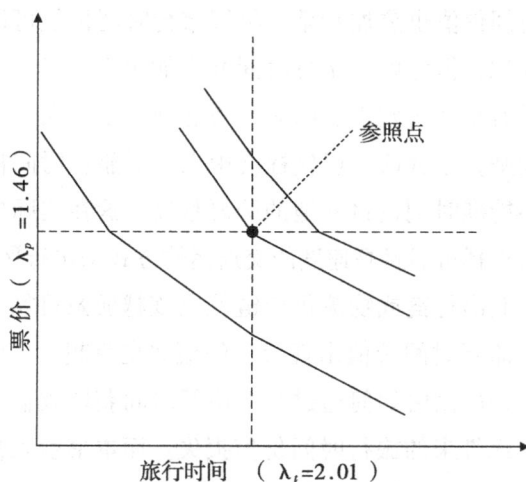

图 5-8　旅行时间和票价损失厌恶系数的无差异折线

二、估计结果解释

随着旅行时间损失厌恶指向性的日益明显，本书认为造成传统旅行时间价值研究与现实情况差异较大的主要原因是忽略了出行者的参照点依赖原理及损失厌恶心理特征。参照点依赖原理主要是强调各备选出行方式或路径属性参照点或参照状态（包括旅行时间、票价等）的选取是出行者进行评价和选择的前提。损失厌恶效应则反映了出行者在面对损失（包括旅行时间损失、票价损失或旅行时间、票价损失）比收益更敏感的经验原则。而本书利用参照点依赖 logit 模型对存在的缺陷进行了修正，并以京津间出行者选择为样本对参照点依赖 logit 模型进行实证，得到了较为理想的结果：参照点依赖 logit 模型具有较好的拟合度；模型中所涉及的旅行时间和票价损失厌恶效应都对出行者选择行为产生较大影响，而且模型中的参数估计结果与预期理论假设相符；参照点依赖 logit 模型更适用于处理差异较大的截面数据，同时也具有较强的稳健性；通过对旅行时间和票价损失厌恶系数的比较发现，出行者对票价的损失厌恶程度要低于其对旅行时间的损失厌恶程度（$\lambda_t > \lambda_p$），这就说明出行者在进行出行方式选择时对旅行时间损失的敏感性更高。

更进一步来看，旅行时间和票价的损失厌恶系数 λ_t 和 λ_p 的大小关系说明了随着我国经济发展与居民收入的提高，人们（至少在京津地区）对交通运输过程中的旅行时间价值也愈加看重。尽管旅行时间价值可以通过其与票价存在的替代关系体现，但考虑到旅行时间并不能用于交换，因此出行者对其价值的判断就会具有很大主观性。同时，考虑到大多数人在面对损失时比收益更敏感的心理规则，作者认为现代社会中人们对旅行时间价值的评价会更多地表现为对于不能准时到达目的地的厌恶程度，这在实际生活中可以表现为越来越多的人会选择可靠且高速度的交通运输方式来出行❶。一般而言，社会经济越是发达，其出行链或物流供应链就应该越成熟可靠，社会需要避免的损失也就越多，旅行时间价值出现峰值的概率也就越大。因此，分析旅行时间价值的研究视角应该由如何通过节约旅行时间获取收益逐渐转变为如何避免由于交通不可靠带来的旅行时间价值损失。而本书引入参照点依赖原理及损失厌恶效应研究旅行时间价值的意义在于人们希望自己通过交通运输技术或组织的进步有能力在一定程度上使旅行时间变为可控❷，以便能让运输流程或计划符合预期，不要让旅行时间延误造成过多的经济损失。

针对目前关于旅行时间价值研究中忽略参照点依赖原理的缺陷，本书认为引入参照点依赖与损失厌恶的 logit 模型在应用方面可以考虑从以下几个方面加以探索与完善。首先，本书中的旅行时间与票价参照点是基于可操作性来进行定义的，因此对参照点的定义使用更为科学、严谨的方法是完全存在改进空间的。其次，本书中的模型假设影响交通运输市场服务供给的组合变

---

❶ 本书中选择京津城际出行的人数约占总出行人数的 73% 就足以说明该情况。

❷ 因为这种时间的控制可以为出行决策者或运输企业带来更高的满足度和利益（Small，1982）。

量是同质的。再次，本书中的模型还假设交通运输服务中属性所对应的损失厌恶系数也是同质。但在实际情况中，交通运输服务供给组合变量及其属性的损失厌恶程度会因为出行者个体异质性而受到一定影响。最后，本书模型中的效用函数是线性的，当然这也是可以进一步拓展的。

第五节　本章小结

本章在第三章分析框架构建与第四章验证模型选择与改进的基础上，选取 SP 技术对京津间采用公共交通的出行者的选择行为进行数据收集，并通过参照点依赖 logit 模型验证了在出行者在出行选择过程中普遍存在着对旅行时间和票价的损失厌恶效应，他们的损失厌恶系数分别是 $\lambda_t = 2.01$ 和 $\lambda_p = 1.46$。与此同时，本章的实证结果还发现了出行者对票价的损失厌恶程度要低于其对旅行时间的损失厌恶程度，即 $\lambda_t > \lambda_p$。这就说明出行者在出行方式选择时对旅行时间价值损失的敏感性更高，即人们（至少在京津地区）在出行选择过程中会更注重旅行时间价值。

第六章　测算方法的拓展

随着我国社会经济不断进步和交通运输技术不断完善，出行者的旅行时间价值也在不断增加，其对公共交通运输系统评价和交通运输市场需求弹性分析的影响也就越来越大。因此，精确、完善地掌握旅行时间价值测算方法和受其影响的市场需求弹性计算对于分析公共交通运输系统评价及交通运输市场需求具有十分现实的意义。一般来说，在评价新建道路、桥梁等公共交通运输系统或以满足市场需求为目的而改进既有交通运输服务的社会经济影响时，人们常常希望得到该公共交通运输系统使用者的旅行时间价值定量分析结果❶和市场变化趋势，这时就需要将公共交通运输系统中使用者的旅行时间价值以货币的形式表现出来，并分析得出其对公共交通运输系统中不同交通运输方式分担率的影响。而本章的目的就是要将参照点引入旅行时间价值测算方法和需求弹性计算模型当中，对目前成型的体系进行一定程度完善。

第一节　价值测算方法应用

一、拓展余地

通常来说，衡量公共交通运输系统经济社会影响的最主要指标之一就是

---

❶ 在本书中，公共交通运输系统所带来影响的旅行时间价值定量评价应该既包括节约的收益，也包括损失的度量。

对其使用者的旅行时间价值进行测算或估计。而经典的测算或估计方法就是通过明晰使用者收入而将其单位旅行时间价值进行货币化，进而可以将传统交通运输经济学中的研究思路运用于公共交通运输系统的投资评价以及与之相关的各种价格关系分析之中，这样也就更有助于从交通运输经济学的角度来把握其本质。综上可知，可以得到的重要结论就是公共交通运输系统使用者的旅行时间价值测算对评价其经济社会影响起着至关重要的作用。尽管很早就认识到了使用者旅行时间价值测算在公共交通运输系统评价中的重要作用，但是直到20世纪90年代，我国关于公共交通运输系统的评估中才普遍开始考虑使用者的旅行时间价值估计与测算这一指标。这主要是因为我国对于公共交通运输系统使用者的旅行时间价值估计方法或思路并没有取得可靠且一致的结论。因此，直到今天完善公共交通运输系统评估中使用者的旅行时间价值估算指标依然是一个值得深入探讨的问题。当然，它也是推动旅行时间价值研究前进的基础动力。

在传统的社会经济影响评估方法中，公共交通运输系统建设或改进所带来的使用者旅行时间价值节约及其相关收益共同构成了公共交通运输系统效率评价的经济社会效益部分。而在测算使用者旅行时间价值节约的早期理论分析中，其测算方法是与出行者工资率直接相关的，这主要是基于节约的旅行时间必然用于社会生产的理性假设，加之出行者工资率的易得性与可操作性，才构成了公共交通运输系统经济社会评价中使用者工资率代替旅行时间价值的基本测算方法。但随着 Becker 提出时间分配理论之后，相关的研究就开始跳出旅行时间价值等于工资率这一研究框架。于是，公共交通运输系统评价中关于使用者的旅行时间价值测算也在取得其工资率的基础上，利用不同的系数进行调整以期获得更合理的估计数值。此外，以公共交通运输系统对所在区域的人均 GDP 等宏观经济指标影响为基础的使用者旅行时间价值测算也是目前普遍采用的方法。然而，这与以工资率为基础的旅行时间价值测算并没有太大分别。此外，上述的旅行时间价值测算方法应用都是有其前提条件的，因此其只在一定研究范围内具有合理性。但是，这些方法只能考察公共交通运输系统带来的使用者旅行时间节约用于生产活动的平均水平，它显然不能从更全面的角度来反映使用者旅行时间价值带来的效益增进或损失带来的效益减少。因为对一个公共交通运输系统使用者来说，该项目所带来的旅行时间价值影响并不一定是正向的。例如，一些地方为了缓解交通拥堵问题就会通过新建道路或拓宽原有主干道来疏导交通，减少道路使用者的旅行时间价值损失。但是，其结果却不尽如人意。这主要是因为可能存在的新增加或转移的车流量或人流量已经足以抵消新建道路或拓宽主干道所带来的旅行时间价值节约效益，甚至造成更严重的交通拥堵与旅行时间价值损失。因此，本书认为目前并没有充分的理由说明公共交通运输系统扩建或改善为使用者所带来的一定是旅行时间价值节约，其也有可能带来旅行时间价值损失。除此之外，传统的测算方法也并不一定符合现实生活中出行者的基本选择特征。这主要可以体现为本书中关于旅行时间价值问题讨论是从旅行个体角度出发来着重考虑损失厌恶对出行者效用及其选择变化的影响来分析旅行时间价值，并反映出行者对旅行时间价值变化（即损失与收益的对比）的支付意愿，从而得到节约与损失厌恶并重的双重视角下旅行时间价值评价思路。同时，从前面的理论分析来看，由于每个出行者所设定的参照点不同，其体现出的旅行时间价值自然也不相同。但是，考虑到现实中的出行决策情况，不同的出行者却可能作为同一个公共交通运输系统的使用者，而且在大多数情况下他们的出行目的、出行时段和频率也是不确定的，因此要具体得出每一个公共交通运输系统使用者的旅行时间价值显然是不可能实现的。尽管不可能得到每一个公共交通运输系统使用者具体的旅行时间价值，但是从非集计行为模型的视角出发，通过参照点依赖的旅行时间参照点分析来估算某种出行方式或某个公共交通运输系统的旅行时间价值（既包含旅行时间价值的收益，同时也包括旅行时间价值的损失）则是有可能实现的，而且这也为公共交通运输系统评价过程中使用者的旅行时间价值估算提供了一种可行方式。

目前，随着公共交通运输系统或通道内需求与供给的不断协调，人们除了要求缩短旅行时间之外，还希望可以按时到达目的地，以避免旅行时间价值的损失。因为，旅行时间价值作为描述公共交通运输系统或通道运行效率的一个基本指标，其损失无疑会减少出行者的效用或增加出行者的成本，进而会影响出行者的选择，同时也降低了公共交通运输系统的运行效率。因此，在无法保证公共交通运输系统或通道内运输效率绝对稳定的情况下，如何考虑包含损失厌恶的旅行时间价值测算对重新评估公共交通运输系统的运行效率就具有了重要意义。而从出行选择的角度出发，将旅行时间价值的收益与损失测算都纳入公共交通运输系统的旅行时间价值测算评估体系中，则可以为决策者提供更加精确的公共交通运输系统经济社会效益评价思路与方法。

在本书接下来的部分，将考虑是否可以从节约与损失并举的双重视角来重新估计公共交通运输系统使用者旅行时间价值，并改进公共交通运输系统的评价方法。但需要注意的是，作者利用改进的方法来估算公共交通运输系统使用者旅行时间价值的目的并不是给公共交通运输系统所在区域或社会划定旅行时间价值标准，而是通过他们对待旅行时间价值损失和收益的不同感知和评价来估算包含损失厌恶效应的公共交通运输系统使用者旅行时间价值。因此，后面所得到的估算结果实质上是一个经验研究，而对传统研究方法的改进则是对公共交通运输系统使用者旅行时间价值测算体系的一种完善。

二、价值测算模型建立

根据对参照点依赖旅行时间价值的理论分析，可以知道公共交通运输系统使用者的旅行时间价值估算可以被体现在使用者的选择行为过程当中，即出行者会通过权衡旅行时间与运输费用的交换关系来确定交通运输方式。而从使用者的旅行时间价值变化方向来看，他们对等量旅行时间价值损失的敏感性要大于其对等量旅行时间价值收益的敏感性。正是基于上述分析，本书将试图从使用者的出行选择行为分析入手，通过观察使用者选择行为的概率分布来估算考虑损失厌恶效应的旅行时间价值。

为此，本书在这里假设出行者在选择高速铁路或替代交通运输服务时，其选择行为服从参照点依赖的出行效用最大化原则。具体来说，出行者在选择时需要结合自身设定的参照点来考虑备选方式的旅行时间、运输费用等基本影响变量，因为这些变量如何影响出行者的总出行效用都是相对于参照点而言的，因此出行者会依据参照点的位置对总出行效用进行排序，最后选择相对总出行效用最大的运输方式。例如，在京津通道内，出行者需要进行选择，如果该出行者对旅行时间的要求非常高，而对票价却不敏感，那么京津城际铁路所带来的出行效用可能对他来说就是最大的；如果该出行者对旅行时间的要求非常低，但对票价非常敏感，那么其替代方式（可能是普通铁路或长途巴士）所带来的出行效用可能对他来说就是最大的。由上述简单的例子可以看出，在对考虑了参照点依赖原理的基本影响变量进行权衡比较之后，出行者最终会选择出行效用最大的运输方式。而在整个决策选择过程中，出行者的这种比较权衡可以准确地反映出引入参照点后的旅行时间与票价关系，进而体现出包含损失厌恶的旅行时间价值。综上所述，本书认为可以尝试运用以效用最大化理论为基础的参照点依赖模型来估算考虑损失厌恶效应的公共交通运输系统使用者旅行时间价值问题。但是，其仍需要遵从以下前提条件：

其一，出行者已明确备选交通运输方式的技术经济特性，并且有理性的选择行为。这个前提条件主要是为了强调其在统计学上的意义，即在一定的社会经济约束条件下，出行者总会根据自己所设定的参照点对影响其出行选择的因素做出综合判断，从而选择基于参照点的出行效用最大备选方式。

其二，假设公共交通运输系统或通道内存在一系列备选的运输方式（这里为了保持本书阐述的连续性，就以京津运输通道为例，将备选运输方式设定为三种：高速铁路、长途巴士和普通铁路），且每一种方式都存在可测度的技术经济特性向量（例如，旅行时间或费用等）。

其三，对于每一位出行者来说，其每选择一种方式就会对应一种效用函数。

那么，从出行选择角度出发，在这里假设某一位出行者 i 选择不同交通运输方式 j（高速铁路、长途巴士和普通铁路）的效用函数可以分别表现为如下形式：

$$
\begin{aligned}
U_{ih} &= v_{ih} + \varepsilon_{ih} \\
U_{ie} &= v_{ie} + \varepsilon_{ie} \\
U_{io} &= v_{io} + \varepsilon_{io}
\end{aligned}
\tag{6-1}
$$

公式（6-1）中，高速铁路、长途巴士和普通铁路的出行效用函数固定项分别是 v_{ih}、v_{ie} 和 v_{io}；而对应的出行效用函数随机扰动项分别是 ε_{ih}、ε_{ie} 和 ε_{io}。其中，固定项 v_{ih}、v_{ie} 和 v_{io} 都包含具有损失厌恶特征的旅行时间与运输费用两个基本解释变量以及其他解释变量，同时也会描述出各解释变量之间的关系。为了方便说明问题，作者将上述三种不同交通运输方式所对应出行效用函数固定项中的旅行时间与运输费用两个基本解释变量与其他变量之间的关系设定为线性，因此就有：

$$
\begin{cases}
v_{ihr} = \beta_1 \big[timegain_{ihr} + \lambda_t timeloss_{ihr} \big] + \beta_2 \big[pricegain_{ihr} + \lambda_p priceloss_{ihr} \big] \\
\qquad + \displaystyle\sum_{z=3}^{n} \beta_z other\text{-}attributes_{ihz} \\
v_{ier} = \beta_1 \big[timegain_{ier} + \lambda_t timeloss_{ier} \big] + \beta_2 \big[pricegain_{ier} + \lambda_p priceloss_{ier} \big] \\
\qquad + \displaystyle\sum_{z=3}^{n} \beta_z other\text{-}attributes_{iez} \\
v_{ior} = \beta_1 \big[timegain_{ior} + \lambda_t timeloss_{ior} \big] + \beta_2 \big[pricegain_{ior} + \lambda_p priceloss_{ior} \big] \\
\qquad + \displaystyle\sum_{z=3}^{n} \beta_z other\text{-}attributes_{ioz}
\end{cases}
$$

$$(6-2)$$

其中，$timegain_{ihr}$、$pricegain_{ihr}$、$timegain_{ier}$、$pricegain_{ier}$ 和 $timegain_{ior}$、$price\text{-}gain_{ior}$ 分别表示高速铁路、长途巴士和普通铁路出行效用函数中旅行时间与运输费用相对于参照点的收益，而 $timeloss_{ihr}$ 和 $priceloss_{ihr}$、$timeloss_{ier}$ 和 $priceloss_{ier}$、$timeloss_{ior}$ 和 $priceloss_{ior}$ 分别表示高速铁路、长途巴士和普通铁路出行效用函数中旅行时间与运输费用相对于参照点的损失；λ_t 和 λ_p 均表示不同交通运输方式出行效用函数中，旅行时间与运输费用相对于参照点的损失厌恶系数；β_1 和 β_2 则表示不同交通运输方式出行效用函数中旅行时间与运输费用所对应的待估参数；β_z 则表示不同交通运输方式出行效用函数中其他变量所对应的待估参数。

根据参照点依赖的非集计行为模型，出行者从高速铁路、长途巴士和普通铁路中选择其中一种方式的概率由下式计算可得：

$$
\begin{cases}
p_{ih} = \dfrac{\exp\ (v_{ih})}{\exp\ (v_{ih})\ +\exp\ (v_{ie})\ +\exp\ (v_{io})} \\[3mm]
p_{ie} = \dfrac{\exp\ (v_{ie})}{\exp\ (v_{ih})\ +\exp\ (v_{ie})\ +\exp\ (v_{io})} \\[3mm]
p_{io} = \dfrac{\exp\ (v_{io})}{\exp\ (v_{ih})\ +\exp\ (v_{ie})\ +\exp\ (v_{io})}
\end{cases}
$$

$$(6-3)$$

其中，p_{ih} 为出行者选择高速铁路的概率；p_{ie} 为出行者选择长途巴士的概率；p_{io} 为出行者选择普通铁路的概率。

在实际应用中，上述模型的最大缺点就是计算比较烦琐、复杂。因此，本书在这里对上述模型进行一定简化和拓展。根据上述的参照点依赖效用最大化模型，可以得到某一位出行者 i 选择其中一种备选方式主要取决于函数中的基本解释变量旅行时间与运输费用以及其他属性（例如，收入、年龄等）。现在，本书考虑将上式做适当变形，并运用极大似然估计和牛顿—拉普松方法求解上式❶，可以得到公式中各解释变量的对应参数。与此同时，根据前文中的理论分析框架与模型，出行者效用函数中的基本解释变量旅行时间与运输费用可以分别被替换为线性的可分解函数。而且不同出行者对于不同交通运输方式旅行时间与运输费用的判断一般只有存在损失或收益的（两者组合的概率恰好为1）情况，因此在考虑了不同出行者针对旅行时间损失或收益状态判断并进行加权的情形之后，作为基本解释变量的旅行时间与运输费用所对应的参数就可以分别表示为以下组合：

$$\beta'_1 = \beta_1 D_{timegain} + \lambda_t \beta_1 D_{timeloss} \qquad (6-4)$$

$$\beta'_2 = \beta_2 D_{pricegain} + \lambda_p \beta_2 D_{priceloss} \qquad (6-5)$$

其中，当 $t_{ij} \leqslant t_{ir}$ 时，$D_{timegain} = \dfrac{n_{timegain}}{N}$，$D_{timeloss} = 0$；当 $t_{ij} > t_{ir}$ 时，$D_{timegain} = 0$，$D_{timeloss} = \dfrac{n_{timeloss}}{N}$；类似的，当 $p_{ij} \leqslant p_{ir}$ 时，$D_{pricegain} = \dfrac{n_{pricegain}}{N}$，$D_{priceloss} = 0$；当 $p_{ij} > p_{ir}$ 时，$D_{pricegain} = 0$，$D_{priceloss} = \dfrac{n_{priceloss}}{N}$；而式（6-4）、（6-5）中的 $D_{timegain} = \dfrac{n_{timegain}}{N}$ 和 $D_{timeloss} = \dfrac{n_{timeloss}}{N}$ 分别表示出行者中认为自己属于旅行时间收益与旅行时间损失所占比重；$D_{pricegain} = \dfrac{n_{pricegain}}{N}$ 和 $D_{priceloss} = \dfrac{n_{priceloss}}{N}$ 则分别表示出行者中认为自己属于运输费用收益与运输费用损失所占比重。

基于上述分析，本书根据参照点依赖旅行时间价值模型可以推导出基本解释变量旅行时间与运输费用的对应参数公式 β_1 和 β_2。同时，考虑到参数 β_1 和 β_2 间的组合可以表示旅行时间与运输费用的参照替代率（其中既包括收益交换率，也包括损失交换率）。因此，本书可以利用得到的参数 β_1 和 β_2 的公式来推导出包含损失厌恶效应的公共交通运输系统内旅行时间价值 ϕ_{vtt} 的计算公式，具体如公式（6-6）所示。

---

❶ 运用极大似然估计及牛顿—拉普松方法求解的具体过程可参见：关宏志. 非集计模型：交通行为分析的工具 [M]. 北京：人民交通出版社，2004：26-59.

$$\phi_{vtt} = \frac{\beta'_2}{\beta'_1} = \frac{\beta_2 D_{pricegain} + \lambda_p \beta_2 D_{priceloss}}{\beta_1 D_{timegain} + \lambda_t \beta_1 D_{timeloss}} = \frac{\dfrac{n_{pricegain}}{N_{total}}\beta_2 + \dfrac{n_{priceloss}}{N_{total}}\lambda_p \beta_2}{\dfrac{n_{timegain}}{N_{total}}\beta_1 + \dfrac{n_{timeloss}}{N_{total}}\lambda_t \beta_1} \quad (6-6)$$

三、旅行时间价值测算案例

为了保持本书阐述的连续性与严谨性，作者在这里依旧利用京津间出行者的出行意愿调查对京津公共交通运输系统内的参照点依赖旅行时间价值模型进行参数标定，以测算出京津公共交通运输系统内的旅行时间价值。

首先，将京津公共交通运输系统内的备选出行方式整理为高速铁路、长途巴士和普通铁路，并假定出行者在高速铁路、长途巴士和普通铁路中进行选择。其次，根据调查数据可知：在所有被调查的出行者中，大约 60% 的人认为自己属于旅行时间损失，40% 的人认为自己属于旅行时间收益。此外，大约 36% 的人认为自己属于票价损失，64% 的人认为自己属于票价收益。最后，为了便于比较说明，旅行时间采用"分钟"为基本单位，票价采用"元"为基本单位。

根据需要研究的问题与参照点依赖的旅行时间测算方法，可以得到京津公共交通运输系统内的旅行时间价值测算公式为：

$$\phi_{vtt} = \frac{0.64\beta_2 + 0.36\lambda_p \beta_2}{0.4\beta_1 + 0.6\lambda_t \beta_1} \quad (6-7)$$

公式（6-7）中，ϕ 表示了京津公共交通运输通道内考虑了损失厌恶效应的旅行时间价值；各项系数 0.64、0.36 和 0.4、0.6 则分别表示票价收益、票价损失和旅行时间收益、旅行时间损失出行者群体占总群体的比重。

综上所述，在考虑了旅行时间价值的参照点依赖及损失厌恶效应情况下，本书利用调研数据对京津间出行者的旅行时间价值进行了测算，其具体结果如表 6-1 所示。

表 6-1 京津间出行者的旅行时间价值标定结果

解释变量	参数	旅行时间价值测算结果
timegain	$\beta_1 = 0.0793953$	
timeloss	$\lambda_t \beta_1 = -0.1598741$	约 2.6 元/分
pricegain	$\beta_2 = -0.283982$	
priceloss	$\lambda_p \beta_2 = 0.4146889$	

接下来，作者将对上述分析与测算结果进行简要考察：

首先，表中 *timegain* 和 *priceloss* 所对应系数的符号说明随着旅行时间收益或票价损失的增加，出行者往往会选择票价便宜且运行速度较慢的出行方式；*timeloss* 和 *pricegain* 所对应系数的符号说明随着旅行时间收益或票价损失的增加，出行者往往会选择票价昂贵但运行速度快的出行方式。毫无疑问，这与现实情况中的出行者选择逻辑相吻合。

其次，在引入参照点依赖与损失厌恶效应后，京津间出行者的旅行时间价值约为 2.6 元/分，这说明了在考虑了旅行时间价值节约与损失的双重影响后，京津间出行者愿意支付 2.6 元来换取 1 分钟旅行时间（这里的旅行时间既可以理解为节约，也可以理解为是损失厌恶）❶。

最后，由调查结果分析来看，构建基于参照点依赖的旅行时间价值测算模型是合理的，因为损失厌恶效应的引入可以更精确地描述旅行时间价值可靠性与非匀质性的影响问题，同时也能使决策制定者更加直观地了解旅行时间价值可靠性及非匀质性的重要性，进而对公共交通运输系统评估更为精准和客观。

四、重视损失厌恶视角的测算

作为评估公共交通运输系统运行效率的重要指标，从损失视角来测算公共交通运输系统内旅行时间价值的重要性毋庸置疑。但是，在许多关于公共交通运输系统旅行时间价值测算的过程中，由于忽略了公共交通运输系统费用—效益分析中的损失厌恶效应，并缺乏相应的计算公式，才使得一些公共交通运输系统效益计算产生明显误差。因此，许多学者都针对这一问题提出了自己完善的设想。例如，2006 年 Ettema & Timmermans 关于主干道的旅行时间价值测算的研究不仅表明了公共交通运输系统的规划建设会带来旅行时间价值节约的效益，同时也应该重视其旅行时间价值损失的测算。正是根据该理念，他们测算出了旅行时间价值损失可以占到总旅行时间价值的 20% ~ 40%。与此类似，De Jong（2009）等学者以荷兰为例，对其境内旅行时间价值损失进行了测算，其测算结果表明先进的公共交通运输系统规划建设可以

---

❶　需要注意的是，在这里，本书用的是"换取"而非"节约"，这主要是因为本书中利用的测算方法是从双重视角来考察旅行时间价值的。而关于单纯测算"收益"或"损失"旅行时间价值的方法，将在下一节中做出具体阐述。

避免的旅行时间价值损失会占到其总经济效益的23%。从这些学者的研究来看，依据损失厌恶的视角来测算旅行时间价值对于完善公共交通运输系统评估体系将具有十分重要的意义。

为了更具体阐述测算旅行时间价值损失对于评估体系改进的重要性，这里还是采用京津公共交通运输系统为例，来测算考虑了损失厌恶效应的公共交通运输系统内出行者旅行时间价值。根据上述分析，可以推导出京津公共交通运输系统内出行者旅行时间价值损失的测算公式与具体结果，如公式（6-8）所示。

$$\phi_{vtt-loss} = \frac{\dfrac{n_{priceloss}}{N_{total}}\lambda_p\beta_2}{\dfrac{n_{timeloss}}{N_{total}}\lambda_t\beta_1} \tag{6-8}$$

公式（6-8）中，$\lambda_t\beta_1$ 表示参照点依赖模型中旅行时间损失变量的对应系数，$\lambda_p\beta_2$ 表示参照点依赖模型中票价损失变量的对应系数，$\dfrac{n_{timeloss}}{N_{total}}$ 和 $\dfrac{n_{priceloss}}{N_{total}}$ 分别表示京津公共交通运输系统内出行者认为自己属于旅行时间和票价损失所占比重。

假如按照前文中京津间出行者的出行意愿调查数据对旅行时间价值损失进行计算，就可以得到该公共交通运输系统内出行者损失的旅行时间价值，具体结果见表6-2。

表6-2　京津间出行者的旅行时间价值损失标定结果

损失区间	参数	旅行时间价值损失测算结果
timeloss	$\lambda_t\beta_1 = -0.1598741$	约1.57元/分
priceloss	$\lambda_p\beta_2 = 0.4146889$	

由表6-2中的结果可以看出，京津间不同群体的旅行时间价值损失为1.57元/分，这可以间接证明 Ettema & Timmermans（2006）、De Jong（2009）等学者的研究成果，即在评估公共交通运输系统时，也需要重视对旅行时间价值损失的测算，因为考虑避免旅行时间价值损失会带来很大的经济效益。

由上述分析可知，与旅行时间价值的节约一样，避免旅行时间价值损失同样是提高公共交通运输系统运行效率与服务质量的重要目标。因此，有必要在公共交通运输系统效率评估体系中纳入关于旅行时间价值损失的测算指标，以用于评估公共交通运输系统的运行效率并确定未来投资额度，从而完善公共交通运输系统的评价体系。

此外，本书认为在基于出行效用最大或出行成本最小理念的交通规划模型中，也需要将旅行时间价值的损失情况考虑在内。因为在以路径选择行为模型为代表的传统交通运输规划模型研究当中，一般都会假设出行者是基于出行效用最大或广义出行成本最小来进行路径选择的。其中，作为广义出行效用或成本中核心变量的旅行时间价值通常都会被认定为一个明确的数值，而且所有出行者都会提前"知道"自己的旅行时间。尽管这样的模型往往都具有完全理性的前提条件与严谨的推导过程，但其预测结果与现实情况却会出现种种背离。而近年来，随着学者们对旅行时间价值的重新认识，这种理论研究与现实情况的背离越来越受到国内外专家学者的重视。例如，国外学者发现在交通运输方式或路径选择的实验当中，如果一系列旅行时间的平均值低于参照旅行时间时，出行者表现为风险厌恶；而当该系列旅行时间的平均值高于参照旅行时间时，则表现为风险偏好（Katsikopoulos、Fisher & Anthony，2002）；与此同时，国内一些研究者也利用参照点依赖原理与损失厌恶效应在旅行时间有限离散分布的条件下，构建路径选择模型（赵凛、张星臣，2007；陈小君，林晓言，2013）；除上述研究之外，更有学者从理论分析的角度提出，交通运输领域对于旅行时间价值的看法应该从节约视角转向避免损失视角，进而才能更有效地解释现实生活中的相关交通运输问题（荣朝和，2011）。从上述的研究成果可以看出，在建立交通运输规划模型时，很有必要将旅行时间价值的损失情况考虑在内，这对完善以出行路径选择模型为代表的交通运输规划模型研究也将有十分重要的现实意义。

第二节　需求弹性值测算模型改进

一、改进基础

在分析交通运输市场需求时，旅行时间是影响出行者选择交通运输方式的重要因素。例如，旅行时间的延长或者重要时点的延误都会导致出行者降低选择该种交通运输方式的概率或改乘其他交通运输方式。本书认为，上述现象产生的主要原因可以归纳为旅行时间参照点依赖原理与损失厌恶效应普遍存在于出行者的出行选择行为过程当中。而为了更进一步解释上述问题，同时精确反映旅行时间价值变化引起交通运输需求变化的程度，本书在微观经济学提出的弹性概念基础上，通过引入参照点来从新视角对旅行时间需求弹性问题做出阐释。

从微观经济学角度来看，只要两个经济变量存在着明显的函数关系，就可以用弹性的概念来表示因变量对自变量变化的反应的敏感程度。而类似的分析思路同样可以运用于交通运输经济学中旅行时间需求弹性的分析过程之中。例如，有两种交通运输方式 i 和 j，旅行时间是影响出行者选择两种交通运输方式的重要变量。其中，使用某种交通运输方式 i 的旅行时间为 t_i，与之对应的客流分担率为 s_{ij}。因此，交通运输方式 i 的客流分担率就可以表现为如下形式：

$$s_{ij} = f\left(t_i,\ t_j\right) \tag{6-9}$$

此时假设当交通运输方式 i 对应的旅行时间 t_i 变化了 Δt_i 时，其客流分担率 s_{ii} 的变化量为 Δs_{ii}，则有：

$$\Delta s_{ii} = f\left(t_i \pm \Delta t_i,\ t_j\right) - f\left(t_i,\ t_j\right) \tag{6-10}$$

$$e_{t_i}^{s_{ii}} = \frac{\Delta s_{ii}/s_{ii}}{\Delta t_i/t_i} = \frac{t_i}{s_{ii}} \cdot \frac{\Delta s_{ii}}{\Delta t_i} \tag{6-11}$$

此时，本书就可以称公式（6-11）为旅行时间对客流分担率的直接需求弹性。

当 Δt_i 和 Δs_{ii} 趋向于无限小时，旅行时间的直接需求弹性就可以用如下的微分形式进行表示：

$$e_{t_i}^{s_{ii}} = \frac{\mathrm{d}s_{ii}/s_{ii}}{\mathrm{d}t_i/t_i} = \frac{t_i}{s_{ii}} \cdot \frac{\mathrm{d}s_{ii}}{\mathrm{d}t_i} \tag{6-12}$$

其中，公式（6-11）通常可以称为旅行时间的弧弹性，而公式（6-12）则可以称为旅行时间的点弹性。

进一步，如果本书在基本弹性理论中引入参照点，那么相对于任何一旅行时间参照点，在旅行时间损失和旅行时间收益两种情况下，旅行时间的直接需求弹性可以表示为：

$$\begin{cases} loss - e_{t_i}^{s_{ii}} = \dfrac{t_i + t_{ir}}{s_{ii} + s_{ir}} \cdot \dfrac{s_{ii} - s_{ir}}{t_i - t_{ir}},\ s_{ii} > s_{ir},\ t_i > t_{ir} \\[4mm] gain - e_{t_i}^{s_{ii}} = \dfrac{t_i + t_{ir}}{s_{ii} + s_{ir}} \cdot \dfrac{-\left(s_{ii} - s_{ir}\right)}{-\left(t_i - t_{ir}\right)},\ s_{ii} \leqslant s_{ir},\ t_i \leqslant t_{ir} \end{cases} \tag{6-13}$$

公式（6-13）中，$loss-e_{t_i}^{s_{ii}}$ 和 $gain-e_{t_i}^{s_{ii}}$ 分别表示交通运输方式 i 的旅行时间损失和收益，其对应的直接需求弹性 t_{ir} 和 s_{ir} 分别表示旅行时间参照点及其对应交通运输需求；当 $s_{ii}>s_{ir}$、$t_i>t_{ir}$ 时，t_i 和 s_{ii} 分别表示损失情况下的旅行时间及其对应交通运输需求；当 $s_{ii}\leqslant s_{ir}$、$t_i\leqslant t_{ir}$ 时，t_i 和 s_{ir} 分别表示收益情况下的旅行时间及其对应交通运输需求。

与直接需求弹性类似，在引入参照点之后，本书还可以得到旅行时间的交叉需求弹性。当交通运输方式 j 对应的旅行时间 t_j 变化了 Δt_j 时，交通运输方式 i 的客流分担率 s_{ii} 的变化量为 Δs_{ji}，则有：

$$e_{t_i}^{s_{ii}}=\frac{\Delta s_{ji}/s_{ii}}{\Delta t_j/t_j}=\frac{t_j}{s_{ii}}\cdot\frac{\Delta s_{ji}}{\Delta t_j} \tag{6-14}$$

$$\begin{cases} loss-e_{t_i}^{s_{ii}}=\dfrac{t_j+t_{jr}}{s_{ji}+s_{ir}}\cdot\dfrac{s_{ji}-s_{ir}}{t_j-t_{jr}}, & s_{ji}>s_{ir},\ t_j>t_{jr} \\[3mm] gain-e_{t_i}^{s_{ii}}=\dfrac{t_j+t_{jr}}{s_{ji}+s_{ir}}\cdot\dfrac{-(s_{ji}-s_{ir})}{-(t_j-t_{jr})}, & s_{ji}\leqslant s_{ir},\ t_j\leqslant t_{jr} \end{cases} \tag{6-15}$$

其中，$loss-e_{t_i}^{s_{ii}}$ 和 $gain-e_{t_i}^{s_{ii}}$ 分别表示交通运输方式 j 在旅行时间损失和收益时，交通运输方式 i 的交叉需求弹性。而 t_{jr} 和 s_{ir} 分别表示交通运输方式 j 的旅行时间参照点和交通运输方式 i 对应的需求参照点；当 $s_{ji}>s_{ir}$、$t_j>t_{jr}$ 时，t_j 和 s_{ji} 分别表示损失情况下交通运输方式 j 的旅行时间和交通运输方式 i 的需求；当 $s_{ji}\leqslant s_{ir}$、$t_j\leqslant t_{ir}$ 时，t_j 和 s_{ji} 分别表示收益情况下交通运输方式 j 的旅行时间和运输方式 i 的需求。

综上所述，公式（6-13）、公式（6-15）就可以综合表示引入参照点后，区分损失和收益的旅行时间需求弹性。

此外，在区分了损失旅行时间和收益旅行时间之后，其对应的需求弹性取值范围与一般弹性取值类似，即可以从 0 取到无穷大。其中，当损失或收益旅行时间的需求弹性为 0 时，就意味着无论是旅行时间是损失还是收益，其对需求都毫无影响，这种情况可以称为完全无弹性；当损失或收益旅行时间的需求弹性小于 1 时，就意味着损失或收益的旅行时间变动百分比要大于需求变动百分比，这种情况可以称为缺乏弹性；当损失或收益旅行时间的需求弹性等于 1 时，就意味着损失或收益的旅行时间变动百分比和需求变动百分比相等，这种情况可以称为单位弹性；当损失或收益旅行时间的需求弹性大于 1 时，就意味着损失或收益的旅行时间变动百分比要小于需求变动百分比，这种情况可以称为富有弹性；当损失或收益旅行时间的需求弹性趋向于无穷大时，就意味着损失或收益的旅行时间的任何微小变化都会导致需求的无穷变化，这种情况可以称为完全弹性。而在实际情况中，缺乏弹性、单位弹性和富有弹性是最常出现的三种情况。

二、弹性值计算

尽管前文中参照点依赖的需求弹性定义模型是旅行时间弹性分析的理论基础，但是在实际的旅行时间弹性值计算过程中，本书需要采用参照点依赖 logit 模型，这主要是因为参照点依赖 logit 模型中的交通运输属性变量本身就表示交通运输属性变化值，同时对交通运输属性变量进行了损失与收益的区分。因此，在本书接下来的部分，作者将利用参照点依赖 logit 模型对旅行时间的需求弹性值进行计算。

一般来说，参照点依赖 logit 模型中的旅行时间需求弹性计算公式可分为点弹性和交叉弹性。其中，点弹性是指在备选交通运输方式中，选择其中一种方式时其所包含的某一种交通运输属性相较于参照点发生了变动，进而引起选择该种方式概率的变动。类似的，交叉弹性是指在备选交通运输方式中，选择其中一种方式时其所包含的某一种交通运输属性相较于参照点发生了变动，进而引起选择其他交通运输方式概率的变动。因此，就可以得到参照点依赖 logit 模型中的直接弹性计算公式如下所示：

$$\begin{cases} loss-e^{p_{in}}_{x_{ink-loss}} = \dfrac{x_{ink-loss}}{p_{in}} \cdot \dfrac{\partial p_{in}}{\partial x_{ink-loss}} = (1-p_{in})\,\beta_{k-loss}x_{ink-loss} \\[3mm] gain-e^{p_{in}}_{x_{ink-gain}} = \dfrac{x_{ink-gain}}{p_{in}} \cdot \dfrac{\partial p_{in}}{\partial x_{ink-gain}} = (1-p_{in})\,\beta_{k-gain}x_{ink-gain} \end{cases} \quad (6-16)$$

公式（6-16）表示的是交通运输方式 i 在某运输属性 k 在边际损失和边际收益时，出行者 n 选择交通运输方式 i 概率的点弹性。

类似的，也可以得到交叉弹性的计算公式：

$$\begin{cases} loss-e^{p_{in}}_{x_{ink-loss}} = \dfrac{x_{ink-loss}}{p_{in}} \cdot \dfrac{\partial p_{in}}{\partial x_{ink-loss}} = -p_{in}\beta_{k-loss}x_{ink-loss} \\[3mm] gain-e^{p_{in}}_{x_{ink-gain}} = \dfrac{x_{ink-gain}}{p_{in}} \cdot \dfrac{\partial p_{in}}{\partial x_{ink-gain}} = -p_{in}\beta_{k-gain}x_{ink-gain} \end{cases} \quad (6-17)$$

公式（6-17）表示的是交通运输方式 j 的某交通运输属性 k 在边际损失

和边际收益时，出行者 n 选择交通运输方式 i 概率的交叉弹性。

在实际应用中，该公式往往是通过代入实际选择概率与交通运输属性的平均值来求解的。在这里，本书利用前文中京津通道调研所得数据来分别计算不同出行者选择城际铁路、长途巴士与普通铁路的概率针对基本解释变量旅行时间的弹性值（见表 6 - 3）。而且，通过弹性值的计算可以更为准确地描述旅行时间对不同交通运输方式选择率的影响，对提高系统或通道内交通运输服务水平有重要的借鉴意义。

表 6 - 3　京津间旅行时间损失和收益的需求弹性估计值

解释变量	备选方式	弹性值		是否具有弹性
旅行时间损失	城际铁路	点弹性	- 0. 25	缺乏弹性
		长途巴士对城际铁路的交叉弹性	1. 43	富有弹性
		普通铁路对城际铁路的交叉弹性	3. 83	富有弹性
	长途巴士	点弹性	- 1. 60	富有弹性
		城际铁路对长途巴士的交叉弹性	0. 16	缺乏弹性
		普通铁路对长途巴士的交叉弹性	0. 94	缺乏弹性
	普通铁路	点弹性	- 4. 77	富有弹性
		城际铁路对普通铁路的交叉弹性	0. 08	缺乏弹性
		长途巴士对普通铁路的交叉弹性	0. 18	缺乏弹性
旅行时间收益	城际铁路	点弹性	0. 07	缺乏弹性
		长途巴士对城际铁路的交叉弹性	- 0. 28	缺乏弹性
		普通铁路对城际铁路的交叉弹性	0	完全无弹性
	长途巴士	点弹性	0. 32	缺乏弹性
		城际铁路对长途巴士的交叉弹性	- 0. 04	缺乏弹性
		普通铁路对长途巴士的交叉弹性	0	完全无弹性
	普通铁路	点弹性	0	完全无弹性
		城际铁路对普通铁路的交叉弹性	- 0. 02	缺乏弹性
		长途巴士对普通铁路的交叉弹性	- 0. 05	缺乏弹性

如表 6 - 3 所示，旅行时间损失与收益的点弹性绝对值是不一样的。一般来说，旅行时间损失的点弹性绝对值要大于旅行时间收益的点弹性绝对值。

对于京津城际铁路来说，出行者旅行时间损失的点弹性绝对值为 0.25，它代表着京津城际的旅行时间损失增加 1% 将使其客流分担率减少 0.25%，而其旅行时间收益的点弹性绝对值为 0.07，它则代表着京津城际的旅行时间收益增加 1% 将使其客流分担率增长 0.07%。对于长途巴士来说，其旅行时间损失的点弹性绝对值为 1.60，它代表着长途巴士旅行时间损失增加 1% 将使其客流分担率减少 1.6%，而其旅行时间收益的点弹性绝对值为 0.32，它则代表着长途巴士旅行时间收益增加 1% 将使其客流分担率增长 0.32%。对于普通列车来说，其旅行时间损失的点弹性绝对值为 4.77，它代表着普通列车旅行时间损失增加 1% 将使其客流分担率减少 4.77%，而其旅行时间收益的点弹性绝对值为 0，它则代表着普通列车旅行时间收益增加将对其客流分担率的增长毫无影响。

与此点弹性类似，旅行时间损失与收益的交叉弹性绝对值也是不一样的：旅行时间损失的交叉弹性绝对值一般要大于旅行时间收益的交叉弹性绝对值。在旅行时间损失方面，长途巴士和普通铁路对城际铁路的交叉弹性绝对值分别为 1.43 和 3.83，它们分别代表着长途巴士和普通铁路的旅行时间损失增加 1% 将使城际铁路的客流分担率增长 1.43% 和 3.83%；城际铁路和普通铁路对长途巴士的交叉弹性绝对值分别为 0.16 和 0.94，它们分别代表着城际铁路和普通铁路的旅行时间损失增加 1% 将使长途巴士的客流分担率增长 0.16% 和 0.94%；城际铁路和长途巴士对普通铁路的交叉弹性绝对值分别为 0.08 和 0.18，它们分别代表着城际铁路和长途巴士的旅行时间损失增加 1% 将使普通铁路的客流分担率增长 0.08% 和 0.18%。而在旅行时间收益方面，长途巴士和普通铁路对城际铁路的交叉弹性绝对值分别为 0.28 和 0，其中长途巴士的旅行时间收益增加 1% 将使城际铁路的客流分担率减少 0.28%，而普通铁路的旅行时间收益增加将对城际铁路客流分担率的减少毫无影响；城际铁路和普通铁路对长途巴士的交叉弹性绝对值分别为 0.04 和 0，其中城际铁路的旅行时间收益增加 1% 将使长途巴士的客流分担率减少 0.04%，而普通铁路的旅行时间收益增加将对长途巴士客流分担率的减少毫无影响；城际铁路和长途巴士对普通铁路的交叉弹性绝对值分别为 0.02 和 0.05，它们分别代表着城际铁路和长途巴士的旅行时间收益增加 1% 将使普通铁路的客流分担率减少 0.02% 和 0.05%。

同时，上述计算结果也反映出出行者对不同交通运输方式旅行时间损失和收益的关注程度。而且，无论出行者采用何种交通运输方式出行，其旅行时间损失与收益间的弹性不对称效应将会始终存在。

第三节　本章小结

出于对以往旅行时间价值测算方法和需求弹性计算模型的理解，作者在本章中提出了引入参照点的旅行时间价值测算方法及需求弹性计算模型，并利用在京津间公共交通运输系统内的调研数据对出行者的旅行时间价值和出行者在根据旅行时间选择不同公共交通运输方式的分担率进行了估计，得到了京津间出行者在考虑了损失厌恶效应后的旅行时间价值约为 2.6 元/分，同时出行者对于旅行时间价值损失与收益间的弹性不对称效应也始终存在。而上述实证结果则验证旅行时间价值测算方法和需求弹性模型的可操作性与有效性。与此同时，本书认为重视从损失厌恶的角度来分析旅行时间价值及其对交通运输市场分担率的影响对完善现有公共交通运输系统评估体系的意义可以体现为：改进了仅从单一节约视角来评估公共交通运输系统运行效率的缺陷，更精确地反映了交通运输系统带给出行者的福利变化，为从双重视角评估公共交通运输系统的运行效率，并为确定公共交通运输系统建设或改造的投资额度提供了坚实的微观经济理论基础。

第七章　铁路客运差别定价策略分析

近年来，高速铁路技术的迅速提升，为我国铁路行业注入了新的活力，揭开了发展的新篇章。自 2008 年 8 月 1 日我国开始运营第一条高速铁路以来，我国掀起了建设高速铁路的热潮。截至 2015 年年底，我国高速铁路运营里程将近 1.9 万公里，位居世界第一。而作为未来我国铁路中长期路网规划与建设的主要方向，高速铁路网络的完善在缓解我国主要铁路干线能力紧张状况的同时，也带来了不同技术等级铁路客运服务的差别定价策略实施问题。而如何利用新的理论与方法来优化现行铁路客运服务差别定价策略，无疑对我国铁路行业的发展具有重要的意义。

一般来说，铁路客运服务差别定价策略的实施不仅仅局限于维持运营，同时还应该充分考虑旅行时间价值等重要因素对其的影响，以期铁路客运服务效率无限接近最优。而本章研究的最主要目的就是以引入参照点后的旅行时间价值分析为基础，力图为我国铁路客运服务差别定价策略顺利实施提供更加合理的理论支撑与政策制定依据。

实际上，将旅行时间价值作为影响铁路客运服务差别定价实施主要因素的研究最早始于 20 世纪 60 年代及 70 年代关于铁路客运需求导向定价体系中的心理定价问题。究其原因，是因为旅行时间价值是人们对于铁路客运服务价格接受程度的判断标准，是从事铁路客运服务活动的重要决策变量，是铁路客运服务定价，甚至实施差别定价策略的关键心理参照因素。而相关的研究表明❶，由于旅行时间价值与铁路客运服务差别定价策略之间存在的紧密

---

❶　参见 Walters（1961）；Vickrey（1965，1970）；Mohring &Turvey（1972，1975）；Kraus（1991）；Evans，Morrison（1997）；Ngostino Uumberto & Francesca（1999）；Jansson（1993，2002）；陈建华，高自友（2005）；隽志才（2009）；Konstantina（2011）；陈旭梅（2012）；彭超（2012）等人的研究成果。

联系致使旅客形成了不同旅行时间价值判断标准，并对应不同铁路客运服务运价的消费心理特征，而这些消费心理特征将直接影响旅客对差别定价的接受程度，因此如何把握这些心理特征就成为铁路客运服务差别定价及其相关案例实践的重要内容。

20世纪90年代初，欧洲一些国家的铁路公司开始在其客运服务过程中引入考虑旅行时间日程表效用的差别定价策略，其目的是通过建立相应的系统设计确定铁路各类客票的定价与排班方案，以达到增加利润和提高上座率的目的。例如，法国铁路公司设计了三种针对出行者的价格方案（具体如表7-1所示），其分别是Prem's、ID-TGV和"最后一分钟票价"，而每种方案附有不同的限制条件，包括提前购票的时间等多方面，出行者在满足这些条件的情况下可以购买到非常便宜的车票。与法国铁路公司的票价方案类似，德国铁路公司也制定了对应的客票销售方案，这里本书给出一个法兰克福中央车站到科隆中央车站的例子，具体如表7-2所示。此外，欧洲之星列车作为欧洲首列国际列车，其根据乘坐者的旅行时间安排也采用了差别定价策略，具体见表7-3。由上述公司的实践经验可以看出，考虑旅行时间安排或旅行时间价值的差别定价策略已经成为平衡运能至关重要的因素，它们在提供同样运量的情况下，都可以获得5%~10%的额外利润，这样的利润率对各国铁路运营商来说无疑是一个很大的诱惑。

表7-1　考虑购票时间的法国铁路客运票价制定方案

	Prem's	ID-TGV	最后一分钟票价
提前时间	提前14天到3个月购买	提前4~6个月预定	提前1周左右购买
其他限制条件	根据车次、购票时间和乘车时间给予不同的价格优惠	在特定时间只提供一种价格	本周二到下周一购买下周三到下下周二的客票
价格	TGV高速列车一等车厢最低45欧元，二等车厢最低20或25欧元	二等车厢19欧元、一等车厢39欧元的引导性价格	标准价格50%的折扣

表 7 - 2　法兰克福中央车站到科隆中央车站客票差别定价策略

	沿莱茵河普速线路 行驶的 ICE	高速线上行驶的 ICE	具体差异
通过站点	科布伦次和波恩	南林堡和齐克堡/波恩	
距离（公里）	225	217	
时间（小时：分钟）	2：23	1：15～1：30	-37%～-48%
票价（二等车厢）	42 欧元	59 欧元	+40%

表 7 - 3　基于购票时间表的欧洲之星列车差别定价方案

客票类型	限制条件	折扣
灵活类	需提前 1～7 天预订	0
半灵活类	周六晚上必须离开	40%
非灵活类 1	周六晚上必须离开	
非灵活类 2	周六、周日和法定假日旅行限制返程时间： 例如提前 21 天预订，返程时间任选	75%

长期以来，我国铁路客运差别定价策略或多或少都带有一些行政指令特征。虽然近年来国家对铁路客运价格政策有所调整并在局部上有了一定的突破，但由于客运价格调改起步较晚，同时没有考虑到全国各地区的经济社会发展差异、旅客列车开行时刻、其他交通运输方式的竞争等影响因素，从而引发了许多问题。其具体表现为：①客运定价管理权限集中。铁路客运管理权限集中在中央政府，中国铁路总公司及所属铁路局只有执行权和一定范围的浮动权。②定价形式单一。目前铁路客运价格形式单一，既没有包含市场需求信息，也不能及时反映交通运输市场供求关系与来自外界的竞争压力，同时也不受客流量在时间（如节假日）和空间（如不同地区）等因素的影响。而这样势必导致铁路客运在竞争中处于劣势，出现盈利减少，甚至亏损的局面。③票价结构不合理。目前我国铁路客运票价体系是以普通客车的硬座为基数，其他各种等级、席别的票价均是在前者基础上加成而得，但是具体加成成数的确定无充分科学依据。例如，特快客车和快速客车的硬座票价分别是在普通客车硬座票价上约加成 40% 和 20% 而得，这样的票价制定缺乏充分合理的依据。同时，卧铺票价的加成数和新空调客车票价上浮幅度的制

定也不尽合理。这种情况，一方面导致部分车次的车票或卧铺票全年紧张，引发少数铁路职工以权谋私，票贩子活动频繁，铁路客运声誉受到影响；另一方面，又造成部分车次的车票或卧铺票过剩，客车上座率低，运力资源严重浪费，难以充分利用，不利于铁路运输企业提高经济效益。总而言之，本书认为产生上述现象的主要原因就是在各种客运交通方式中，铁路客运服务对于人口众多的我国来说是一种非常特殊的交通运输服务，它不但是日常生活以及节假日中我国民众出行的最主要工具，保障着人们出行自由的基本权利，属于公益性运输服务，同时其也肩负国土开发与戍卫、经济文化交流等重要使命。因此，曾有学者指出，考虑到铁路作为一个自然垄断部门及其身负的公益性，铁路客运服务价格制定或差别定价策略的实施必须由政府来监督，否则铁路就会利用其垄断地位来抬高价格。此外，还有学者撰文指出，如果从社会福利和打击套利者的角度来分析，铁路客运服务定价带有部分的管制特征并非一定是"坏事"。但随着我国铁路行业改革开放程度的加深，尤其是铁道部转制为中国铁路总公司之后，铁路在客运市场上将面临日益激烈的市场竞争：在客运市场中公路、民航等交通运输方式已经先后放松了客运价格管制，这使具有不同技术经济特征的交通运输方式在争夺客运市场份额过程当中所使用的定价策略日益丰富。尽管铁路客运凭借其长途低价的优势占据了部分中长途客运市场，但对于未来愈演愈烈的竞争局面，如何利用好差别定价策略来稳固铁路在客运市场中的份额、实现铁路运输企业效益的提高将会是一个极为迫切的问题。

第一节　对差别定价策略的解释

由前文叙述可以看出，旅行时间价值对铁路客运差别定价策略的实施有着举足轻重的影响。而为了解释清楚并有效地捕捉这种考虑旅行时间价值判断的差别定价策略对出行者选择影响的本质，本书将引入参照点来对其进行解释。

传统研究认为，旅行时间价值可以与货币进行无差异替代。但是考虑到旅行时间无法交易的特性，因此对其评价很大程度上带有主观性，即评价高低完全取决于出行者的判断。一般来说，不同的出行者对旅行时间价值会持有不同的评价：社会地位或财富水平较高的旅客，对旅行时间价值的评价也较高，对票价不敏感，具有较高支付意愿；相反，社会地位或财富水平较低的旅客，对旅行时间价值的评价也较低，对票价较敏感，具有较低支付意愿。本书认为，上述情况的产生是因为旅客根据自身情况为旅行时间价值设定了高低不同的参照点，而这些参照点往往代表着出行者对自身旅行时间价值的一种判断或期望，其位置一般与个人财富水平和社会地位有关。此外，出行目的、服务质量、预期收入变化、与他人的攀比心理等因素也都会影响到参照点位置的变化。可以看出，实际上在出行者对旅行时间价值进行评价的过程当中，参照点设定起着至关重要的作用，它是衡量旅行时间价值标准和影响支付意愿的重要标准。

在铁路客运服务供给市场中，一家铁路运输企业本身可以提供不同等级的客运服务及对应价格。尽管这种情形在运输服务市场之外并不十分普遍，但在运输服务市场内部它却是常见的服务价格策略。考虑到该策略会受到出行者对旅行时间价值评价的直接影响，因此铁路企业可以根据旅行时间参照点的不同将市场中的出行者分为旅行时间敏感型群体和旅行时间不敏感型群体。其中，旅行时间敏感型群体由于其参照点设定较高，其支付意愿也较高，对票价不很敏感，铁路运输企业可以为其制定较高的票价；旅行时间不敏感型群体由于参照点设定较低，其支付意愿也较低，对票价很敏感，铁路运输企业可以为其制定较低的票价，具体见表7-4。

表7-4　具有不同旅行时间参照点的群体特征

旅行时间敏感型群体	旅行时间不敏感型群体
对票价不敏感	对票价敏感
对列车速度要求高	对列车速度要求低
对旅行时点的可靠性要求高	对旅行时点的可靠性要求低
很难接受经停或中转	容易接受经停或中转
对座椅空间大小与舒适度要求高	对座椅空间大小与舒适度要求低

当出行者为旅行时间价值设定的参照点一致时，铁路运输企业可以考虑提供单一的服务，制定满足出行者的旅行时间价值参照水平的票价。这里假设铁路运输市场面临的交通运输需求函数为 $q(p) = \alpha - \beta p$，此时铁路运输

企业的定价应如图 7-1 所示，其中 p_r 为满足出行者旅行时间价值参照水平票价，q_r 为满足参照水平票价下的出行者数量，p_c 为边际成本，q_c 为边界成本定价下的出行者数量。

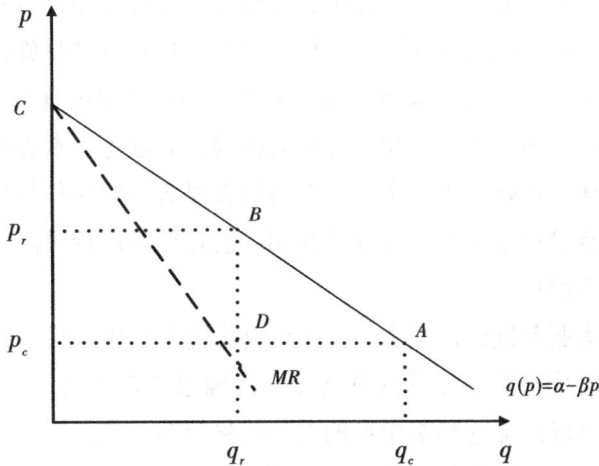

图 7-1 旅客时间价值参照点一致时的单一定价

由图 7-1 可知，在不存在任何管制情况下，当出行者旅行时间价值参照点设定一致时，铁路运输企业会选择考虑制定满足出行者旅行时间价值参照水平下的票价 p_r，此时铁路运输企业所获得的利润为 $p_r p_c DB$。而从出行者角度来说，其消费者剩余应为 $p_r BC$。

当出行者为旅行时间价值设定的参照点不一致时，铁路运输企业就需要根据出行者设定参照点的不同来制定票价：旅行时间敏感型群体为旅行时间价值设定的参照点比较高，则其对应的支付意愿也较高，那么铁路运输企业就应为其制定较高的票价；旅行时间不敏感型群体为旅行时间价值设定的参照点比较低，则其对应的支付意愿也较低，那么铁路运输企业就应为其制定较低的票价。因此，铁路运输企业可以根据旅行时间敏感型群体和旅行时间不敏感型群体的基本特征来制定不同的票价 p_{hr} 和 p_{lr}，其分别面临不同的交通运输需求 q_{hr} 和 q_{lr}，具体如图 7-2 所示。

由于旅行时间敏感型群体为旅行时间价值所设定的参照点比较高，因此其愿意支付较高的票价 p_{hr}，此时其交通运输需求为 q_{hr}，所获得的消费者剩余应为 $p_{hr} BC$；旅行时间不敏感型群体为旅行时间价值所设定的参照点比较低，

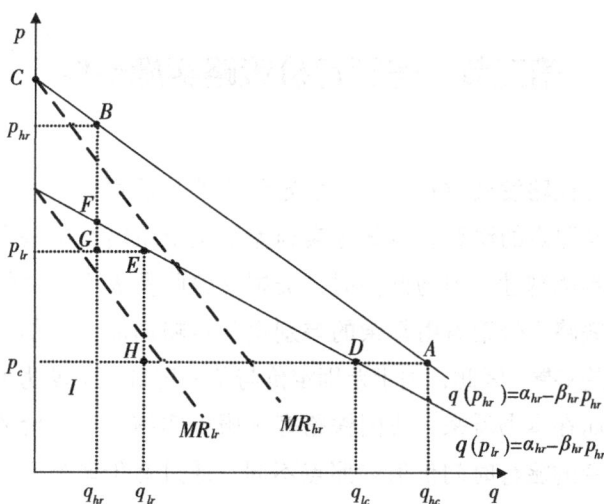

图 7 - 2　旅客时间价值参照点不一致时的差别定价

因此其愿意支付较低的票价 p_{lr}，此时其交通运输需求为 q_{lr}，所获得的消费者剩余应为 EFG。而铁路运输企业因为对旅行时间敏感型群体和旅行时间不敏感型群体使用了差别定价策略，因此其获得的生产者剩余为 $p_c p_{hr} BGEH$。然而，上述的分析过程可能需要重视一个问题，即旅行时间敏感型群体也有转向旅行时间不敏感型群体的可能。因为在实际生活中，旅行时间敏感型群体确实存在着转向旅行时间不敏感型群体的可能来增加他们的福利。虽然出行者是否真的具有这种转向的可能性是不确定的，但是这种根据出行者为旅行时间价值所设定参照点高低而使用差别定价策略的做法却意味着潜在旅行时间敏感型群体的转向可以使得整个消费者剩余将超过只有单一价格铁路客运服务所产生的消费者剩余。

正如前文所分析的那样，差别定价策略是一种考虑不同出行者对旅行时间价值的评价不同，在合适的时机以合适的价格将合适的车票销售给适当的出行者，以期实现铁路运输能力和客运市场潜在需求之间的匹配，以及铁路企业乃至铁路行业提升收益的行之有效的方法。而作为铁路企业管理模式当中不可或缺的部分，本书认为差别定价策略的本质是结合价格歧视与铁路客运服务差异使企业经营收益达到最大化的管理策略。所以，就资源利用效率而言，差别定价策略可以为形成更有效的铁路客运市场结构做出贡献。

第二节　差别定价策略实施条件

尽管从欧美铁路发展过程中的差别定价实践经验可以看出，考虑出行者旅行时间价值参照点的铁路客运服务实施差别定价策略在某些方面确实比单一定价策略更具优越性。但与此同时，美国铁路收费表中项目的合并与减少却体现出国外铁路定价策略由复杂的差别定价策略向简单的单一定价策略演变的一种逆向趋势❶。因此，关于差别定价与单一定价孰优孰劣的争辩也一直都没有定论。而在本书看来，我国铁路客运服务实施差别定价的根本目的是根据不同出行者的旅行时间价值参照点不同，通过运价调整手段来满足出行者的基本交通运输需求，具体到操作上则可以通过对不同出行者的归类划分来收取不同的服务价格。例如，京沪高速铁路差别定价的实施就可以根据出行者类型的细分将订票过程划为几个时期：①发车前 20 天至 10 天；②发车前 10 天至 5 天；③发车前 5 天以内，那么其二等座对应的票价分别可以定为455 元，505 元和 555 元。当然，在实际操作中还需要根据不同时期、不同地区的出行者收入水平等因素灵活决定。从上文的简单举例中可以看出，差别定价是我国铁路客运服务定价可采用策略当中一种以出行者旅行时间价值参照点高低为主要依据的多阶段定价工具。而对这种定价策略在铁路客运服务方面的应用条件却很少有人用经济学原理进行推导解释。本书通过将不同旅行时间价值参照点的出行者群体进行划分试图推导出差别定价策略在铁路客运服务定价当中的应用条件，为我国铁路客运服务定价策略制定与管理提供理论依据。承接上文，作者认为铁路客运服务的差别定价主要依赖于出行者自身旅行时间价值参照点设定的高低，因此在这里可以将出行者划分为旅行时间敏感型群体和旅行时间不敏感型群体。在实际生活当中，一般早订票的出行者是希望通过提早订票而得到折扣，此类出行者大多属于旅行时间不敏感型群体；而晚购票或临时购票的出行者一般是旅行时间安排比较紧张、希望赶时间的人，此类出行者大多属于旅行时间敏感型群体。同时，考虑到铁路客运是我国居民出行的主要交通运输方式之一，其存在着平时需求稳定，

❶　例如，美国一些铁路公司就将其1300多页的收费表缩减至300多页。

而一到节假日就需求陡增的情况，因此本书将根据不同的铁路客运服务需求量情况来分析差别定价策略的应用条件。

正如上文所分析的那样，在铁路客运服务实施差别定价策略的过程中，一个必须要考虑的方面就是出行者的旅行时间价值参照点，据此本书将出行者的购票阶段划分为两个时期：时期 1 和时期 2。而属于不同群体类型的出行者在不同时期选择购票的目的都是为了赶上预定的列车。根据现实情况，一般在时期 1 订票的出行者大多属于旅行时间不敏感型旅客，而在时期 2 订票的出行者大多属于旅行时间敏感型旅客。当然，符合一般性，本书在这里认为旅行时间不敏感型群体的时间价值参照点比较低，因此其对票价的敏感程度比较高；相反，旅行时间敏感型群体的时间价值参照点比较高，因此其对票价的敏感程度比较低，而他们根据自身旅行时间价值参照点所估计得到的参照价格为 p_{hr} 和 p_{lr}，且存在 $p_{hr} > p_{lr}$。当然，除了旅行时间敏感型群体与旅行时间不敏感型群体的参照票价不同之外，本书认为他们在购票时会存在机会损失❶。一般认为，旅行时间敏感型群体对于时间的安排更为密集，因此其选择在时期 1 购票时的机会损失比较高，本书将其设为 o_{hr}，o_{hr} 说明旅行时间敏感型群体在时期 1 选择购票时就丧失了在时期 2 选择其他替代交通运输方式的机会。同样，对于旅行时间不敏感型群体来说，他们选择在时期 1 购票时也会丧失在时期 2 选择其他替代交通运输方式的机会，本书将其设为 o_{lr}。自然地，也会存在 $o_{hr} > o_{lr} > 0$。而无论是旅行时间敏感型群体还是旅行时间不敏感型群体他们在时期 2 选择购票的机会损失一般为零，这主要是因为在时期 2 购票距离列车出发时刻较近从而使得他们寻找其他替代方式的机会几乎不存在。同时，本书认为必须满足 $p_{lr} - o_{lr} > p_{hr} - o_{hr}$ 的条件，才能使铁路运输企业将旅行时间敏感型群体和旅行时间不敏感型群体进行区分。这样也就意味着铁路运输企业可以利用这样的群体划分对在时期 2 购票的旅行时间敏感型群体采取制定较高票价的差别定价策略。

接下来，本书假设旅行时间敏感型群体与旅行时间不敏感型群体的铁路客运需求数量分别为 n_h 和 n_l，而铁路运输企业在购票时期 1 和时期 2 制定的

❶　本书中的机会损失体现的是出行者在购票时的灵活程度。例如，旅行时间不敏感型群体在时期 1 购票时就意味着其丧失了在时期 2 选择其他替代交通运输方式的机会，或者也可以认为出行者需要为这种机会的损失所付出的成本。

票价水平分别为 p_1 和 p_2。那么，在购票时期 1 时，旅行时间敏感型群体的消费者剩余为 $p_{hr} - o_{hr} - p_1$，旅行时间不敏感型群体的消费者剩余为 $p_{lr} - o_{lr} - p_1$；而在购票时期 2 时，旅行时间敏感型群体的消费者剩余为 $p_{hr} - p_2$，旅行时间不敏感型群体的消费者剩余为 $p_{lr} - p_2$。与此同时，考虑到如果铁路运输企业采用差别定价策略其往往会以消费者剩余为零作为理想的定价水平，那么铁路运输企业可能给出的票价水平如下[1]：旅行时间敏感型群体的参照票价 p_{hr}、旅行时间不敏感型群体的参照票价 p_{lr} 和旅行时间不敏感型群体在购票时期 1 支付的票价 $p_{lr} - o_{lr}$。很显然，上述的三种定价方案存在 $p_{hr} > p_{lr} > p_{lr} - o_{lr}$ 的关系。当然，在本书中作者认为购票时期 1 的票价 p_1 为 $p_{lr} - o_{lr}$，购票时期 2 的票价 p_2 为 p_{hr} 或 p_{lr}[2]。

而考虑到将铁路客运需求作为变量时，铁路运输企业在采用差别定价策略时就可能会遇到以下问题：假设铁路运输企业的运力为 s 时，如果有 d_1（当然，$d_1 \leqslant s$）张票在购票时期 1 被订购，其订购价格为 p_1；而到了购票时期 2 就会留下 $s - d_1$ 张票，其订购价格为 p_2。此时，如果铁路运输企业在购票时期 1 不限制出行者的购票数量，那么对于铁路运输企业来说是采用考虑旅行时间价值参照点依赖的差别定价策略效益更大，还是采用单一定价策略的效益更大？因此，在这里就需要引入铁路客运需求这一变量来分析上述问题。

由上文得知，根据铁路客运需求这一变量明确与否，本书可以归纳总结出如下三种假设命题：

假设命题 1 当旅行时间敏感型群体与旅行时间不敏感型群体需求量完全确定时，考虑旅行时间价值参照点依赖的差别定价策略为铁路运输企业带来的收益不一定优于单一定价策略。

假设命题 2 当旅行时间不敏感型群体需求量确定，但旅行时间敏感型群体需求量未确定时，考虑旅行时间价值参照点依赖的差别定价策略为铁路运输企业带来的收益不一定优于单一定价策略。

假设命题 3 当旅行时间敏感型群体与旅行时间不敏感型群体需求量均未确定时，考虑旅行时间价值参照点依赖的差别定价策略为铁路运输企业带来的收益不一定不优于单一定价策略。

---

❶ 实际上，现实生活中的差别定价策略基本上也是以上述几类票价作为基础定价方案来实施的。而且这类定价方案在航空运输业中可能更为普遍。

❷ 这里需要注意的是，购票时期 2 的票价需要根据出行者的需求量来决定。

接下来，本书就上述三条假设命题进行逐一证明。

一、客运需求确定的情况

首先，考虑**假设命题**1，实际上当旅行时间敏感型群体与旅行时间不敏感型群体各自的需求量完全确定时，可以很容易得到差别定价策略为铁路运输企业带来的收益不优于单一定价策略的结论。很显然，当旅行时间敏感型群体与旅行时间不敏感型群体的需求量分别至少达到$\frac{p_{lr}s}{p_{hr}}$和s时，采用p_{hr}的单一定价策略无疑是最优的；而当旅行时间不敏感型群体的需求量达到s，但旅行时间敏感型群体的需求量少于$\frac{p_{lr}s}{p_{hr}}$时，则采用p_{lr}的单一定价策略无疑是最优的。

二、客运需求部分确定的情况

其次，考虑**假设命题**2，根据旅行时间不敏感型群体具有时间价值参照点设定较低的特点，其一般会选择在购票时期1选择订票，因此客运需求数量往往是已知或可以确定的，而旅行时间敏感型群体由于其时间价值参照点设定较高，其一般会选择在购票时期2选择订票，因此客运需求数量往往是未知或不太容易确定的。基于此，本书认为**假设命题**2可以继续拆分为两个子假设命题。

子假设命题2－1　当旅行时间不敏感型群体的客运需求量$n_l \geqslant s$，而旅行时间敏感型群体的客运需求量$E(n_h) \geqslant \frac{p_{lr}s}{p_{hr}}$时，考虑旅行时间价值参照点依赖的差别定价策略为铁路运输企业带来的收益并不优于实施单一定价策略p_{lr}。

子假设命题2－2　当旅行时间不敏感型群体的客运需求量$n_l \geqslant s$，而旅行时间敏感型群体的客运需求量$E(n_h) \leqslant \frac{p_{lr}s}{p_{hr}}$时，考虑旅行时间价值参照点依赖的差别定价策略为铁路运输企业带来的收益并不优于实施单一定价策略p_{lr}。

下面本书将对**子假设命题**2－1和**子假设命题**2－2进行求证。当铁路运输企业不确定旅行时间敏感型群体的客运需求量时，可以假设旅行时间敏感型群体的客运需求量n_h为一个随机变量，因此该子假设就可以分为以下两种情况：当旅行时间敏感型群体的客运需求量n_h大于铁路客运服务供给的数量

s 时，那么在这种情况下铁路运输企业制定单一的高票价 p_{hr} 无疑是最为合适的，此时**子假设命题** $2-1$ 得证；当旅行时间敏感型群体的客运需求量 n_h 小于铁路客运服务供给的数量 s 时，必须首先确定购票时期 2 的票价，才能进而决定购票时期 1 的票价。考虑到购票时期 2 可能存在 p_{hr} 和 p_{lr} 两种价格水平，而该时期的最优定价策略则需要依赖于购票时期 1 尚未售出的票数，即 $s-d_1$ 的大小。此时，假设 $E(n_h)$ 为旅行时间敏感型群体的客运需求数量的期望值，且存在 $E(n_h) \leq s$，那么铁路运输企业可以在购票时期 2 选择 p_{hr} 或 p_{lr}❶。假设 d_1 为购票时期 1 被售出的车票数，则 $s-d_1$ 就是购票时期 2 时所剩余的车票数；当购票时期 2 的车票售价为 $p_2 = p_{hr}$ 时，则 $\min\{E(n_h), s-d_1\}$ 将是购票时期 2 卖出去的车票数；而当购票时期 2 的车票售价为 $p_2 = p_{lr}$ 时，则 $s-d_1$ 将是购票时期 2 卖出去的车票数。根据上文分析，可以得到价格策略的分界点 d_0 为 $\max\left\{ s - \dfrac{p_{hr}E(n_h)}{p_{lr}}, 0 \right\}$，那么则有：

$$p_2 = \begin{cases} p_{hr}, & d_1 > d_0 \\ p_{lr}, & d_1 \leq d_0 \end{cases} \tag{7-1}$$

而根据上述条件，可以推得铁路运输企业不同定价策略下的收益为：

$$B = \begin{cases} d_1(p_{lr} - o_{lr}) + p_{lr}(s - d_1), & d_1 \leq d_0 \\ d_1(p_{lr} - o_{lr}) + p_{hr}E(n_h), & d_0 < d_1 \leq s - E(n_h) \\ d_1(p_{lr} - o_{lr}) + p_{hr}(s - d_1), & s - E(n_h) < d_1 \leq s \end{cases} \tag{7-2}$$

此时，可以先考虑当 $d_1 \leq d_0$ 的情形，则有 $B = p_{lr}s - o_{lr}d_1$，那么 d_1 为零时，铁路运输企业的最优定价策略应该为 p_{lr}，企业的最优收益则为 $B = p_{lr}s$；当 $d_0 < d_1 \leq s - E(n_h)$ 时，铁路企业的收益将随着时期 1 车票销售数量的增加而增多，因此当 d_1 取最大值时，铁路运输企业的收益最大；而当 $s - E(n_h) < d_1 \leq s$ 时，铁路运输企业的收益将随着时期 1 车票销售数量的增加而减少，因此当 d_1 取最小值时，铁路运输企业的收益最大。由上文的分析可知，由 $E(n_h) \leq s$ 的条件可以得到，当铁路运输企业在购票时期 1 实行

---

❶ 可以发现，当购票时期 2 售出的车票数小于旅行时间敏感型群体需求数量的期望值时，即 $s - d_1 < \dfrac{p_{hr}E(n_h)}{p_{lr}}$，此时将车票价格定为 p_{hr} 比较合适；而当购票时期 2 售出的车票数大于旅行时间敏感型群体需求数量的期望值时，即 $s - d_1 < \dfrac{p_{hr}E(n_h)}{p_{lr}}$，则将车票价格定为 p_{lr} 比较合适。

$(p_{lr} - o_{lr})$，而在购票时期 2 实行 p_{hr} 的差别定价策略无疑是最优，但是如果考虑到旅行时间不敏感型群体的客运需求数量比铁路运输企业所提供的运力要大且在购票时期 1 不实行限购的情况下，所有的车票将在时期 1 被休闲旅客买走，而此时铁路运输企业的总收益为 $B = s (p_{lr} - o_{lr})$，其小于单一定价 p_{lr} 下的铁路运输企业总收益 $B = p_{lr}s$，因此在这种情况下铁路运输企业往往会选择单一定价策略，于是**子假设命题** 2 - 2 得证。综上可知，**假设命题** 2 得证。

三、客运需求未确定的情况

最后，来考虑**假设命题** 3，除了铁路客运需求数量完全确定或部分确定的情况，其也会存在完全不确定的情况，即旅行时间敏感型群体与旅行时间不敏感型群体的客运需求数量都不确定。此时，需要分析当旅行时间敏感型群体与旅行时间不敏感型群体的客运需求数量之和大于铁路提供的运力 s，但他们各自的数量又分别小于铁路提供的运力 s 时的情况。在这里，可以将假设命题 3 拆分为以下三个子假设命题。

子假设命题 3 - 1：当旅行时间不敏感型群体的客运需求量 $E(n_l) \geqslant \dfrac{p_{hr} [s - e(n_h)]}{p_{hr} - p_{lr} + o_{lr}}$，而旅行时间敏感型群体的客运需求量 $E(n_h) < \dfrac{p_{lr}s}{p_{hr}}$ 时，实施单一定价策略 p_{lr} 为铁路运输企业带来的收益优于考虑旅行时间价值参照点依赖的差别定价策略。

子假设命题 3 - 2：当旅行时间不敏感型群体的客运需求量 $E(n_l) \geqslant \dfrac{p_{hr} [s - E(n_h)]}{p_{hr} - p_{lr} + o_{lr}}$，而旅行时间敏感型群体的客运需求量 $E(n_h) \geqslant \dfrac{p_{lr}s}{p_{hr}}$ 时，考虑旅行时间价值参照点依赖的差别定价策略为铁路运输企业带来的收益并不优于实施单一定价策略 p_{hr}。

子假设命题 3 - 3：除了**子假设命题** 3 - 1 与**子假设命题** 3 - 2 之外的其他情形，考虑旅行时间价值参照点依赖的差别定价策略（即将购票时期 1 的票价定为 $p_{lr} - o_{lr}$，将购票时期 2 的票价定为 p_{hr}）为铁路运输企业带来的收益要优于单一定价策略。

接下来，将对**子假设命题** 3 - 1、**子假设命题** 3 - 2 和**子假设命题** 3 - 3 进行求证。不失一般性，当购票时期 1 有 d_1 张车票被售出时，则购票时期 2 剩余 $s - d_1$ 张车票。假设 d_{1h} 是旅行时间敏感型群体在购票时期 1 时的购票数量，

而 d_{1l} 则是旅行时间不敏感型群体在购票时期 1 时的购票数量，那么就有 $d_{1h} + d_{1l} = d_1$。接着，将针对铁路运输企业在购票时期 2 中采用的不同定价进行分析。其中，当 $p_2 = p_{lr}$ 且存在 $E(n_h) + E(n_l) - d_1 > s - d_1$ 时，旅行时间敏感型群体与旅行时间不敏感型群体就都有可能在时期 2 购票，因此当车票被全部售出时，铁路运输企业在购票时期 2 的收益应该是 $p_{lr}(s - d_1)$；而当 $p_2 = p_{hr}$ 时，只会存在旅行时间敏感型群体去购票（因为购票时期 2 的票价对于旅行时间不敏感型群体来说是其无法承受的，即此时的旅行时间不敏感型群体消费者剩余为负），那么 $E(n_h) - d_{1h}$ 为购票时期 2 旅行时间敏感型群体的期望数量，而当 $E(n_h) < s - d_1 + d_{1h} = s - d_{1l}$ 时，若所有车票都售完则铁路运输企业的收益应为 $p_{hr}(s - d_1)$；若车票并未售完则铁路运输企业的收益应为 $p_{hr}[E(n_h) - d_{1h}]$。

通过对比上述两种定价水平及其收益情况可以发现，当 $E(n_h) \geqslant s - d_1$ 时，此时的最优定价应该是 $p_2 = p_{hr}$；而当 $E(n_h) < s - d_1$ 时，则需要比较 $p_{hr}(s - d_1)$ 与 $p_{hr}[E(n_h) - d_{1h}]$ 的大小关系。基于此，可以得到铁路运输企业总收益的表达式为：

$$B = \begin{cases} d_1(p_{lr} - o_{lr}) + p_{lr}(s - d_1), \ 0 \leqslant E(n_h) \leqslant d_1 - d_{1l} + \dfrac{p_{lr}(s - d_1)}{p_{hr}} \\[3mm] d_1(p_{lr} - o_{lr}) + p_{lr}[E(n_h) - d_{1h}], \ d_1 - d_{1l} + \dfrac{p_{lr}(s - d_1)}{p_{hr}} < E(n_h) \leqslant s - d_1 \\[3mm] d_1(p_{lr} - o_{lr}) + p_{hr}(s - d_1), \ s - d_1 \leqslant E(n_h) \end{cases}$$

$$(7 - 3)$$

观察公式（7-3）可知，当 $0 \leqslant E(n_h) \leqslant d_1 - d_{1l} + \dfrac{p_{lr}(s - d_1)}{p_{hr}}$ 时，意味着旅行时间敏感型群体的客运需求比较少，那么铁路运输企业的总收益对应为 $d_1(p_{lr} - o_{lr}) + p_{lr}(s - d_1)$，其最优结果应该是当 d_1 为零时，铁路运输企业全部以 p_{lr} 价格将车票售出，此时铁路运输企业的最优收益为 $p_{lr}s$。将其与差别定价策略相比较发现，此时差别定价策略为铁路运输企业带来的总收益为 $E(n_l)(p_{lr} - o_{lr}) + p_{hr}[s - E(n_l)]$，当 $E(n_l)(p_{hr} - p_{lr} + o_{lr}) \geqslant s(p_{hr} - p_{lr})$ 时，则有 $sp_{lr} \geqslant sp_{hr} - E(n_l)p_{hr} + E(n_l)p_{lr} - E(n_l)o_{lr} = p_{hr}[s - E(n_l)] + E(n_l)(p_{lr} - o_{lr})$，显然上述不等式左边是实行单一票价策略时铁路运输企业的收益，而右边则是实行差别定价策略时的铁路运输企业的收

益，由此**子假设命题**3-1得证。

同理可得，当 $d_1 - d_{lr} + \dfrac{p_{lr}(s-d_1)}{p_{hr}} \leq E(n_h) \leq s - d_1$ 且 $\dfrac{s(p_{hr}-p_{lr})}{p_{hr}-p_{lr}+o_{lr}} \leq$ $E(n_l)$ 时，要证明 $E(n_l)(p_{lr}-o_{lr}) + p_{hr}[s-E(n_l)] \leq p_{hr}E(n_h)$，可由 $\dfrac{s(p_{hr}-p_{lr})}{p_{hr}-p_{lr}+o_{lr}} \leq s(p_{hr}-p_{lr}) \leq E(n_l)$ 得知，只需保证 $p_{hr}E(n_h) \geq p_{lr}s$ 即可。

而由上文中的 $d_1 - d_{1l} + \dfrac{p_{lr}(s-d_1)}{p_{hr}} \leq E(n_h)$ 条件推导得到 $p_{hr}(d_1-d_{1l}) + p_{lr}(s-d_1) \leq p_{hr}E(n_h)$，而该公式表明铁路运输企业在购票时期1将车票定价为 p_{hr}，而在购票时期2将车票定价为 p_{lr}，但是很显然当将购票时期1的票价定为 p_{hr} 时会导致车票无法售出的局面，因此就有 $p_{lr}s \leq p_{hr}E(n_h)$ 成立，故**子假设命题**3-2得证。

在排除了上述两种情形之后，可以很容易得知，当铁路运输企业将购票时期1的票价定为 $p_{lr}-o_{lr}$，而购票时期2的票价定为 p_{hr} 时，铁路运输企业实行差别定价策略时取得的收益最优，因此**子假设命题**3-3得证。故**假设命题**3得证。

由上文分析可知，无论铁路出行者的总运输需求量确定与否，考虑到旅行时间价值参照点依赖的差别定价策略为铁路运输企业带来的收益不一定优于单一定价策略。同时，需要注意的是单一票价策略往往要比差别定价策略有更加严格的限制条件，特别是在面对铁路出行者总运输需求量小于铁路运力供给的情况下更是如此。

从铁路运输企业运营的角度来说，尽管考虑旅行时间价值参照点的差别定价策略是铁路在客运市场经济微观层面活力的体现和自身的内在要求，并可以在一定程度上提升铁路客运资源的配置效率，但其在某些前提条件下的实施效果并不见得比单一定价策略更为优越。因此，我国铁路运输企业在借鉴实施差别定价策略的问题上仍需持谨慎态度并对其进行扬弃地使用：有必要对客运市场需求进行质量与数量上的细分，以构建差别定价与单一定价相结合的多元票价体系为手段，为铁路出行者提供与之需求相符合的铁路客运服务产品。例如，在面对春节、"十一"黄金周的传统客流高峰时，需要将部分高级别席位进行转换（一个包间可以改为若干普通座椅），并实施单一的定价策略以保障客流基本出行，提高社会和铁路运输企业效益。

第三节　改进"实名制"售票模式的建议

作为明晰出行者享受铁路客运服务权利属性的政策措施，可以说"实名制"售票模式作为一种针对"倒票"行为的限购措施，其在某种程度上缓解了我国铁路客运服务资源分配不公的问题。但是，从调动铁路运输企业的积极性来说却并未起到应有的效果，这主要是因为"实名制"售票模式的实施意味着铁路运输企业要不可避免地增加人员管理与设备成本，而在"自负盈亏"的现代企业管理制度下，铁路运输企业是否有足够动力去全力实施"实名制"售票却是值得商榷的。正是出于对上述问题的思考，本书在这里提出一个基于旅行时间价值参照点依赖差别定价理念的动态"实名制"铁路车票销售模式。

考虑到我国铁路客运车票销售采用的是预售制度，本书认为若铁路运输企业可以根据车票预售时间（这里依然沿用上文的划分：购票时期 1 和购票时期 2）的不同采取不同的价格，那么出行者在购票时期 2 进行购票无疑会付出更高的经济成本，因此本书在这里主要分析在购票时期 1 的"实名制"影响。假设铁路运输企业在购票时期 1 实行"实名制"售票的主要目的是打击"倒票行为"，同时将部分高价车票留给在购票时期 2 的旅行时间敏感型群体。承接上文的证明过程，本书认为铁路运输企业在购票时期 1 实行"实名制"后可以售出 d_1 张车票，这样就会有 $s - d_1$ 张车票预留给购票时期 2 时的购票者。因此，本书可以由上文中的假设命题 2 得到如下结论：在正常的市场环境下，如果旅行时间敏感型群体的数量足够小，即满足 $E(n_h) \leqslant \dfrac{o_{lr}s}{p_{hr} - p_{lr} + o_{lr}}$ 时，铁路运输企业就不需要实行"实名制"售票，同时将车票价格设定为 p_{lr} 为其带来的收益最大；而当旅行时间敏感型群体的数量足够大，即满足 $E(n_h) > \dfrac{o_{lr}s}{p_{hr} - p_{lr} + o_{lr}}$ 时，铁路运输企业则需要在实行"实名制"的同时实施考虑旅行时间价值参照点的差别定价策略为其带来的收益最大，此时铁路运输企业在购票时期 1 的定价应该为 $p_{lr} - o_{lr}$，在购票时期 2 的定价应该为 p_{hr}。

接下来，本书对上述结论进行简要证明：当引入假设命题 2 的证明结论发现，将铁路运输企业在 $d_1 \leqslant d_0$ 条件下的收益 $B = p_{lr}s$ 与 $s - E(n_h) < d_1 \leqslant s$ 条件下的收益 $B = (p_{lr} - o_{lr})s + E(n_h)(p_{hr} - p_{lr} + o_{hr})$ 进行比较，当 $(p_{lr} - o_{lr})s + E(n_h)(p_{hr} - p_{lr} + o_{lr}) \leqslant p_{lr}s$ 时，可推得 $E(n_h) \leqslant \dfrac{o_{lr}s}{p_{hr} - p_{lr} + o_{lr}}$，上述不等式成立说明了此时铁路运输企业实施单一定价 p_{lr} 时其收益最大，否则就是实施考虑旅行时间价值参照点的差别定价策略时收益最大。但是，铁路运输企业在购票时期 1 时采用了 $p_{lr} - o_{lr}$ 的定价，那么为了防止车票被在时期 1 时抢购一空（尤其是针对"倒票行为"），因此铁路运输企业应该此时期实行"实名制"售票，才能满足购票时期 2 的旅行时间敏感型群体的要求。于是，上述结论得证。

本书认为，从铁路运输企业的角度来说，目前的铁路"实名制"售票制度还缺乏相应的调整机制，也许其会在未来铁路发展和满足客运市场竞争的基本需要方面形成阻碍。而本书中的结论至少给出了基于旅行时间价值参照点的差别定价理念对"实名制"售票模式进行调整的理论依据：在正常的市场环境下，具有不同旅行时间价值参照点的群体具有明显的非均衡分布特征，而铁路运输企业应当具有根据客运市场需求来调整"实名制"售票制度的能力：即当旅行时间敏感型群体的运输需求数量足够时，铁路运输企业应该主要针对购票时期 1 实施"实名制"售票模式；而当旅行时间敏感型群体的客运需求数量不足时，铁路运输企业就没有必要再实施"实名制"售票模式。

虽然，考虑旅行时间价值参照点的差别定价理念对改进铁路"实名制"售票模式方面是理论可行的，但是其还需要注意以下几个问题才能实现一种动态的管理效果。

其一，售票时间段的划分。考虑针对不同时期的购票群体收取不同的票价，因此划分售票时间段将会是一个重要的问题。虽然本书中将铁路售票时段划分为两个时期，但考虑到实际情况，铁路运输企业可以根据实际情况将售票阶段划分为两段、三段，甚至更多的时段。例如，现行的铁路客运售票时间制度是出行者可以提前 60 天订票，那么铁路运输企业可以在 60 天至 30 天收取高价，而在 30 天内收取平时价格。

其二，照顾铁路客运服务中的公益性服务对象。为了更方便说明问题，本书在分析过程中将选择铁路出行的群体分为旅行时间敏感型群体与旅行时间不敏感型群体。然而考虑到在实际生活当中会存在公益性服务对象，例如学生、伤残军人等，这部分出行者的利益可能需要单独考虑。

第四节　本章小结

一般研究认为，差别定价是改善我国铁路客运定价机制和增加铁路运输企业收益的重要管理策略。而本书认为，面对我国的特殊国情，铁路运输企业实施差别定价所获得的收益并不优于单一定价。正是基于此种推论，本章通过引入参照点解释了不同群体对旅行时间价值评价不同的原因，并以此为理论基础构建了一个考虑旅行时间价值的参照点依赖差别定价模型，得出以下结论：当市场中的客运需求足够大时，铁路运输企业如果实施差别定价策略其所获得的收益并不优于单一定价策略，这主要是因为单纯的实施差别定价策略在不能满足铁路客运基本需求的同时，反而可能会降低铁路运输企业的收益。因此，作者认为铁路运输企业虽然有实行差别定价策略的内在驱动力，但该策略的实施还需要根据具体的市场客运需求数量来进行决策。此外，作者还认为铁路运输企业可以依据旅行时间价值参照点依赖的原理对现行的"实名制"售票模式进行改进，来提高铁路客运资源的分配效率和铁路企业收益。

第八章　对出行路径选择的影响

　　旅行时间价值是影响路径选择的最重要因素之一。目前，关于旅行时间价值对路径选择影响的研究多从平均视角来进行考察，即在实际应用中只是考虑出行者平均工资（或产值）对旅行时间价值的影响。例如，在分析旅行时间价值的影响时，其计算方法一般用年总产值除以出行者总数和年平均工作小时或直接采用当地收入标准乘一个系数得出结果。而这样的问题也一直存在于学术研究中：在旅行时间价值对路径选择影响的研究中，一些学者认为出行者在旅途中耗用的时间是存在机会成本的，其应该是由于旅行时间中非生产性消耗造成的效益损失量的货币表现，因此旅行时间价值就可以归纳为出行者路径选择时的主要成本之一；而另一些学者则认为旅行时间价值就是指随着旅行时间推移而产生效益值的增量，其可以通过旅行时间的节约体现出来，因此旅行时间价值的节约可以被看作是一种预期收益。近年来，随着交通运输经济学理论与模型的丰富，学者们对旅行时间价值影响路径选择的研究更为精确与详细。例如，英国学者 Wardman（1998—2011 年）基于不同交通运输过程对旅行时间进行详细分类：交通工具上的时间、步行时间、等待时间、服务时间、枢纽换乘时间、发车时间调整、搜寻时间、迟到时间和拥挤时间等，并估计了英国人均 GDP 与旅行时间价值间的估计弹性系数，进而指出了其对路径选择的影响。由上文描述可知，通过传统方法对旅行时间价值计算进而做出路径选择的研究，从方法论的角度来说虽然简捷易行，但是其局限性也显而易见：它基于经典的期望效用理论和消费行为理论，秉承了严格的前提假设，即所有出行者都是"绝对理性、掌握完全信息、偏好相同和追求效用最大化"的人，因此，由上述研究所得到的路径选择结果与实际情况中的路径选择结果就难免出现背离。

　　近年来，随着行为科学的发展，对旅行时间价值的重新认识和路径选择行为体现出的有限理性特征越来越受到相关领域专家学者的注意，他们都在试图寻找可以解释不确定条件下决策主体对旅行时间价值估计及其对路径选择行为影响的规律，在这其中累积前景理论无疑是一个比较有效的解释框架。在现有的文献当中，已经有一些学者利用前景理论及累积前景理论分析了旅行时间价值对路径选择的影响，并得到了一些可喜的成果。例如，有学者发现在路径选择实验当中，如果一系列旅行时间的平均值低于参照出行时间，出行者就会表现为风险厌恶；而当该系列出行时间的平均值高于参照出行时间时，出行者就会表现为风险偏好；另外一些学者在交通流调查过程中也发现了类似的现象，即当出行者面对距离短、不确定性高和距离远、不确定性低两条路径需要选择时，在综合考虑旅行时间等基本因素之后，多数出行者会表现出风险厌恶行为，即选择不确定性低的路径；此外，还有一些学者则利用父母接送小孩的案例验证了累积前景理论在解释路径选择行为的有效性；与此同时，国内一些研究者利用前景理论在旅行时间离散分布的条件下，构建路径选择模型，验证了旅行时间价值的损失厌恶效应对路径选择的影响；也有学者利用累积前景理论，给出了交通流连续分布状态下路径前景的连续函数表达式，建立了动态交通分配模型，得到了出发时间选择与到达可靠性之间的关系；还有学者认为从前景理论来看，交通运输领域对于旅行时间价值的看法应该从节约视角转向避免损失视角，进而才能更有效地解释现实生活中的路径选择问题。而本部分将在这些成果的基础上，借用累积前景理论，以出行者对旅行时间价值的判断为核心内容构建路径选择模型，并通过算例对不确定条件下的路径选择过程进行具体描述。

第一节　适用性

一般来说，出行者在路径选择时通常会面临一个不确定的环境，其表现为交通流的动态随机变化，进而导致旅行时间的随机波动。尽管出行者对这种随机波动可能造成的损失是非常厌恶的，但随着自身信息和经验的积累，出行者对路径选择决策的预判水平会不断增加，其对由不确定性造成的损失规避程度也会随之降低。如果说出行环境的不确定性是影响路径选择的外在因素，那么出行者对于旅行时间等要素内在认知的不确定性则是影响其路径选择的重要因素。这里需要说明的是，出行环境的不确定性一般可以直接引起对旅行时间等要素认知的不确定。例如，由于出行者在路径选择之前往往不能预见诸如事故、排队和拥堵等实际交通状况，所以也就无法精确把握旅行时间的长短，进而使出行者对旅行时间内在认知不确定性的反应方式决定了最终路径选择结果。因此，出行路径选择分析和建模的核心问题是如何处理包含对旅行时间在内诸多要素内在认知的不确定性，并对出行者的路径选择行为做出合理假设。可以说，只有当各种路径选择模型更好地考虑了出行者行为特征以及对应不确定性时，才会具有更强的解释力。从研究范畴来看，路径选择行为建模中涉及的各种不确定性因素分为三类：①选择路径属性的变化；②由信息不完全和出行者认知偏差导致的不确定性；③测量误差，即在调查或实验中对出行者路径行为进行观测时产生的误差，这种误差与研究方法有关，一般无法避免。然而，目前有关路径选择行为的研究主要集中在交通系统自身的不确定性，并基于期望效用理论将这种客观不确定性视为可概率化和已知的，其很少涉及不确定性和主观权重问题，因此这就会产生一个重大的模型缺陷，即行为假设问题。作为模型易用性和预测结果有效性评价的重要标准之一，行为假设的合理性必然会隐含于一切有关路径选择问题的研究之中。从更广阔的研究范围来看，将行为经济学中的前景理论纳入交通运输经济学体系之中，则可以使交通运输经济学的研究更接近于真实世界。但在应用前景理论进行路径选择行为研究时，首先需要弄清楚其边界条件或者情景限制，以及具体的研究对象是否满足与这种条件或情景，即验证该理论的适用性问题。目前，已有的一些实证研究已表明❶，不确定性条件下的路径选择行为符合前景理论的基本观点。同时，考虑路径选择大都会受到作为基本属性的旅行时间价值的影响，且通常以旅行时间价值的收益和损失来进行衡量。当然，目前基于前景理论的出行路径选择研究，大都围绕出行者的一次性决策，很少考虑出行选择过程中出行者的适应性学习行为。而随着出行次数的增多，出行者对于路径状况的熟悉程度将不断增加，其主观不确定性程度将相应降低，参照点通常也会随之发生动态更新和调整。与此同时，出行者的风险偏好和损失规避程度也可能会发生变化。最后，需要说

---

❶ Katsikopoulos 等人的研究表明，在不确定性条件下进行路径选择时，当出行者选择的路径平均行程时间小于某一特定值时其会表现为风险厌恶，反之则表现为风险追求。

明的是，前景理论也并非是一个完全成熟的体系，其最重要的原因之一就是权重函数是基于客观概率定义的，而现实中事件发生的客观概率却没有这么简单。而为了增强其解释力与适用性，本书接下来会借用累积前景理论，即利用累积权重函数来替代原有权重函数，来探讨旅行时间价值对路径选择的影响问题。

第二节　函数说明

根据以往的研究，虽然旅行时间价值在一定程度上可以被货币所替代，但由于旅行时间本身存在不可交易性，因此，对于其价值的估计或判断在很大程度上带有主观性质，它主要取决于旅行时间的所有者或旅行时间所依附资源的权利主体对其价值的估计。简单来说，出行者会把纳入已安排好的旅行时间看作是自身收益。而该旅行时间一旦被列入计划，出行者就会尽量避免旅行时间损失。这与人类在其他方面的估计或选择相类似，因此出行者通常对于旅行时间价值的估计也符合大多数人对损失要比对收益更敏感的累积前景理论基本原理。通常在出行环境存在不确定因素的情况下，作为出行效用最重要组成部分的旅行时间，对其价值高低的估计就成为出行者在实际路径选择过程当中的主要依据之一。

一、效用函数

本书认为，根据累积前景理论的基本原理，出行者会根据以下步骤进行路径选择：①编辑阶段，即出行者对此次出行的旅行时间价值进行初步分析，并根据自己的需要将估计结果编译为收益或损失，以方便后续评价与选择；②评价、估值阶段，即出行者要对编译阶段的结果进行评估，确定相应旅行时间价值的效用函数和权重函数；③选择阶段，即出行者在 OD 区间内选择自身效用最大化的出行方案。这里假定出行者在目的地可以获得的最大收益是 x_{max}，选择路径 i 的综合通行成本是 x_i，则出行者选择路径 i 所获得的效用就是：$x_i = x_{max} - c_i$。出行者在选择出行路径时，会在所有连接出发地和目的地的可行路径中选择出行路径，每一条可行路径对应着一个实际的出行效用变量 x 及其概率函数 p。根据期望效用的测算公式，出行者在路网通行时间不确定的条件下是有限理性的，选择行为的依据是其路径选择的出行效用，而出行效用函数构建的最主要依据就是基于旅行时间价值的主观效用函数与权重函数：①基于旅行时间价值的主观效用函数，即出行者根据已出行经验估计进而形成的效用，可认为是实际已出行经验对此次出行的心理影响；②权重函数，即出行者根据已出行经验累积形成的权重，可认为是已发生的实际概率对旅行时间价值估计的影响。

由上文可知，既然旅行时间价值是影响路径选择的最重要因素之一，那么旅行时间价值的衡量与确定就显得尤为重要。一般来说，旅行时间价值可以表现为旅行时间与运输费用的替代关系。本书借用消费行为理论中的无差异曲线方法来说明路径选择中旅行时间与运输费用的关系。而构造的旅行时间—运输费用的无差异替代曲线应符合以下的基本假设：两坐标轴代表出行者拥有的资源——旅行时间和运输费用；曲线既可以是同一主体在不同情况下的选择，当然也可以是不同主体所做的选择；图中不同的曲线分别代表不同出行收益，预期收益线斜率即为旅行时间—运输费用的边际替代率（在图8-1中，横、纵坐标轴分别代表旅行时间与运输费用）。

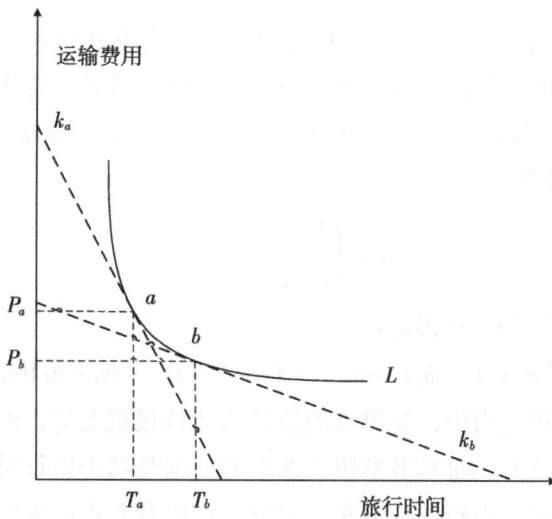

图8-1 旅行时间—运输费用替代关系

这里列出与曲线 L 相切的旅行时间—运输费用的预期收益线斜率公式，即出行者在路径选择上的旅行时间—运输费用替代率：

$$MRS_{T-P} = \frac{\Delta P}{\Delta T} \tag{8-1}$$

公式（8-1）中 MRS_{T-P} 为路径选择过程中的旅行时间—运输费用替代率，ΔP 为运输费用差值，ΔT 为旅行时间差值。从交通运输经济学角度来看路径选择中的旅行时间—运输费用替代率代表了出行者在旅行时间与运输费用的总预期收益下，对于确定出行效用上旅行时间与运输费用的替代关系，其在一定程度上反映了出行者对旅行时间价值的认识。

同时，考虑到旅行时间节约可以带来出行效用的增加。因此，为了方便陈述问题，本书将确定以旅行时间价值为核心变量的出行效用最大化作为路径选择的主要依据。假设出行者的出发时刻为 T_s，其中在途时间为 t，必须到达目的地的时刻为 T_d；若提早到达目的地，即 $T_s + t < T_d$，那么将会产生成本：$c_e = \phi_e (T_d - T_s - t)$；若晚点到达目的地，即 $T_s + t > T_d$，同样将会产生成本 $c_l = \phi_l (T_s + t - T_d)$；而且考虑在途成本（$t\phi + \Delta t MRS_{T-P}$）之后，可以得出以旅行时间价值为核心变量的出行成本为：

$$c_i = \sigma\phi_e (T_d - T_s - t) + (1 - \sigma) \phi_l (T_s + t - T_d) + t\phi + \Delta t MRS_{T-P} \tag{8-2}$$

在公式（8-2）中，ϕ、ϕ_e、ϕ_l 分别为出行者在途时间、早到、迟到的单位旅行时间价值系数，根据 Small（1982）的研究成果，应该有 $\phi_l > \phi > \phi_e$；MRS_{T-P} 为特定预期收益和出行效用条件下的旅行时间—运输费用替代系数；σ 为 0-1 分段函数：

$$\sigma = \begin{cases} 0, & T_s + t > T_d \\ 1, & T_s + t < T_d \end{cases} \tag{8-3}$$

公式（8-2）经过整理得：

$$c_i = [\sigma (\phi_e + \phi_l) - \phi_l] (T_d - T_s - t) + t\phi + \Delta t MRS_{T-P} \tag{8-4}$$

在累积前景理论当中，参照点的选择无疑是很重要的，因为参照点的确定是模型构建的核心。而本书参照点选取的依据是基于旅行时间价值估计的出行效用变化量而非出行效用总量。因此，这里参照点的标定是出行者根据已有出行经验，结合实际的条件，希望以期望的出行效用到达目的地。这里假设出行者所形成的参照点为 x_0，那么其出行效用就可以分为收益（$x_i \geq x_0$）和损失（$x_i < x_0$）两部分。因此，基于旅行时间价值的出行效用函数 $v(x_i)$ 公式为：

$$v\left(x_{i}\right)=\begin{cases}\left(x_{i}-x_{0}\right)^{\alpha}, & x_{i}\geqslant x_{0}\\ \lambda\left(x_{i}-x_{0}\right)^{\beta}, & x_{i}<x_{0}\end{cases} \qquad (8-5)$$

公式（8-5）中，主观效用是关于相对值的函数，其自变量为收益$(x_{i}\geqslant x_{0})$和损失（$x_{i}<x_{0}$），主观效用函数的表达式在收益区和损失区有不同的形式，在收益区为凹函数，以体现风险规避，在损失区为凸函数，以体现风险偏好；此外，参数$0<\alpha$，$\beta\leqslant1$，表示敏感性递减，α，β分别表示收益和损失区域内幂函数的凹凸程度，即反映选择的敏感性递减速度；系数λ则用来表示出行者对损失比收益更敏感的心理特征，$\lambda>1$表示损失厌恶效应（如图8-2所示）；同时，为了计算方便，在本模型中假设收益区域和损失区域的凹凸程度相等，即$\alpha=\beta$。根据Kahneman等学者的实验结果，当$\alpha=0.88$、$\lambda=2.25$时，其与实践调查过程中的经验数据相一致。

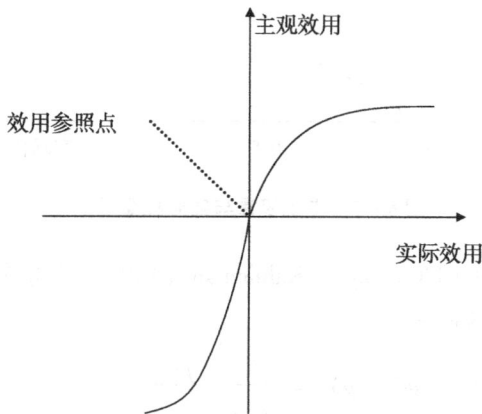

图8-2　主观效用与实际效用示意

二、权重函数

在传统的路径选择模型中，一般会假设出行者在掌握实际出行情况概率分布之后才做出选择的。而在现实生活中，这样的假设则显得过于苛刻。因此，出行者在实际出行时会先考虑到出行环境的不确定性因素，然后根据已掌握的先验信息通过主观推断来得出结论。但是，在出行者主观处理先验信息过程时难免会出现偏离客观规律的情况，进而形成自己的主观决策权重。而根据累积前景理论的研究，这种主观推断往往会出现低概率事件被高估，而高概率事件被低估的状况。如图 8 – 3 就展示了主观权重函数（图 8 – 3 中实线表示的部分，该函数满足高加权性与次可加性，同时也满足准确定性与准比例性）与既定权重函数（图 8 – 3 中虚线表示的部分）之间的关系。这里的主观权重可以被认为是出行者在既定群体基础上，通过对先验信息进行综合处理得到的结果，即对出行者选择的心理表述描述。

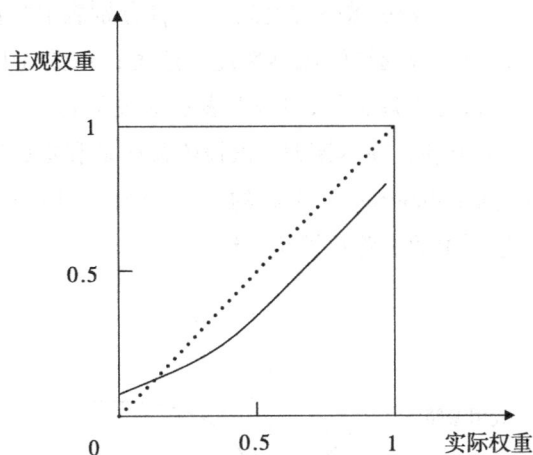

图 8 – 3　主观权重与实际权重示意

接下来，本书引用 Tversky & Kahneman（1992）在累积前景理论中给出的路径选择权重函数形式如下：

$$w^{+}(p) = \frac{p^{\gamma}}{\left[p^{\gamma} + (1-p)^{\gamma}\right]^{\frac{1}{\gamma}}}$$

$$w^{-}(p) = \frac{p^{\delta}}{\left[p^{\delta} + (1-p)^{\delta}\right]^{\frac{1}{\delta}}} \qquad (8-6)$$

公式（8 – 6）中，p 为概率，γ 和 δ 为参数。经过 Kahneman 等人（1992）的实验标定，其中 $\gamma = 0.61$，$\delta = 0.69$。本书在这里引用累积前景理论权重函数作为路径选择的原因如下：无论是正出行前景（收益）权重函数，还是负出行前景（损失）权重函数，式中只有一个参数 γ 或 δ；而且和前景理论的权重函数相比，收益或者损失的权重函数均包含了凸和凹两个区域；从概率论角度来说，在概率区间（0.05，0.95），不管是对个人的数据还是聚集的数据，它能提供合理且比较精确的逼近。

第三节 路径选择模型构建

一、前提假设

为了清楚说明完整的路径选择模型，首先应对模型基本条件进行解释。假设 S 代表有限状态集，表示出行者对各种出行状态的估计；其中，S 的子集叫做事件，表示对旅行时间价值估计的高低；X 代表有限结果集，表示对应估计旅行时间价值后的选择结果，其结果可能是收益（收益被记为正数）也可能是损失（损失被记为负数）；需要注意的是，其中有限结果集 X 中总包含着一个中立结果 $x_0 = 0$，即收益与损失的分界线。

此时，对于一个不确定的出行前景 f 来说，其可以被认为是从 S 到 X 的一个函数，其中任意一个状态对于任意 $s_i \in S$，都有 $f(s_i) = x_i$，$x_i \in X$；这里将可能存在的各个出行前景按照一定顺序排好，则任意出行前景 f 都可以被表述为一个序对 (x_i, A_i)，其中 A_i 是有限状态集 s_i 的子集——事件，且当事件 A_i 发生时，就会产生结果 x_i；如果上文中各出行前景的排列顺序是升序，那么有 $x_{-m} < \cdots < x_0 < \cdots < x_n$；同时，假设其应符合以下规则：当且仅当 $i > 0$，则 $f(s_i) = x_i > 0$，且 $f^+(s_i) = f(s_i)$，$f^-(s_i) = 0$，出行前景 f 中正的部分可记为 f^+；$i < 0$，则 $f(s_i) = x_i < 0$，且 $f^-(s_i) = f(s_i)$，$f^+(s_i) = 0$，出行前景 f 中负的部分可记为 f^-；$i = 0$，$x_0 = 0$；当 $i > j$ 时，则有 $x_i - x_j$；对于每一个出行前景 f 来说，这里可以为其定义一个出行前景值 $V(f)$ 用来表示出行者的选择，若存在任意两个出行前景，且 $f \geq g$，则有 $V(f) \geq V(g)$，该不等式表示相对于出行前景 g 来说，出行者更偏好于出行前景 f。

另外，这里需要说明的是，为了方便处理选择过程中的不确定性问题，Tversky & Kahneman（1992）提出了"容积"（capacity）的概念来描述不确定性概率问题，即将容积定义为事件的权重函数，并通过赋予一个数值来表示出行者的主观权重。其具体表达式如下：$W: S \to N$。其中，W 代表不确定性事件的决策权重，S 表示有限状态集，N 表示 0 和 1 之间赋予不确定性事件权重的有限数集。函数 W 满足 $W(0) = 0$，$W(1) = 1$，且当 $W(A) \geq W(B)$ 时，事件 B 包含在事件 A 当中。因此，其权重函数可以被定义为：

$$\pi_n^+ = W^+ \ (A_n), \quad \pi_{-m}^- = W^- \ (A_{-m}),$$

$$\pi_i^+ = W^+ \ (A_i + \cdots + A_n) \ - W^+ \ (A_{i+1} + \cdots + A_n), \ 0 \leqslant i \leqslant n-1$$

$$\pi_i^- = W^- \ (A_{-m} + \cdots + A_i) \ - W^- \ (A_{-m} + \cdots + A_{i-1}), \ 1 - m \leqslant i \leqslant 0$$

这里需要解释一下上述式子所表示的含义，即一个正前景的决策权重 π_i^+ 是事件"结果至少和 x_i 一样好"与事件"结果严格好于 x_i"的容积之差；而一个负前景的决策权重 π_i^- 是事件"结果至少和 x_i 一样差"与事件"结果严格差于 x_i"的容积之差。

二、前景值计算

根据上文基本原理和前提条件描述，如果某次路径选择的相对出行效用是离散分布的，则可以令其出行效用符合以下假设 $x_i = \{x_{-m}, x_{-m+1}, \cdots, x_0, \cdots x_{n-1}, x_n\}$；各相对效用的对应选择概率为 $p_i = \{p_{-m}, p_{-m+1}, \cdots, p_0, \cdots p_{n-1}, p_n\}$，根据累积前景理论，该路径选择的前景值计算公式为：

$$V \ (f) \ = V \ (f^+) \ + V \ (f^-) \tag{8-7}$$

而根据累积前景理论，出行前景整体值由出行者主观效用函数与权重函数构成，因此需要同时满足：

$$V(f^+) \ = \sum_{i=0}^{n} w^+ \ (p_i) v(x_i) \tag{8-8}$$

$$V(f^-) \ = \sum_{i=-m}^{0} w^- \ (p_i) v(x_i) \tag{8-9}$$

上式中：$V \ (f^+)$ 为出行者收益部分的前景值；$V \ (f^-)$ 为出行者损失部分的前景值；$w \ (p_i)$ 为出行效用的权重函数，是出行者根据已出行经验形成的主观权重综合值，$w \ (p_i) \ = \{w \ (p_{-m}), \ w \ (p_{-m+1}), \ \cdots, \ w \ (p_0), \ \cdots, \ w \ (p_{n-1}), \ w \ (p_n)\}$。若将基本模型中事件的权重函数转换为概率，则其累积权重可表示为：

$$\pi_n^+ = W^+ \ (p_n), \quad \pi_{-m}^- = W^- \ (p_{-m}),$$

$$\pi_i^+ = W^+ \ (p_i + \cdots + p_n) \ - W^+ \ (p_{i+1} + \cdots + p_n), \ 0 \leqslant i \leqslant n-1 \tag{8-10}$$

$$\pi_i^- = W^- \ (p_{-m} + \cdots + p_i) \ - W^- \ (p_{-m} + \cdots + p_{i-1}), \ 1 - m \leqslant i \leqslant 0$$

$$\tag{8-11}$$

在这里，本书将概率分布函数引入模型当中，首先应确定离散概率分布函数如下：

$$p_{-m} + \cdots + p_i = \sum_{-m}^{i} p_i = F(x_i) \qquad (8-12)$$

$$p_i + \cdots + p_n = 1 - (p_{-m} + \cdots p_{i-1}) = 1 - \sum_{-m}^{i-1} p_{i-1} = 1 - F(x_{i-1})$$

$$(8-13)$$

若将上述离散概率分布函数代入权重函数，则权重函数可以表示为如下形式：

$$\pi_i^+ = w^+ \left[1 - F(x_{i-1})\right] - w^+ \left[1 - F(x_i)\right], \; 0 \leqslant i \leqslant n-1 \quad (8-14)$$

$$\pi_i^- = w^- \left[F(x_{i-1})\right], \; 1-m \leqslant i \leqslant 0 \qquad (8-15)$$

鉴于相对出行效用是以升序作为其排列顺序，即 $x_i > x_{i-1}$；那么，本书在这里将考虑另一种情况——概率分布函数是连续的，那么相对出行效用 x_i 与 x_{i-1} 则是无限接近的，因此有：

$$\lim_{x_i - x_{i-1} \to 0} = (x_i - x_{i-1}) = d(x) \qquad (8-16)$$

同时，若符合上文假设，$F(x)$ 及 $w[F(x)]$ 在各自有效区间内均为连续可微函数，那么，则有：

$$\lim_{x_i - x_{i-1} \to 0} - \{w^+ \left[1 - F(x_i)\right] - w^+ \left[1 - F(x_{i-1})\right]\}$$

$$= -\frac{dw^+}{d\left[1 - F(x)\right]} \frac{d\left[1 - F(x)\right]}{d(x)} d(x) \qquad (8-17)$$

同理可得：

$$\lim_{x_i - x_{i-1} \to 0} - \{w^- \left[F(x_i)\right] - w^- \left[F(x_{i-1})\right]\}$$

$$= -\frac{dw^-}{d\left[F(x)\right]} \frac{d\left[F(x)\right]}{d(x)} d(x) \qquad (8-18)$$

根据上文权重函数，从而可得：

$$\pi_i^+ = \frac{dw^+}{d\left[1 - F(x)\right]} \frac{d\left[1 - F(x)\right]}{d(x)} d(x) \qquad (8-19)$$

$$\pi_i^- = \frac{dw^-}{d\left[F(x)\right]} \frac{d\left[F(x)\right]}{d(x)} d(x) \qquad (8-20)$$

出行者收益部分的前景值为：

$$V(f^+) = \int_{x_0}^{+\infty} -\frac{dw^+}{d\left[1 - F(x)\right]} \frac{d\left[1 - F(x)\right]}{d(x)} d(x) \qquad (8-21)$$

出行者损失部分的前景值为：

$$V(f^-) = \int_{-\infty}^{\infty} \frac{dw^-}{d\left[F(x)\right]} \frac{d\left[F(x)\right]}{d(x)} \cdot v(x) d(x) \qquad (8-22)$$

因此，对于相对出行效用概率分布函数为 $F(x)$ 的出行前景来说，当参照点为 x_0 时，出行者对于此次出行的前景值计算公式为：

$$V(f) = V(f^+) + V(f^-) = -\int_{x_0}^{+\infty} - \frac{dw^+}{d[1-F(x)]} \frac{d[1-F(x)]}{d(x)} \cdot v(x) d(x) +$$

$$\int_{-\infty}^{x_0} \frac{dw^-}{d[F(x)]} \frac{d[F(x)]}{d(x)} \cdot v(x) d(x) \qquad (8-23)$$

三、参照点选取的重要性

由上，可以看出模型中的收益或损失是根据出行前景的不同以出行效用收入或支出数量进行度量，参照点则代表着先验信息收集、处理后的效用现状。显然，这对于大多数出行情况是符合的，但也会存在着少许例外。例如，因出行途中道路突然被封锁，不得不变更线路的情况将被认作是一次损失，而不能被认为是收益的减少。类似的，在候机过程当中，被告知需要等候几小时的飞机，可以提前登机，此时对于出行者来说则可以把小的损失认为是收益，这是相对于他需要再等几小时的飞机而言。在上述的例子当中，参照点与出行者所估计的广义出行效用状态相对应。参照点变化则是由于出行中突然发生的变化所引起的，而这种变化使得出行者尚未适应。因此，本书这里要强调的是在出行过程中遇到突发事件而导致参照点的变化，而此类参照点的变化会改变偏好顺序。因此，在利用模型进行计算时参照点选取是极为关键的。

第四节　模型应用说明

本书以某出行者在一天内单次通勤的路径选择为例进行分析。这里假设该出行者有两种路径可以选择，两条路径上的具体通勤方式均以公共交通为主。

路径一：出行者可以选择"地铁+步行"的出行组合方式，票价为 4 元，其期望出行时间为 56min，服从 $N(56, 15)$ 的正态分布。

路径二：出行者也可以选择地面"公交+步行"的出行组合方式，票价为 2 元，其期望出行时间为 78min，服从 $N(78, 5)$ 的正态分布。

根据前文的路径感知效用模型，假设出行者在目的地可以获得的最大出行效用 x_{max} 为 200。同时，根据 Small 对迟到、在途时间、早到的单位时间价值系数的经验估计排序，应有 $\phi_1 > \phi > \phi_2$，其中 $\phi = 1$。可以得到出行者对以旅行时间价值为核心变量的出行感知效用函数。

当出行者标定的参照点取值较小时，即出行者心理设定的旅行时间的参照点远大于路径的实际旅行时间分布期望值时，两条路径的感知效用都大于零。而随着参照点取值的增大，出行感知效用逐渐减小，当参照点大于一定值时，感知效用就会小于零。由图 8 - 4 可知，出行感知效用为零时的参照点并不是路径实际出行效用分布的期望值，而是比期望值要小的一个值。这是由于出行者在确立对各条路径的感知出行效用时，会存在明显的损失厌恶效应，即对低于参照点的实际效用估值要大于其对高于参照点的实际效用估值，所以当参考标准为期望值时，其出行感知效用必然小于零，而出行感知效用为零的参照点也必然小于期望值。而当参照点较小时，即出行者心理设定的旅行时间参照点远大于路径实际旅行时间分布的期望值时，路径二的出行感知效用大于路径一。随着参照点取值的逐渐增大，路径的出行感知效用曲线逐渐下降，但是由于路径二的出行感知效用曲线下降速度大于路径一，所以两条曲线在点 M 处相交，当参照点的取值大于 M 点所对应的参照标准时，路径二的出行感知效用小于路径一。

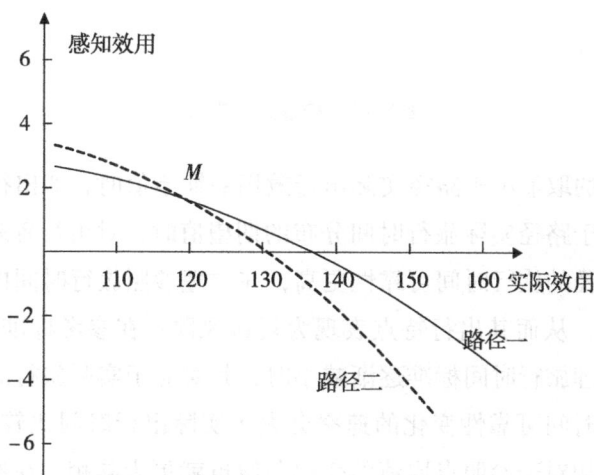

图 8 - 4　出行感知效用与实际效用间的关系

此外，路径出行效用的分布密度对出行者的感知效用也会有很大影响。对于实际效用分布密度较集中的路径来说，参照点取值的变化对感知效用的影响较大，其在图 8−4 中就表现为在出行感知效用值接近于零的区域曲线斜率较大。而图 8−5 描述了路径一在不同的实际出行效用分布标准差所对应的出行者感知效用值，其中实线为标准差是 15 的出行感知效用，虚线为标准差是 12 的出行感知效用。而通过图 8−5 可以看到，当参照点小于 144 时，虚线的值大于实线的值。正是由于虚线的斜率大于实线，随着参照点的增大，当参照点标准设为 144 时，实线与虚线相交于 N 点；而当参照点标准大于 144时，虚线的出行感知效用值小于实线的出行感知效用值。

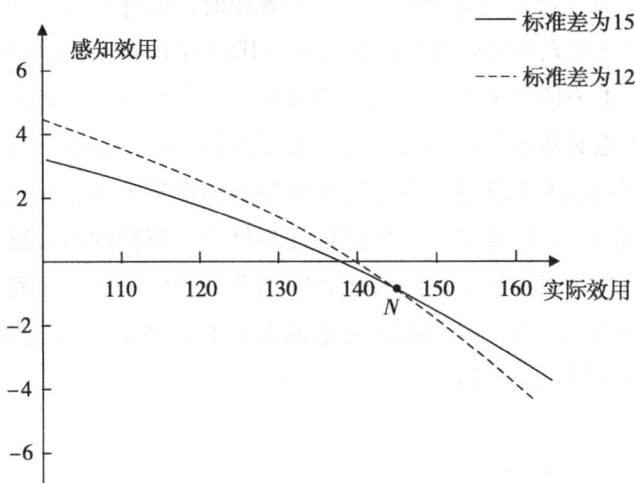

图 8−5 标准差的影响

在参照点的取值小于路径实际出行效用的期望值时，即出行者的心理旅行时间标准大于路径实际旅行时间分布的期望值时，对出行者来说，实际效用分布集中路径的旅行时间可靠性更高，在心理参照旅行时间内到达目的地的可能性更大，从而其出行特点表现为规避风险；在参考标准逐渐增大时，即出行者的心理旅行时间标准逐渐减小时，其对应于实际旅行时间比较集中的路径，旅行时间可靠性变化的速率会大于实际出行时间比较分散的路径，出行感知效用相对于参照点取值的变化曲线也就更为陡峭。在参照点的取值位于 M 点和 N 点之后（具体见图 8−4 和图 8−5），实际效用分布集中路径的出行感知效用小于实际效用分布分散路径的出行感知效用，出行者表现为追求风险。

接下来，为了更形象地说明问题，本书将设计两种出行场景对该模型与基于预期效用理论的模型进行比较。

出行场景一：出行者因意外事件耽误出发时间，7：00 出发，8 点之前到达办公地点。

出行场景二：出行者按正常时间 6：30 出发，8 点之前到达办公地点。

在比较过程中发现，路径一的期望效用为 140，路径二的期望效用为135。在出行场景一和出行场景二里，这两条路径的出行期望效用几乎不变。因此，在预期效用理论背景之下，出行者为了追求出行感知效用的最大化，其毫无疑问都会选择路径一作为首选。相反，在累积前景理论的背景下，当出行者的旅行时间为 56 min 时，其参照点的取值为 140，由图 8 - 4 可知路径一的出行感知效用大于路径二的出行感知效用；而当出行者的旅行时间为88 min 时，参照点的取值为 110，由图 8 - 4 可知路径二的出行感知效用大于路径一。身处不同出行场景中的出行者会选择不同的路径作为通勤方案。

与此类似，国外相关研究结果也显示，出行者在面对实际生活当中的路径选择问题时，如果其可以利用较长的旅行时间，那么就会表现为规避风险，一般会选择保险或可靠的路径；而当他必须在短时间内到达目的地时，就会表现为追求风险，选择风险较大的路径。因此，由上述经验研究结果可知，在出行场景不明确的选择当中，构建以旅行时间价值为核心决策变量的累积前景理论路径选择模型可以更为贴切地描述出行者的路径选择过程。

第五节　本章小结

本章将旅行时间价值作为核心变量，利用考虑了出行者有限理性特征的累积前景理论作为分析工具，对不确定出行环境中的路径选择行为进行分析。通过建模及应用发现，出行者对于不同路径的偏好来源于其做出选择时侧重于对以旅行时间价值为核心变量的出行效用进行估计，而对以旅行时间价值为核心变量的出行效用函数的度量则可认为是出行者选择时所遵循的基本准则之一。在该准则下，当出行者在面对实际生活中的路径选择问题时，如果其可以利用较长的旅行时间，那么就会表现为规避风险，一般会选择保险或可靠的路径；而当他必须在短时间内到达目的地时，就会表现为追求风险，选择风险较大的路径。此外，本章在建立模型过程当中有一些默认存在的前提条件，如先验信息的搜集成本（一般由搜寻费用、搜寻时间组成）等，而如果在路径选择过程当中出现包含各种公共交通运输方式组合的话，则会进一步加大出行者先验信息的搜集成本，进而增加选择难度。

第九章　旅行时间满意与损失赔偿制度

一般来说，人们对交通运输过程中旅行时间价值的评价被认为是时间属性在出行者心理上的综合反映。例如，出行者在乘坐飞机或高铁，同样的目的地，同样的旅行时间，有的人就会觉得旅行时间很长，有的人则觉得旅行时间合适，还有的人也可能觉得旅行时间较短，究其原因就是不同出行群体对旅行时间参照点的设定不尽相同，而参照点的设定可能源于不同出行者的出行经历，当然也可能源于出行者不同的旅行时间预期。因此，出行者对旅行时间价值的评价才在主观上表现出可靠性和非匀质性。在交通运输产品的消费过程中，出行者对于旅行时间价值的感知与体验而产生不同水平的满意度可以称之为旅行时间满意度，它是构成交通运输服务质量评价体系的重要部分。通过研究旅行时间满意度及其规律，并且有目的、有计划地控制交通运输过程中的旅行时间安排，按照出行者的旅行时间参照点来提供交通运输服务，最终大幅度提高出行者满意程度应该成为交通运输企业提高服务质量的核心环节。

由上述阐释可以看出，出行者的旅行时间参照点作为影响出行者旅行时间满意度的关键因素，其作用是不容忽视的。但随着出行者的出行频率提高与交通运输方式服务供给的多元化，人们对出行的要求也越来越具灵活性，而出行者的旅行时间参照点的设定也随之变得多种多样。回顾相关研究历史发现，实际上出行者所设定的旅行时间参照点在很大程度上取决于出行者自身经历和所能得到的有关交通运输企业及其旅行时间服务的各种信息，而这些信息主要与社会现状、比较心理、预期等因素相关，并主要通过出行者自身乘坐经历、其他出行者的口碑、交通运输企业广告宣传等各种途径进行接收。既然信息对出行者的旅行时间参照点形成有着举足轻重的作用，本书接下来就对可能影响旅行时间参照点设定的因素进行简要说明，以便于后续分析。①旅行时间现状信息。大量实验证据已经表明，现状偏见现象是普遍存在于交通运输服务市场中的（Suzuki，Tyworth & Novack，2001 等）。而旅行时间的现状偏见则表现为出行者会默认现行旅行时间最为合适，同时将超出现行旅行时间标准的部分看作是损失，并会产生强烈的损失厌恶效应。②交通运输方式间的替代竞争信息。对于技术经济特性类似或相同的交通运输服务来说，出行者关注的是该交通运输服务是否能在旅行时间方面满足其需求并同时在其他方面保持竞争力。③社会比较信息。根据心理学研究，社会中的大多数人都希望获得自己所属群体的归属感，希望学习或效仿自己所处阶层的榜样或模板，不愿意脱离群体；同时考虑到人类普遍存在的比较心理，人们又希望获得与其他人相同的对待，因此周围人对旅行时间的要求就很可能成为影响出行者旅行时间参照点形成的重要因素。④出行效用或成本预算信息。考虑出行目的与收益，大部分出行者都会对自己的出行效用或成本进行预算以便确定相对理想的交通运输产品组合。当然，影响出行者旅行时间参照点的因素会因人而异，有时处在不同状态下的同一个个体也可能会有所不同。但是，上述分析至少可以说明信息对于出行者旅行时间参照点设定及提升旅行时间满意度的重要影响。

虽然，信息对于交通运输企业掌握旅行时间参照点及提升出行者满意度非常重要，但在现实生活中出行者与交通运输企业之间存在着信息不对称效应却是不争的事实。也正是由于出行者效应的旅行时间参照点设定的多元化才使得交通运输企业在信息掌握上处于不对称中的劣势地位，但交通运输企业如果想要掌握每个出行者旅行时间参照点的具体情况就需要付出高额的成本，而且要满足每个出行者的旅行时间要求也会给交通运输企业安排合理运输计划、制定服务策略加大了难度，最重要的是上述情况从成本—效益分析角度来说是"得不偿失"的。

第一节 旅行时间满意度分析

一、理论模型阐释

考虑到信息不对称是交通运输企业难以捕捉出行者多元化旅行时间参照

点的根本原因，本书在这里将通过引入出行者旅行时间参照点的方法，建立不对称信息静态博弈模型，试图利用引入参照点的方法对交通运输服务过程中出行者形成旅行时间满意度的数学条件进行推导，以期为交通运输企业更好地制定旅行时间服务策略提供理论上的借鉴与指导。

符合一般性，本书假设交通运输企业所能提供服务的旅行时间为 t_1，出行者此次出行要求的旅行时间为 t_2；当 $t_2 \geqslant t_1$ 且双方具有同等讨价还价能力时，则双方会以 $t = \dfrac{t_1 + t_2}{2}$ 达成协议，此时可以认为出行者对该交通运输企业提供服务的旅行时间满意度评价较高；当 $t_2 \leqslant t_1$ 且双方讨价还价能力相同时，则出行者对该交通运输企业提供服务的旅行时间满意度评价较低，甚至会放弃该交通运输企业所提供的运输服务。但是，考虑双方存在的信息不对称效应只是双方并不清楚对方的底线，因此假设交通运输企业估计的出行者旅行时间参照点为 t_r^e，而出行者实际的旅行时间参照点为 t_r^c。与此同时，假设出行者与交通运输企业双方相互知道对方的估计均匀分布在 ［0，1］ 区间上❶。若此时出行者与交通运输企业双方以 $t = \dfrac{t_1 + t_2}{2}$ 达成协议，那么出行者的旅行时间收益为 $t_r^c - t$，而交通运输企业的旅行时间收益为 $t - t_r^e$；但若出行者与交通运输企业双方没有达成协议，则双方的旅行时间价值收益均为零。在该模型中，交通运输企业也会对自己提供服务过程中旅行时间的每一种可能进行估计，企业会制定对应的策略 t_1 (t_r^e)；同样，基于自己提出旅行时间要求的每一种可能进行估计，出行者也会制定对应的策略 t_2 (t_r^c)。如果 ［t_1 (t_r^e)，t_2 (t_r^c)］ 是上述模型的贝叶斯纳什均衡，那么对任意的 $t_r^e \in$ ［0，1］，且 t_1 (t_r^e) 必须满足：

$$\max_{t_1}\left[\frac{t_1 + E[t_2 \ (t_r^c) \mid t_2 \ (t_r^c) \geqslant t_1]}{2} - t_r^e\right]P[t_2 \ (t_r^c) \geqslant t_1] \qquad (9-1)$$

公式 （9-1） 中，E ［t_2 (t_r^c) $\mid$ t_2 (t_r^c) $\geqslant t_1$］ 是一个条件期望，是在交通运输企业提供服务过程中旅行时间低于出行者要求旅行时间的前提下，企业期望的出行者旅行时间要求。

同时，对任意的 $t_r^c \in$ ［0，1］，t_2 (t_r^c) 必须满足：

---

❶　需要说明的是这里的均匀分布假设并不影响本章的研究思路与结论，该假设作为影响双方的随机扰动项反而可以在很大程度上简化求解过程。

$$\max_{t_2}\left[t_r^c - \frac{t_1 + E[t_1\ (t_r^e)\ |\ t_2 \geq t_1\ (t_r^e)]}{2} - t_r^e\right]P[t_2 \geq t_1\ (t_r^e)] \quad (9-2)$$

同理，$E[t_1\ (t_r^e)\ |\ t_2 \geq t_1\ (t_r^e)]$是一个条件期望，是交通运输企业提供服务过程中的旅行时间低于出行者要求的旅行时间前提下，出行者希望企业提供服务过程中的旅行时间。

在这个静态的贝叶斯博弈模型中，可能会存在很多贝叶斯纳什均衡。因为只要t_1，t_2的函数形式，$t_1\ (t_r^e)$，$t_2\ (t_r^c)$的值及它们的概率分布同时满足上述两式的最大化要求，那么就会构成一个贝叶斯纳什均衡。与此同时，考虑到本书研究思路的延续性，因此找到适当限制条件下的特定贝叶斯纳什均衡才是有意义的。

为了说明问题，本书在这里将交通运输企业和出行者的策略函数限定为线性函数，并分析此时的贝叶斯纳什均衡解。作者令交通运输企业和出行者的策略函数为：$t_1\ (t_r^e) = a_1 + b_1 t_r^e$和$t_2\ (t_r^c) = a_2 + b_2 t_r^c$。考虑$t_r^e$和$t_r^c$都均匀分布在$[0, 1]$区间上，因此$t_1\ (t_r^e)$和$t_2\ (t_r^c)$分别标准均匀分布于$[a_1, a_1 + b_1]$和$[a_2, a_2 + b_2]$上。所以有：

$$P\ [t_2 \geq t_1\ (t_r^e)]\ = \frac{t_2 - a_1}{b_1} \quad (9-3)$$

$$P\ [t_2\ (t_r^c)\ \geq t_1]\ = \frac{a_2 + b_2 - t_1}{b_2} \quad (9-4)$$

$$E[t_1(t_r^e)\ |\ t_2 \geq t_1(t_r^e)] = \frac{\int_{a_1}^{t_2} \frac{x}{b_1}dx}{\frac{t_2 - a_1}{b_1}} = \frac{a_1 + t_2}{2} \quad (9-5)$$

$$E[t_2(t_r^c)\ |\ t_2(t_r^c) \geq t_1] = \frac{\int_{t_1}^{a_2+b_2} \frac{x}{b_2}dx}{(a_2 + b_2 - t_1)/b_2} = \frac{a_2 + b_2 + t_1}{2} \quad (9-6)$$

分别将公式（9-3）、（9-4）、（9-5）和（9-6）代入可得：

$$\max_{t_1}\left[\frac{1}{2}\left(t_1 + \frac{a_2 + b_2 + t_1}{2}\right) - t_r^e\right]\frac{a_2 + b_2 - t_1}{b_2} \quad (9-7)$$

$$\max_{t_2}\left[t_r^c - \frac{1}{2}\left(t_2 + \frac{a_1 + t_2}{2}\right)\right]\frac{t_2 - a_1}{b_1} \quad (9-8)$$

接着对（9-7）、（9-8）两公式分别求导可得：

$$t_1 = \frac{2}{3}t_r^e + \frac{1}{3}\ (a_2 + b_2)$$

$$t_2 = \frac{2}{3}t_r^c + \frac{1}{3}a_1$$

而要使出行者提出的旅行时间要求与交通运输企业提供服务过程中的旅行时间互为最佳反应，则有：

$$\begin{cases} a_1 = \frac{1}{3}\ (a_2 + b_2) \\ a_2 = \frac{1}{3}a_1 \\ b_1 = \frac{2}{3} \\ b_2 = \frac{2}{3} \end{cases} \Rightarrow \begin{cases} a_1 = \frac{1}{4} \\ a_2 = \frac{1}{12} \\ b_1 = \frac{2}{3} \\ b_2 = \frac{2}{3} \end{cases} \tag{9-9}$$

将公式（9-9）计算结果代入 t_1、t_2 的表达式中可以得到最终的线性策略函数如下：

$$t_1 = \frac{2}{3}t_r^e + \frac{1}{4}$$

根据前文假设条件，当 $t_2 \geq t_1$ 时，就会使得出行者对旅行时间满意度较高。因此，将 t_1、t_2 表达式代入基本条件整理可得：

$$t_r^c \geq t_r^e + \frac{1}{4} \tag{9-10}$$

根据公式（9-10），当 $t_r^c \geq t_r^e + \frac{1}{4}$ 时，可以得到基于旅行时间参照点的出行者旅行时间满意度均衡条件。换句话说，由于出行者与交通运输企业之间存在的信息不对称效应，只有当交通运输企业在提供旅行时间所采取的策略上要少于出行者所设定的旅行时间参照点，即 $t_r^c \geq t_r^e$，才会使得出行者将会对运输服务过程中的旅行时间有较高满意度。该均衡条件可以引导交通运输企业管理人员识别与制定针对出行者旅行时间满意有影响的服务标准，在进行旅行时间表或计划安排时，通过组织和技术手段确定出行者旅行时间参照点范围进而提高出行者的旅行时间满意度。

二、策略选择

在考虑市场竞争的条件下，对一般交通运输企业来说，提供优质的交通运输服务无疑是一项重要任务，而能提高出行者旅行时间满意度的措施或方法则是提供优质服务的关键所在。通常情况下，出行者的旅行时间满意度作为出行者评价旅行服务质量好坏的指标，其一般会受到企业策略或计划的影响。例如，如果没有制定合理严密的运输服务流程，出行者就会产生各种等待时间，从而引起出行者旅行时间满意度降低。因此，为了提高出行者的旅行时间满意度，本书认为交通运输企业可以选择以下策略：

其一，建立实时旅行时间信息服务体系。本书认为，可以参照智能交通信息系统框架分类，将出发时刻、在途时间、换乘时间、不同出行方案时间比较等含有旅行时间基本构成要素的信息通过互联网、移动终端、广播电台、可变情报板等方式对出行者进行实时发布。例如，美国交通运输部管理的"511"交通信息服务热线可以为全美各种交通运输方式提供全天候的旅行时间信息服务。

其二，利用增加交通运输服务内容的方式来分散出行者对旅行时间的感知，以提高出行者的旅行时间满意度。例如，在出行者等候时可以巧妙的安排一些诸如放映电影、提供免费饮品和报纸杂志等消磨旅行时间的技巧，来提高出行者的旅行时间满意度。

由上述策略选择可以看出，如果出行者不断提高旅行时间满意度标准，一方面，对于促进交通运输企业经营者更加注重交通运输计划或旅行时刻表的安排，以提高服务质量，更好地履行其职能；另一方面，也可以更好地适应当今社会激烈的市场竞争，提高企业运行效率，避免无谓的旅行时间浪费与利益损失。但考虑交通运输系统是典型的不确定性系统，当受到不确定因素影响使得出行者被迫推迟享受交通运输服务或由于交通运输服务过程延误而无法完成自己的出行计划时，交通运输企业为了确保出行者的旅行时间满意度不降低，进而维持自身良好的声誉并保证自身市场份额，就必须要建立对应的旅行时间价值损失赔偿制度。接下来，本书将针对旅行时间价值损失赔偿问题进行详细论述，希望可以为我国交通运输行业中旅行时间价值损失赔偿体系的完善提供一定借鉴与指导。

第二节 旅行时间价值损失赔偿制度分析

众所周知，旅行时间是交通运输服务中的最基本要素之一。可以说，没有旅行时间就不存在交通运输服务。然而，对于由环境因素或交通运输企业自身失误所造成的旅行时间价值损失，出行者有权要求进行损失赔偿。这主要是因为，从契约经济学的角度来分析，交通运输服务延误而造成的旅行时间价值损失表明了交通运输企业没有在契约规定的旅行时段内将出行者送到指定地点，其没有按照契约规定来履行自己的义务，这应该是一种典型的违约行为。按照相关法律制度，作为违约方的交通运输企业必须承担违约赔偿责任，以保障社会公平、公正和契约方权利义务的对等性；交通运输企业于旅行时间价值损失的事实发生后，除非有免责事由，否则必须承担法律责任。而上述规定的本质，实际上就是在追究交通运输企业造成出行者旅行时间价值损失的赔偿责任及措施。

从世界范围内来看，随着交通运输技术的不断进步，目前准时正点已经成为出行者选择交通运输方式的基本标准之一。例如，IUR（International union of railways）和 EPC（European Parliament and the Council）等组织都把旅行时间价值损失赔偿作为重点服务措施写入国际旅客运输规程中。在 IUR 编制的《国际铁路旅客运输细则》就规定，白班列车晚点超过 60 分钟、夜间列车晚点超过 120 分钟，且旅客持有票面价值不低于 50 欧元的国际旅客运输票据（50 欧元包含座位预定和其他增补费用）就可以申请旅行时间价值损失赔偿；但旅行通票、特种列车、载车列车不适用于该细则。其具体的赔偿方式将采取优惠券的形式，如果没有优惠券，则采取等额赔偿的方式；赔偿额相当于票价的 20%，本规定是赔偿的最低限，铁路企业可选择给予更高额的赔偿；但是优惠券必须以国际旅客车票的形式给予发放，而且该优惠券只在开出旅客车票的铁路承运人方有效（一年内有效），铁路企业可自行决定赔偿过程的进一步细节，最终赔偿由造成晚点的公司或单位负责。与《国际铁路旅客运输细则》的编制理念类似，《关于国际铁路旅客运输权责提案》也认定，晚点旅客有权获得旅行时间价值损失的赔偿，最低赔偿额度需要根据交通运输类型和旅行时间长短不同来制订。同时，晚点旅客有得到赔偿或者被送回始发站点的权利，如果由于晚点或者列车车次取消导致旅客错过相关联运服务，旅客可以依不同情形提出不同的赔偿主张。在国际高铁运输赔偿体系中，旅行时间在 2 小时以内的，晚点时间在 30~60 分钟时，可获 50% 的赔偿，当延误超过 60 分钟时，则可获 100% 的赔偿；当旅行时间在 2 小时以上的，晚点 60~120 分钟时，可获 50% 的赔偿，当超过 120 分钟时，可获 100% 的赔偿。在普通铁路运输赔偿体系中，当旅行时间在 4 小时以内的，晚点 60~120 分钟时，可获 50% 的赔偿，晚点超过 120 分钟，则可获 100% 的赔偿；当旅行时间在 4 小时以上，晚点 120~240 分钟时，可获 50% 的赔偿，超过 240 分钟，可获 100% 的赔偿。在相关法案或条例公布之后，已经有荷兰、法国、德国、日本、美国、俄罗斯、印度等国都建立了旅行时间价值损失赔偿制度。事实证明，旅行时间价值损失赔偿制度的建立有效地提高了这些国家交通运输系统的效率和信誉度。本书认为，建立符合我国国情的旅行时间损失价值赔偿制度对我国交通运输行业的发展及对应的法律制度健全具有重要的意义。但可惜的是，目前我国除了在《合同法》及《民法通则》中涉及旅行时间价值损失赔偿规定外，各种交通运输方式的运输规程中则很少涉及完整的旅行时间价值损失赔偿机制或措施，这无疑是我国交通运输行业法律法规中的一个漏洞。

通过对比国内国外的现状，建立健全交通运输服务中旅行时间价值损失赔偿制度，并与国际运输惯例接轨是我国交通运输行业在管理体制方面进一步完善的重要方向。随着我国社会公众法律意识的增强和依法治国战略的实施，同时考虑到交通运输行业在经济社会发展过程中的历史使命和特殊地位，建立完整的旅行时间价值损失赔偿机制无疑是很有必要的。

一、相关概念说明

由前文可知，旅行时间价值损失的实质是由交通运输企业提供运输服务时的延迟行为造成的，是一种交通运输企业单方面违反契约规定的一种行为。一般来说，由延迟行为造成的旅行时间价值损失可以分为延迟出发旅行时间价值损失和延迟到达旅行时间价值损失两种情形。其中，延迟出发旅行时间价值损失，即在出发运输服务过程中，交通运输企业没有按照票据所载明的履行时间及班次运输，致使出行者延迟到达目的地而造成的旅行时间价值损失；延迟到达旅行时间价值损失，即在运输服务过程中，交通运输企业虽然按照票据所载明的旅行时间及班次运输出发，但是却延迟到达目的地而造成的出行者旅行时间价值损失。而上述由交通运输服务延迟行为造成旅行时间价值损失的原因则有很多，一般包括：天气因素、设备故障因素、施工因素、其他因素，等等。根据统计数据来看，天气及设备故障因素可能是导致交通运输服务延迟行为的最主要因素。正是考虑到交通运输系统自身及所处环境存在的若干不确定因素，一些法律制度就明确了旅行时间价值损失赔偿的基本原则：只有当旅行时间价值损失超过一定限度时，出行者才能对旅行时间价值损失要求赔偿。因此，在对旅行时间价值损失进行索赔时，就必须要界定清楚旅行时间价值损失赔偿的边界。根据相关制度法规，本书认为如果交通运输企业没有按照旅行时刻表规定或者公布的旅行时间到达或出发，或者是既没按时出发也没按时到达，同时这一旅行时间延误的限度超过了现有制度规定范围，那么出行者就可以根据具体情况进行索赔。反之，如果旅行时间延误没有超过现有制度规定范围，那么交通运输企业一般就只进行公开道歉。例如，在日本新干线，如果旅行时间损失为1分钟以内，新干线只需要公开对出行者进行道歉，但无须承担相应的价值赔偿责任。而如果旅行时间损失在1分钟以上，新干线则需要对出行者进行对应的经济补偿。与此类似，在西班牙，当旅行时间损失为5分钟以内时，交通运输企业是不需要对出行者进行价值损失赔偿的；反之，当旅行时间损失超过5分钟时，则需要进行对应的价值损失赔偿。

二、赔偿制度建立的基础

关于旅行时间价值损失赔偿制度建立基础的讨论，已有学者从法律救济、法律责任认定等方面对其法理基础进行了阐述。而本书认为，从法经济学角度来看，旅行时间价值损失赔偿制度建立的基础至少需要从以下三个方面来进行阐释：其一，旅行时间价值损失赔偿的法经济学性质；其二，旅行时间价值损失赔偿的基本构成；其三，对直接旅行时间价值损失赔偿的责任进行认定。

首先，对旅行时间价值损失的法经济学性质进行阐释。由于交通运输服务是一种无法展示、无法存储的商品，其必须经过缜密、细致的组织或计划，尤其是要配合出行者的旅行时间安排才可能成行，因此可以说旅行时间是出行者在享受交通运输服务过程当中最珍贵也是最有限的一种资源，而如何避免旅行时间价值损失则是交通运输活动最主要的任务之一。而从旅行时间损失厌恶及价值损害赔偿的角度来看，避免旅行时间价值损失的法律保护就具有了必要性和可行性，这主要是因为：①交通运输服务中的旅行时间价值度量具有一定客观性，对于一个正常、理性的出行者来讲，旅行时间浪费所造成的价值损害并非是不可捉摸的，而是客观存在的，甚至是可预见和可计算的；②交通运输服务中的旅行时间价值具有稀缺性和不可逆性，白白损失的旅行时间既无可挽回，同时也会给出行者造成难以救济的损失，对于如此稀缺的资源，如果因交通运输过程中的可控原因而无益流逝，却又不能从法律上予以保护，这将无法切实维护出行者珍惜旅行时间的基本需求；③交通运输服务中的旅行时间价值判断也具有一定主观性，其使用途径应基于出行者自身的意见而决定，任何交通运输企业或个人都不得干扰出行者对其旅行时间的支配和利用，同时应当对此种意见决定予以尊重。如果造成旅行时间浪费和价值损失的，其应当承担赔偿责任。可见，由于出行者对旅行时间的敏感性及旅行时间自身的不可逆性，它的损失就会对出行者造成无法加以弥补的损害，对此交通运输企业应负责对其进行损失赔偿。例如，德国相关法律就规定："如果旅行途中的时间遭到破坏或显著受到侵害的，旅客可以因徒然花费旅行时间而请求适当的金钱赔偿。"而我国台湾地区的相关法律也规定："因可归责于旅行营业人之事由，致旅行未依约定之旅程进行者，旅客就其旅行时间之浪费，得按请求赔偿相当之金额。"基于前文阐述，本书认为，旅行时间价值损失赔偿作为对出行者旅行时间利益的一种保护制度，可以视为非财产上损失赔偿制度的一种独立形式，其主要理由如下：①从比较法的角度来看，旅行时间及其价值的评判具有人格专属和一定主观性，因此只有在法律明确规定的情况下才能请求价值损失赔偿，其应该属于违约不予以赔偿的非财产损害中的特例，是一种非财产性的法律权益，不能完全商业化；②尽管旅行时间价值损失是一种非财产损害，但其并不能等同于精神伤害，这主要是因为旅行时间损失并不必然导致出行者精神痛苦，即使其可能产生精神上的消极影响，但也不一定能够达到精神损害赔偿所要求的程度，如果旅行时间损失确实造成了出行者精神痛苦，其完全可按照违约精神损害赔偿制度进行救济或赔偿；③在日常生活中，因违约或侵权行为造成出行者旅行时间价值损失的现象较为常见，而将其界定为非财产损害赔偿的一种独立形式，也有利于推动旅行时间价值损失赔偿法律制度的建立与完善。

其次，对旅行时间价值损失赔偿基本构成进行梳理与界定。一般来说，旅行时间价值损失赔偿可以分为两种，即直接旅行时间价值损失赔偿和间接旅行时间价值损失赔偿。其中，直接旅行时间价值损失赔偿是针对出行者因为选择乘坐该种交通运输方式所延误的旅行时间价值进行赔偿；而间接旅行时间价值损失赔偿是针对出行者因选择乘坐该种交通运输方式而导致旅行时间延误引致的预期利益或潜在损失进行赔偿，但需要注意的是这种预期利益或潜在损失必须是可预见、可确定和可计量的。考虑目前我国交通运输行业发展的现状，本书认为交通运输企业应主要针对出行者的直接旅行时间价值损失进行赔偿。这主要是因为，如果对现阶段我国交通运输企业进行直接和间接旅行时间价值损失的双重赔偿，则其有可能会影响到系统或行业运行的整体效率。具体来说，就是这种索赔会迫使交通运输企业为了降低旅行时间价值损失赔偿概率而不恰当的追加预防成本，而预防成本的不断追加最终又会由绝大部分出行者来承担（具体体现为票价的上涨），那么就会导致一部分人尤其是低收入者承担不起出行费用，这必然会阻碍交通运输行业或系统的良性发展。由此可以推导得出，出行者可能不会因为对间接旅行时间价值损失进行索赔而承担高昂的预防成本和费用。因此，尽管出行者可能因不对间接旅行时间价值损失进行索赔而遭受损失，但从更长远来看，这将会使得全体出行者和行业整体从中受益。

最后，对直接旅行时间价值损失赔偿的责任进行认定。除了法律性质和基本构成外，在直接旅行时间价值损失过程中还存在着明显的责任认定问题。而该问题中的核心矛盾就是交通运输企业的"赔偿豁免权"❶与出行者"赔偿索取权"。在这里，本书将借助"科斯定理"的思想来分析该问题。当交易成本为零的情况下，无论法律上将初始权利如何分配，交通运输企业和出行者经过谈判总可以使得资源朝最有效率的方向流转。换而言之，就是无论法律是支持"赔偿豁免权"，还是赞成"赔偿索取权"，交通运输企业和出行者的私下谈判都将会达成一个纳什均衡，而此时就完全不需要建立旅行时间价值损失赔偿机制。当然，上述情况只是一种理想模型，接下来，需要考虑交易成本存在的模型，而这种模型更接近于现实世界。当交易成本存在时，法

---

❶　此种"赔偿豁免权"并不是无限制免于赔偿，而是在适用过错责任条件下的"豁免权"，即在合理的旅行时间价值损失限度之内是可以免于赔偿的。

律上初始权利的分配情况将会导致不同的结果。当法律赞成"赔偿索取权"且交易成本过高使得交通运输企业和出行者间的私下谈判无法达成一致时，就需要建立完善的旅行时间价值损失赔偿制度，而出行者则可以根据该制度规定向法院提起诉讼，维护自己的权利。但随之而来的就是庞杂并且高昂的诉讼成本，且无论最后出行者所获得的赔偿是否要高于诉讼成本，其无疑都影响到整个社会福利的增进。此外，其可能引起的连锁效应就是交通运输企业会不断追加预防成本，而追加的预防成本就很有可能被分摊到每一位出行者的出行成本之中。当法律支持"赔偿豁免权"且交易成本过高使得交通运输企业和出行者间的私下谈判无法达成一致时，那么，很明显，对应的诉讼、预防成本很可能会因法律在一定限度内对此种"赔偿豁免权"的支持而减少。由上文分析可知，相比于法律赞成"赔偿索取权"状况，此时法律支持的"赔偿豁免权"（即法律承认旅行时间价值损失在合理范围之内是可以免于赔偿的）状况下所对应的成本更低。因此，可以说法律支持"赔偿豁免权"的状况是法律赞成"赔偿索取权"状况的帕累托改进。需要注意的是，一旦旅行时间价值损失超出合理范围，就需要建立完善的旅行时间价值损失赔偿制度对出行者的基本权益进行保护。而如何确定合理范围则是接下来要讨论的重点问题。此时，如果将这个问题换个角度来看，其就可以表述为交通运输企业需要追加多少预防成本才能避免对旅行时间价值损失进行赔偿？为了方便地确定预防成本，这里需要借助著名的"Hand 原则"❶ 来对其进行分析。简单来说，Hand 原则就是如果采取足够预防措施将给当事人带来的负担大于预期的损害，那么当事人就可以不必采取预防措施。而作者之所以选择 Hand 原则来分析旅行时间价值损失赔偿的合理范围确定问题，这主要是因为 Hand 原则背后所隐含的思想与帕累托改进的思想类似，即不断地追求总成本最小。将其应用于合理范围确定的问题时，则可以表述为从总成本最小化角度出发，在旅行时间价值损失情况发生之前，对旅行时间价值损失赔偿的预期费用与预防成本进行权衡比较，决定是否采取预防措施；而当旅行时间价值损失情况一旦发生，则需要根据实际损失与预防成本进行比较，并在总成本最小的基础上由法律来确定事后责任以及可能的赔偿数额。因此，关于旅行时间价

---

❶ Hand 原则作为一个确定加害人是否有过错的客观标准，其在美国侵权法案领域内的运用极为广泛。

值损失赔偿合理范围的确定也应以此为出发点。根据该出发点，本书认为旅行时间价值损失的赔偿方案应该遵循如下原则：当交通运输企业为预防导致旅行时间价值损失的意外事故发生而需支付的成本低于或者等于旅行时间价值损失赔偿预期时，我们才可以认定交通运输企业有过错并要求其承担赔偿责任。这主要是因为，当交通运输企业支付的预防成本小于旅行时间价值损失预期时，采取预防措施以避免旅行时间价值损失发生可以得出总成本优化的结果；而当交通运输企业的预防达到了有效水平，则其边际预防成本应该等于边际预期损失，尽管此时交通运输企业对预防成本的支出不会再带来总成本优化的结果，但其也不会带来额外的副作用，进而实现总成本最小。基于上述分析，本书可以得到以下结论，交通运输企业为了能避免旅行时间价值损失而没有必要预防所有意外事故的发生，如果预防成本比意外事故引起的旅行时间价值损失预期更加高昂，那么对意外事故发生进行某种程度上的放任就可以被认为是有效率的，此时所确定的预防成本被认为是合理的。其中，最合理的预防成本是边际预防成本应该与意外事故引起的边际旅行时间价值损失预期相等。根据上述基本原则，本书认为可以考虑由权威司法部门和技术部门根据 Hand 原则用统一明确的标准来确定交通运输企业为了预防导致旅行时间价值损失的意外事故发生而应当采取何种程度的预防措施。基于此标准，就可以清楚地认定哪些情况下旅行时间价值损失是无须赔偿的。但就我国目前的情况而言，正是由于缺乏此类标准才导致旅行时间价值损失的赔偿制度难以完全建立并实施。

综上可知，明确旅行时间价值损失的法律性质与内容并确立合适的损害赔偿认定制度，一方面可以促进交通运输企业更加注意运输计划安排，提高运输服务质量，更好地履行契约和保障出行者基本权益；另一方面也可以适应当今准时即效率的新行业标准，提高运行效率同时避免履行不必要的旅行时间价值损失赔偿，进而造成自身利益损失。

三、国外经验借鉴

事实上，旅行时间价值损失赔偿制度体系在国外发展已经相当成熟，而且在不同国家或地区的不同交通运输方式关于旅行时间价值损失的范围界定与赔偿计算方法也不相同。接下来，本书将重点介绍一些具有代表性的国家或地区内铁路与航空运输方式的旅行时间价值损失赔偿制度，以期为我国交通运输行业旅行时间价值损失赔偿制度体系的确立提供一些经验或模式的借鉴。

欧盟有关旅行时间价值损失赔偿的规定与处理方法。在世界范围内，旅行时间价值损失赔偿制度最为健全的地区当属欧盟，其针对铁路和航空客运方式所制定的赔偿标准不但全面而且细致，很值得借鉴。

为了激活欧洲铁路客运市场，欧盟宣布从 2010 年开始，对欧盟成员国内铁路客运延误而造成的旅行时间价值损失给予一定赔偿，而其具体赔偿标准由列车车厢等级和延误程度共同决定。如果在欧盟区域内乘坐跨境列车晚点达一至两小时的，铁路企业将分别按票价的一半或全额对旅客给予补偿；而如果乘坐同一国家的高速列车，晚点超过半个小时或一小时，旅客也有权索要相当于票价一半或全额的赔偿。实际上，在欧盟上述统一标准出台之前，欧盟内部国家就已经制定了符合自身国情的旅行时间价值损失赔偿制度。例如，德国铁路旅客旅行时间价值损失赔偿方案就规定，凡乘坐联邦铁路（DB）的旅客，当抵达目的地时间延误一小时以上者，可要求联邦铁路按原票价的 1/4 进行赔偿。延误两个小时以上，赔偿额为票价的一半。对于因延误使旅客在半夜抵达且无公共交通继续赶赴目的地的情况，联邦铁路必须提供最高为 80 欧元的出租车款。该赔偿制度的最大特点就是旅行时间价值损失赔偿金突破了以往的赔偿限额，即票价的 20%，同时赔偿金从代金券形式改为直接用现金补偿。在荷兰，其铁路旅客旅行时间价值损失赔偿方案规定，列车延误 30 分钟以上，旅客可以申请赔偿，该规定仅适用于国际 THALYS 列车。赔偿则使用优惠券的方式，旅客可以在下次乘车时使用优惠券购买车票。优惠券可以在 NS International 的主要车站使用，有效期是 12 个月，票价小于 4 欧元将不予以补偿。更进一步，列车延误在 31 分钟和 60 分钟之间，赔偿单程票价的 20%；延误在 61 和 120 分钟之间，赔偿单程票价的 50%；延误超过 120 分钟，赔偿单程票价的 100%。但需要注意的是，荷兰 THALYS 铁路旅客运输延误的免责事由包括不可抗力、事先通知晚点、旅客本人原因等。而瑞典国家铁路公司关于旅行时间价值损失赔偿制度则是这样规定的，如果列车一旦被确定为延误❶，所有旅客均可得到一张与该次旅程票价相等的代金券作

---

❶ 瑞典铁路认定列车延误的具体标准如下：原定 1 小时以内的列车旅程实际超时 20 分钟以上、原定 1 至 2 小时的列车旅程实际超时 40 分钟以上和原定超过 2 小时的列车旅程实际超时 1 小时以上的情况，均将被视为列车延误。

为赔偿，旅客在一年内可用此券购买火车票。根据瑞典国家铁路公司估计，为了履行这一赔偿制度，公司每年至少要增加 300 多万欧元的额外支出。综上可知，欧盟地区成员国的旅行时间价值损失赔偿制度均对铁路客运延误的时限以及各延迟时段内的损害赔偿标准做出了细致的规定。值得关注的是，多数欧盟成员国对铁路客运延误损害赔偿均采取了限制赔偿标准，即不论客运延误的时限有多长，损害赔偿标准均不得超过这一票价限额。与此同时，德国、荷兰等成员国不仅要遵守本国国内有关旅行时间价值损失赔偿制度外，还要遵守《国际铁路旅客运输细则》《关于国际铁路旅客运输权责提案》中的相关规定。

除了对由铁路延误造成的旅行时间价值损失进行赔偿之外，欧盟对由航班延迟造成旅行时间价值损失赔偿也做出了详细的规定。早在 1991 年，当时的欧共体就出台了 295/91 号条例，其中并没有明确提出由航班延迟造成的旅行时间价值损失必须进行赔偿的原则，致使当时欧洲地区由于长时间延误而滞留在机场的旅客数量居高不下，因此，欧共体决定进一步细化该条例以保护旅客的时间权益。于是，在 2004 年 2 月 17 日公布了《关于航班拒载、取消或长时间延误时对旅客的补偿和帮助的一般规定》（261/2004 号条例），该条例于 2005 年 2 月 17 日生效，取代原来的 295/91 号条例。而新条例与 295/91 号条例相比，其做了以下几方面的拓展：①将航班延误造成的旅行时间价值损失纳入保护范围；②不仅适用于定期航空运输，还适用于不定期航空运输；③从欧盟境内出发的航班，扩大到从位于第三国机场出发前往欧盟成员国境内机场的欧盟航班。其中，关于由航班延误造成的旅行时间价值损失，新条例中的第 6 条要求航空公司进行如下服务：①餐食和饮料；②提供两次电话、电报、传真或 E-mail；③如果航班延误至第二天或更长时，提供住宿以及机场和住宿地之间的运输；④延误 5 小时以上，旅客可以退票或变更航班。需要注意的是，在该项条例中并没有提到对由航班延误造成的旅行时间价值损失进行经济赔偿的问题，但却强调了航班延误无论何种原因（包括天气原因），航空公司都必须提供上述帮助。欧盟第 261/2004 号条例出台后曾引起很大的争议，其中国际航空运输协会（International Air Transport Association，简称 IATA）和欧洲低成本航空协会（European Low Fares Airline Association，简称 ELFAA）曾在条例生效之前向欧洲法院提起诉讼，请求确认条例中关于航班延误及取消的条款无效❶。最终，欧洲法院在 2006 年 1 月 10 日对欧盟第 261/2004 号条例的有效性做出了肯定判决。在此，作者支持法院的判决，其主要原因是在旅行时间价值损失的情形下，该条例规定航空公司对出行者的帮助义务和公约规定的出行者承担旅行时间价值损失赔偿责任应具有不同的性质，条例是政府部门制定的强制性法律，是一种法定义务，而不能被具有民事赔偿责任的公约所替代。而为了检验条例的实施效果，2007 年 4 月欧盟委员就该条例的实施情况发布了调查报告。其中，有关由航班延误导致旅行时间价值损失方面的调查显示，欧盟地区还存在一些航空公司不按照条例规定立即给予旅客提供饮水、餐食等帮助，甚至根本就不提供此种帮助，有时航空公司会提出不可抗力免责抗辩，尽管条例没有规定可以提出不可抗力免责；此外，由于条例没有定义旅行时间延误的范围，因此在延误超过 24 小时的时候，究竟航空公司应该履行旅行时间价值损失赔偿的义务还是航班取消，这成为实践中矛盾冲突的主要来源。通过调查，欧盟委员会认为以下几方面尚需改善：①加强条例的约束力；②对条例中模糊条款给予澄清，例如区分航班延误和航班取消，并明确其对应的服务和赔偿范围；③针对"特殊情势"出台指导意见。除了通过立法之外，欧盟还在其网站上发布了《航空运输旅客权利》，这些针对出行者所设计的宣传材料简明扼要地表明了出行者自身的权利范围和航空公司在弥补旅行时间价值损失方面的义务。例如，作为世界三大航空公司之一的德国汉莎航空公司，在欧盟制定的官方条例基础上明确提出：如果汉莎航空公司的航班延误在 2 小时以上时，旅客将会被

❶ IATA 和 ELFAA 提出关于请求欧盟第 261/2004 号条例无效的一条重要诉讼理由就是条例中的第 6 条规定（即有关航班延误服务的规定）与《蒙特利尔公约》中的有关规定相违背。IATA 和 ELFAA认为，航班发生延误后，航空公司有义务为旅客提供关怀和帮助，包括免费为旅客提供餐食、饮料、住宿、运输和电话，但其并没有赋予"特殊情势"的抗辩权，这与《蒙特利尔公约》中的第19、22 和 29 条相矛盾。这主要是因为公约赋予了航空公司"为避免损失，已采取了一切合理的措施，或者不可能采取此种措施，对因延误蒙受的损失，航空公司不承担责任"，并且因国际旅客运输导致的损害赔偿提起的诉讼，"不论其根据如何，只能依照公约规定的条件和责任限额提起。"当欧洲法院认为条例的规定和公约并不矛盾，航空公司为旅客提供关怀和帮助，这种义务并不在公约第 19 条所规定的损害赔偿范围内，条例与公约属于不同的体系，有不同的目标：条例第 6 条关于航空公司义务的规定具有公法的性质，属于消费者权益保护的范畴，它与损害赔偿不同，它仅要求在发生延误的情形下，为旅客提供立即的、毫不延迟的帮助，这种帮助是所有旅客都应得到的，无须通过诉讼程序即可得到的标准帮助，这种标准化帮助不阻止旅客基于同一延误提起公约规定的损害赔偿之诉；而公约仅调整因延误产生的民事损害赔偿责任，属于私法的范畴，这种赔偿是对延误造成的个人特殊损失的赔偿，而且公约并没有排除对非损害赔偿诉讼的事项的救济。

安排到下一航班或星空联盟航空公司的其他班机上，同时支付旅客与接机亲友之间的通话或通信费用，并提供饮料和餐食；如果汉莎航空公司无法在原定日期将旅客送至目的地，其将会提供取消旅馆预定或重新预定旅馆的费用；如果延误发生在登机之后下机之前这段时间里，汉莎航空公司承诺将为旅客提供全面的航班状况信息、餐食、饮料、空调以及卫生设施。除上述规定之外，汉莎航空公司还会在航班出现延误时向旅客提供机票双倍价值代金券供其选择航空公司。可以看出，除了按照欧盟条例处理不正常航班的旅行时间价值损失赔偿问题之外，汉莎航空公司自身制定了更高的的赔偿标准。与汉莎航空公司类似，法国航空公司也建立了符合自身运营特点的旅行时间价值损失赔偿制度，即法国航空公司将不同程度的旅行时间价值损失进行了分级。例如，法国航空公司规定，将延误超过 14 分钟的航班界定为"航班延误"。而在此基础上，延误时间在 145 分钟到 240 分钟之间的航班称之为"一般航班延误"，而延误超过 240 分钟的航班称之为"严重航班延误"。其中，对于"一般的航班延误"法航没有规定的很严厉，而对于超过 240 分钟的严重延误，法国航空公司会对旅行时间价值损失进行赔偿：必须免费向旅客提供实物和场所休息，如果有必要还要提供住宿和机场之间所需的交通工具以及宾馆等住处的安排来取得旅客谅解；如果旅客有原因需要尽早地出发而改签，法航便会根据与其他航空公司之间的互助协议，协助旅客转签到其他航空公司最早的航班前往目的地，旅客不用再买票。一旦旅客认为法航的补救措施不令人满意或者法航没有提供相应的补救措施，旅客可以通过以下申诉手段来获得经济赔偿：在法国航空机场中的负责人必须设法告知旅客延误的原因，以获得其理解，并提供一个合理解决方案；如果旅客要求其赔偿，法国航空公司总部往往会以"承诺下一次飞行减免旅客机票费用"的方式达成有关旅行时间价值损失赔偿的协议；如果旅客要求退票或额外的经济赔偿，就需要将情况反映到法航总部，此时总部相关部门会对旅行时间价值损失赔偿要求进行合理性判断，如果判断为合理，其在对合理要求进行赔偿的时候，也常会以"金卡"等优惠方式达成与旅客的妥协。

美国有关旅行时间价值损失赔偿的规定与处理方法。航空运输作为美国最主要的客运方式之一，联邦政府针对由航班延误导致的旅行时间价值损失赔偿问题也设计了对应的一系列保护制度。在 1999 年时，美国国会曾试图通过立法来明确关于旅行时间价值损失赔偿问题。但为了阻止立法通过，美国航空运输协会（Air Transport Association，ATA）组织各大航空公司起草了

"航空公司旅客服务承诺"，其中就明确规定了由航班延误导致的旅行时间价值损失赔偿问题。正是由于航空公司出台了旅客服务承诺，并在一定程度上提高了原有的服务水平，美国国会就暂时停止了相关的立法工作。但随着航空客运量逐渐恢复到"9·11"事件之前的水平，由航班延误而导致的旅行时间价值损失问题又日益严重起来，因此相关的立法工作又有了新的进展：在2007年联邦政府收到了参议院和众议院所提交的两份航空旅客权利法案的议案。其中，参议院的议案认为，在由于航班延误而导致旅行时间价值损失的情况下，航空公司必须提供食物、饮水和足够的卫生设施；如果航班在旅客登机后延误超过3小时，航空公司必须至少每3小时一次给旅客提供下飞机的选择权，除非机长认为飞机在半小时之内即将起飞，或者旅客下飞机会危害航空安全和保安。相比之下，众议院提出的议案就更为细致，在航班起飞前或降落后旅客待在地面飞机客舱内超过3小时，航空公司应允许旅客下飞机；在航班起飞前或降落后旅客滞留在地面飞机客舱内时，需要提供通风装置、食物、水、卫生设施和医疗设施；航空公司在机场或登机后应给旅客提供有关航班延误的信息；航空公司需每月公布其延误的航班并在售票时提供此类信息等。在议案提出后，美国主要航空公司均表示要改进旅客服务计划，并请求政府审查航空公司和机场为解决有关问题所做的努力。例如，阿拉斯加航空公司在自身原因造成航班延误超过1小时的情况下，通过电话卡或电话机的方式提供旅客通话服务，而在同样情况下航班延误超过2小时，阿拉斯加航空公司则会提供饮料或6美元的快餐，而航班延误时间超过4小时，则会再次提供餐饮；大陆航空公司在航班延误超过1小时的情况下，将提供餐饮车，如果没有餐饮车，则提供快餐券，而当航班延误时间超过3小时后，则提供餐券；西北航空公司因自身原因延误4小时以上，会提供价值10美元的饮食，并随着延误时间的增加而增加。此外，上述航空公司旅客服务章程中均规定，如果由自身原因导致航班延误而需要过夜，则航空公司一般都会安排旅客住宿。而随着联邦政府对旅行时间价值损失赔偿制度的完善，州一级政府也加强了对航空运输旅客时间价值的保护。例如，2007年8月由纽约州州长签署通过的《纽约州旅客权利法案》❶ 就明确规定，当旅客起飞前在飞机上延误超过3小时及以上时，航空公司就必须提供：①确保通风和照明

---

❶ 该法案是美国第一个立法要求航空公司在旅客滞留在飞机内超过3小时必须提供食物，饮水和帮助的州政府法案。

的电力设备；②干净的卫生间；③足够的食物、饮用水及其他饮食。但遗憾的是，该法案并不适用于在登机之前发生的延误。同时，也未明确由航班延误而导致旅客下飞机后损失的赔偿方案。除了上述的基本赔偿法案之外，为了分析航班延误的时间及原因，联邦政府还要求航空公司建立对应的航班延误统计指标体系，并及时向政府、公众以及其他利益方提供透明、完整的信息，而信息内容一般包括道歉、延误原因、预计出发时间或到达时间、备降的机场等，使旅客及时了解延误情况，妥善安排自己行程。实际上，自 2003 年 6 月起，美国的各大航空公司和机场❶就已经开始了公布航班延误信息的工作。例如，阿拉斯加航空公司每 30 分钟将航班信息状态更新一次；美国大陆航空公司大约每 20 分钟向旅客发布一次延误信息，或者在有最新消息时即刻发布；美国航空公司每 15 分钟向旅客发布一次延误信息。在各大航空公司公布的航班延误信息中通常将延误 15 分钟以上的航班视为延误航班，其对应的具体原因可能包括：航空公司原因、天气原因、国家航空系统（NAS）原因和安全原因。另外，为减轻航空公司的负担，信息公布只要求航空公司跟踪延误 5 分钟以上的原因，但要确保因各种原因延误的时间之和等于实际延误时间。例如，如某航班从机场出发延误 4 分钟，到达时间延误 21 分钟，其信息公布应为由于 NAS 原因延误 21 分钟，之前的 4 分钟不计入；如果某航班在出发时，因上客延误 4 分钟，装载行李又延误了 3 分钟，最后飞机晚到 15 分钟，则应报告为因航空公司原因延误 7 分钟，因 NAS 原因延误 8 分钟。由上述赔偿方案与实施情况可以看出，美国航空公司对于旅行时间价值损失问题均未涉及明确的经济赔偿条款，只是分不同情况提供膳食、免费通话和住宿安排等服务。

除了欧盟与美国对铁路和航空运输服务中的旅行时间价值损失赔偿做出了明确、细致的规定外，一些其他国家或地区也制定了类似规程，而这些国家或地区的规程也可以为我国相关赔偿制度的完善提供一些思路与方案。例如，《日本铁路运输规程》就明确提出，当客车明显晚点到站、中断运输或停运时，铁路企业必须及时在相关的车站发出通知。旅客可从列车员处得到一张"晚点证明"，铁路企业除全额退票外，还要支付一定的退票补偿。尽管日

---

❶　其中，需要公布信息的航空公司包括上一年度国内定期客运收入超过全国国内客运总收入 1% 以上的美国航空公司及自愿上报的航空公司；而需要公布信息的机场则包括上一年度国内定期客运量超过全国国内总客运量 1% 以上的美国机场。

本对铁路运输延迟而导致的旅行时间价值损失赔偿措施尚未形成完善体系，但是却规定了铁路旅客运输延迟的相关处理程序，这仍具有一定的借鉴意义。除日本之外，俄罗斯政府于2003年实施的《俄罗斯联邦铁路运输规程》也对由列车晚点造成的旅行时间价值损失赔偿问题做出了详尽规定，乘坐长途列车的旅客有权在列车取消或者发车晚点的情况下，在发车前退还未乘区间段客票票款；如果因铁路企业原因造成旅客未赶上接续列车，可在换乘地点退还乘车票据（客票）并获得全部客票票款；如果在乘车途中因列车中断造成履行中止，可退还全部未乘区间段客票票款；而列车发车晚点或者终到晚点（除市郊铁路运输外），如不能证明列车发车晚点或者终到晚点是由于不可抗力，或为消除危及人类生命安全的交通运输设备故障，或铁路企业不能消除的其他情形造成的，铁路企业应向旅客支付罚款，每晚点1小时支付客票价格的3%，但总额不得超过全部票价；如果发生下列情况，在向铁路企业就旅客或者行李运输提起诉讼前，可以向铁路企业提出旅行时间价值损害赔偿：当列车发车延误或者到达晚点时，由旅客提出赔偿，但条件是出具乘车票据（客票）；在市郊旅客运输过程中，如果列车中断行车1小时以上时，就得到全额退款。可以看出，俄罗斯对列车晚点以及旅行时间价值损失赔偿范围及数额的规定比较全面，这对我国交通运输过程中旅行时间价值损失赔偿制度的完善具有重要的借鉴意义。与我国国情类似，同样拥有众多人口且依赖铁路出行的印度对由铁路运输延迟而导致的旅行时间价值损失赔偿也做出了相关的规定，如列车始发晚点超过三小时。旅客可在列车实际发车前全额退票；而当列车实际发车后，必须在规定的时间内将票交给始发站才能对由列车晚点导致的旅行时间价值损失进行全额赔偿，其具体规定如下：列车实际发车后三小时（距离200公里）、实际发车6个小时（距离201～500公里）和发车12小时（距离500公里以上），旅客可获全额赔偿，且不用缴纳任何手续费。此外，因列车晚点未能赶上转乘列车情况下，旅客可在晚点列车实际发车三小时内，将车票交到中转站，铁路部门扣除已乘车部分的费用，并将未乘车部分的全额票款返还给旅客。旅客列车晚点赔偿方案还规定了索赔权利的行使途径，如在北方铁路部门商业主管的特定地区，可从柜台处、车站站长（车站主管代表）或者首席预定监管人处获得赔偿，当旅客不能从上述地方获得赔偿时，则可从北方铁路部门商业主管处获得赔偿。由上可知，印度铁路对由列车延误导致的旅行时间价值损失赔偿方案及其索赔权利具体使用途径的确定可以促使我国加快交通运输延迟导致的旅行时间价值损失民事赔偿责任的立法进程。

四、我国赔偿制度建立构想

由于交通运输系统复杂性与环境不确定性，即使是技术最先进的交通运输方式，也会不可避免地发生延误进而导致旅行时间价值损失。而建立切实有效的赔偿追究机制，加强对交通运输企业的监督就成为我国相关制度体系完善的重要切入点。在此，本书就前面探讨的主体内容谈几点看法，以期对实践有所裨益。

制度架构的基础就是概念明晰，因此需要在此确立旅行时间价值损失及赔偿的概念。如前文所述，这里可以将其分为由延迟出发和延迟到达这两种情况引致的旅行时间价值损失，并引入相关法律赔偿制度中。这对从法律层面确立旅行时间价值损失判断标准具有十分重要的意义。也只有这样，才能使有关交通运输企业承担由运输延迟引致的旅行时间价值损失赔偿方面的法律制度明确、完善，具有可操作性，从而切实、有效地保护旅客利益。

作为对由交通运输方式延误的一种监督约束机制，我国目前的旅行时间价值损失赔偿制度需要在吸收国外相关制度法规合理之处的基础上进行自身法律法规及管理制度的演进和提升。根据本书所述，作者认为应该明晰旅行时间价值损失赔偿制度，并结合我国的具体情况确定赔偿目的及基本原则。其中，赔偿的目的有以下两条：①尽力避免或者至少降低社会福利损失，保护旅行过程中弱势旅客群体时间权益不受侵犯；②依靠法律手段规范所涉主体各自的权责义务，督促交通运输企业采取必要措施，尽力降低晚点率，避免旅行时间价值损失，提高自身市场竞争力。根据此目的，本书认为对应的基本原则应包含以下几方面：其一，在社会福利免损条件下兼顾效率与公平原则。公平和效率是现代法经济学所赋予法律的基本价值目标，公平是法律的永恒价值命题，效率则在一定程度上决定着公平的质量，公平与效率是对立统一的辩证关系。在效率优先的同时必须兼顾公平，让交通运输市场中的旅客在平等条件下进行与交易，才能激发和保证持续的市场效率。换而言之，从增进社会福利的角度来看，虽然旅客有权要求从交通运输企业获得赔偿从而在经济上恢复到契约正常履行时他本应处的地位，然而，如果相关证据表明奉行上述原则将导致经济上的浪费或者社会福利持续受损，那么该原则不会被执行，除非能够证明这种旅行时间浪费或者损失能够增加未来的社会经济效益。所以，在欧美地区，法院在决定采用什么手段向旅客的旅行时间价值损失提供保护时奉行的一项基本政策是，采用任何一种手段均应避免对交通运输企业施加惩罚的结果，当违约条款具有对交通运输企业进行惩罚的性质时，法院将拒绝承认该条款的有效性。因此，可以说，旅行时间价值损失赔偿的基本目的是提高交通运输系统运营的经济效率，同时确保运输合同双方权利和义务的公平对等，即在旅行延误发生后旅客所遭受的旅行时间价值损失和所收到的交通运输企业赔偿额相等或近似相等，以保护社会弱势群体的利益，同时兼顾社会公平。换个角度来看，对旅行时间价值损失的赔偿不过是社会福利转移的一种方式，其可能根本没有涉及社会福利增加，反而可能造成福利损失。而通过损失赔偿制度建立则会促使交通运输企业采取有力措施提高运行效率和服务水平，从而避免或者减少未来可能造成的社会福利损失。其二，旅行时间价值损失原则。随着交通运输市场竞争加剧，各种交通运输方式都在采取一切可能采取的手段争取旅客尤其是高价值旅客资源，而准确估计旅客预期旅行时间价值并据此建立起对应的损失赔偿制度无疑是交通运输企业争取旅客资源的有效方法之一。这主要是因为从经济学的角度来讲，旅行时间是一种极为重要的稀缺资源，同时也是旅客出行效用或成本的重要组成部分，其无疑具有重要价值。而根据参照点依赖原理及损失厌恶效应来估算损失的旅行时间价值则可以为损失赔偿制度完善提供一种计算口径。其三，过失责任与 Hand 原则。过失责任意味着，交通运输企业的延误行为如果符合法定注意标准，就可以免除责任。注意标准即是一种法定标准，由它规定可接受的最低预防水平，至于法定预防水平的确定以及过失责任的分配均可以利用 Hand 原则加以概括。具体到旅行时间价值赔偿制度，就是当旅行延误导致旅行时间价值损失的情况发生时，该赔偿责任应当由预防风险成本较低的交通运输企业一方来承担，即对于除了不可抗力以外所有因素导致的旅行延误应该采用简单过失责任原则，其理由如下：①在预防旅行延误发生时负有较大责任，但旅客也可以采取措施降低因晚点造成的损失，因此，由旅行延误而造成的时间价值损失可以被认为是双边预防，应该采用过失责任原则；②旅行延误有多种原因，其中有许多是交通运输企业已经采取有力措施但由于某种原因导致预防无效引起的延误，还有许多原因属于交通运输企业无法控制的自然力或者是国家安全需要所造成的延误；由于这两种原因导致的延误，交通运输企业不应该承担赔偿责任，即此时应该免予追究交通运输企业赔偿责任。此时，即使交通运输企业的预防水平高于法定标准，也不可能避免延误行为的发生，因此，旅行延误应该采取简单过失责任原则；③从社会成本角度来看，一旦交通运输基础设施投入运营，对其延误行为的判断若采取严格责任原则将会导致索赔案件增多，进而带来社会成本增加量，其最终可能超过采取过失责任原则导致调查费用等法律成本增加所带来的社会成本增加量，将会使交通运输企业不堪重负。

根据 Hand 原则，在交通运输企业的延误行为不符合法定注意标准的情况下，需要其对延误行为所引致的旅行时间价值损失进行赔偿。接下来，需要对赔偿标准的制定依据与形式进行说明。考虑到旅行时间价值判断存在的主观性问题，不同旅客在不同地区内乘坐不同类型交通运输方式延误所引致的旅行时间价值损失也会不一样。因此，在综合考虑之后，本书认为对我国旅行时间价值损失进行赔偿标准的确定需要考虑以下变量：①旅行时间损失的长短。例如，1 小时的旅行时间损失和 10 分钟的旅行时间损失给旅客带来的感觉与损失程度显然是不同的；正常旅行时间为 20 小时的旅客与正常旅行时间为 2 小时的旅客同样损失 1 小时旅行时间，其感受和损失程度也是不同的。因此，在考虑确定旅行时间价值损失的赔偿标准时不仅要考虑到旅客损失的绝对旅行时间，还需要考虑到其损失的相对旅行时间（即损失的旅行时间与总体旅行时间的比例），最终才能确定旅行时间价值赔偿的具体额度；②基本票价。从国际经验来看，基本票价是大多数国家决定赔偿额度的基本标准之一，根据旅行时间损失的不同给予旅客相应比例票价赔偿是国际通行的赔偿措施；③个人偏好。作为实际影响旅行时间价值判断的主观变量，可以根据旅客个人偏好来衡量旅行时间价值损失程度及对应赔偿数额。④平均工资率和实际旅行区间。平均工资率可以表示在社会平均水平下旅客单位时间应当获得的工作报酬，其可以用作衡量旅行时间价值损失程度；另外在没有到达终点站以前的任何车站如果旅客要求下车，那么赔偿数额应该考虑实际乘车区间和旅客尚未通过区间的车票价值。此外，在剖析了赔偿标准的制定依据之后，综合国内外旅行时间价值损失赔偿法规，本书提出以下几种旅行时间价值损失的赔偿形式：①现金赔偿；现金赔偿就是旅行时间价值损失发生后，交通运输企业直接用现金支付给旅客的赔偿形式，同时其也是最常使用的方式之一。而采用的现金赔偿方式一般包括固定数量现金赔偿、固定比例现金赔偿、可变数量现金赔偿、加成现金赔偿和票价差额现金赔偿五种。例如，西班牙规定，AVE 列车晚点 5 分钟，要向旅客退回全部票款。日本新干线规定，一旦晚点，全额退票，且支付旅客退票费；瑞士铁路局许诺，一旦列车晚点 1 小时以上，一等车厢旅客将获得 15 瑞士法郎（相当于 9.7 欧元）的赔偿，二等车厢旅客将获得 10 瑞士法郎（相当于 6.4 欧元）的赔偿；②代金券。代金券就是旅行时间价值损失后，交通运输企业给予旅客一定数额面值的单据，不能兑换现金，但在有效使用期内可以当现金使用来购买等额价值车票，其实质和现金赔偿是一样的。例如，在瑞典，一旦旅客的时间价值损失，其就会得到与票价相等的代金券赔偿；③折扣券。所谓折扣券就是旅行时间价值损失发后，交通运输企业给予旅客一张单据，其也不能兑换现金，但在有效期内可以凭此单据享受规定比例的折扣，可以使用的具体次数由承运人规定或者在单据里特别注明。例如，在法国，当旅客的旅行时间价值损失要求赔偿时，法国航空公司会以折扣券方式达成有关旅行时间价值损失赔偿的协议。综上可知，本书认为我国的旅行时间价值损失赔偿标准及形式应该根据旅行时间损失长短、个人偏好及属性、票价等多种因素来进行确定。当然，其也可以考虑采取混合赔偿方式或一揽子解决方案。

在确定完旅行时间价值损失赔偿标准与形式之后，接下来就需要对赔偿途径或渠道进行说明。本书认为，针对旅行时间价值损失赔偿问题，我国交通管理部门应该考虑设置相应的监管机构，同时在该监管机构之下各交通运输企业也需要设立对应的赔偿处理机构。这主要是因为旅行时间价值损失的情况一旦发生，无论是旅客一方还是从交通运输企业一方，它们都需要一个客观公正的第三方能够迅速做出反应，分清原因，并对已造成的旅行时间价值损失赔偿工作进行监督与管理。与此同时，各交通运输企业所设立专门负责处理由交通运输延误引致旅行时间价值赔偿问题的机构需要及时稳定旅客情绪，并在管理机构监督之下按照相关法规对旅客及时进行补偿或赔偿，以免影响其他正常的交通运输工作。这里以我国铁路为例进行赔偿的说明。在处理由铁路运输延迟引起的旅行时间价值赔偿问题时，旅客可以持有效运输票据向列车长或者在列车到达终点站后 8 小时内向终点站的值班站长要求开具晚点证明单据，该单据必须以旅行时间价值损失赔偿条例为核心内容且必须是所设立监管机构部门统一印制的制式单据。旅客获得该证明单据后，必须在一定时间内把申请赔偿书面材料邮寄给列车所属的铁路财务部门。而铁路财务部门需要在一定时间内给予回复，如果该回复不同意或者部分同意旅客提出的赔偿申请，必须详细说明做出决定的理由以及该理由所依据赔偿法规的具体条款。当旅客收到铁路财务部门同意赔偿的书面通知后，可以在二周内凭该通知向任一车站售票处或者代理售票处申请相应比例的折扣券单据，该单据必须标明列车号、同意赔偿的铁路财务部门、出具折扣券的柜台号、有效期以及折扣比例等基本信息。如果财务部门拒绝旅客的赔偿请求，则旅客可以考虑向上级监管部门进行申诉，由上级监管部门进行裁决。

第三节　本章小结

　　旅行时间是交通运输活动的最基本要素。换而言之，也可以说没有旅行时间就没有交通运输活动。而旅行时间满意度作为影响出行者选择交通运输方式的基本评价标准，其对于推动交通运输行业的良性发展有着举足轻重的作用。本章通过构建一个考虑旅行时间参照点的模型说明了旅行时间满意度形成的内在机理及其对旅行时间价值损赔偿制度建立的重要意义，即按照出行者的旅行时间参照点来制定最佳交通运输服务时刻表，严格限制超出参照点的不满意旅行时间感知条件，避免无谓的旅行时间浪费与利益损失。但考虑到交通运输系统及环境中存在的不确定性因素，由交通运输延误引致的旅行时间价值损失状况不可避免，而交通运输企业为了确保出行者的旅行时间满意度不降低，维持良好的声誉并保证市场份额，就必须要以旅行时间参照点依赖模型为出发点，旅行时间价值损失赔偿的法经济学性质、构成与责任认定为讨论基础，同时借鉴国际经验与制度措施，提出符合我国国情的旅行时间价值损失赔偿架构体系（其具体包括概念分类、实施目的与原则、赔偿标准与形式、赔偿途径等），最终以促进我国交通运输服务行业标准完善。

第十章　可继续深入的方向

对于旅行时间价值研究来说，传统的交通运输经济学研究偏重于"节约"，而从"损失厌恶"视角来进行研究的成果则少之又少。同时，鉴于旅行时间价值研究的重要性与灵活性，本书认为，引入参照点的旅行时间价值研究潜力巨大，并且已经通过在关键问题讨论方面所做的贡献展示了其应用价值。此外，本书也曾多次强调从参照点依赖视角来看待旅行时间价值，只是完善而不会妨碍其研究的规范性分析框架。而且，在很多情况下只有不放弃传统的研究思路才有可能修订或扩展出新分析工具，并对一些经典问题的研究提出新的解释角度或方法。基于此，本章的目的就是利用参照点依赖的研究思路对城市交通拥堵治理政策体系中"错时上下班"制度和应急交通疏散的管理机制设计等问题进行扩展性分析。

第一节　"错时上下班"制度解析

多种多样的城市交通政策——从交通基础设施的改扩建到尾号限行和车牌摇号，从提高征收拥堵费到"错时上下班"制度——都涉及治理城市交通拥堵的问题。这些政策的制定与颁布一般来源于政府及其所属研究机构，其主要目的就是避免城市交通拥堵所带来的旅行时间价值损失。尽管政府颁布政策的出发点是良好的，然而很多人却认为大部分现存的政策没起到什么作用。例如，对一些城市通过拓宽主干道来缓解交通拥堵的政策进行评价。这项政策从长远来看也许会提升道路的平均车速，但是也会存在转移的车流量抵消拓宽城市主干道所带来的时间价值节约效益，对缓解城市交通拥堵的效果并不明显。此外，城市主干道的拓宽还有可能带来环境损害和交通事故增加，如果从这种角度来看，也许通过拓宽城市主干道来缓解交通拥堵的运输政策并非明智之举（Metz，2004）。再例如，就是对征收城市交通拥堵费的政策解析。城市管理者也许会通过征收交通拥堵费来缓解城市交通拥堵来提高行车速度以避免旅行时间价值损失，但如果定价不合理则同样有可能导致车流量激增进而使得城市交通治堵效果并不显著（Metz，2006）。由前人研究的成果可以看出，在城市交通领域，政策制定和颁布都会引发一些普遍争论：该政策真的能解决城市交通拥堵问题？该政策的出台是否可以平衡社会各阶层的出行权益？如何实施该政策才能使其达到合理水平？在实施过程中是否需要采用强制手段（如罚款）？同时利用多项政策的混合体系是否是最好的？要回答上述问题，研究交通运输经济的学者则需要寻找解释上述各项政策的经济学理论。该理论可以分析政策存在或颁布的原因，以及人们如何对政策做出反应。

具体到"错时上下班"政策来说，其作为可以缓解城市交通拥堵的一种治堵和"平峰"手段，它的目的是在既有路网供给条件下，根据行业特点调整从业者参照时点，错开出行高峰时段，减缓拥堵，达到城市流量均匀化水平，保障城市交通安全顺畅运行。作为交通需求管理的重要构成策略之一，虽然"错时上下班"政策通过对城市交通需求总量在时间上给予调控，并有助于缓解城市拥堵问题，但由于不同城市具有不同特点，所以该政策的施行效果并不能一概而论。例如，北京在实施"错时上下班"政策之后，其早晚高峰相较于政策实施前并未有明显改善，早七点至八点时北京市主要环路联络线速度仅提升 6.3%。同时，"错时上下班"政策的实施也存在一些弊端。例如，受到政策影响，政府机关、企业单位、事业单位之间的重叠工作时间减少致使各方交易成本上升。此外，该政策实行也需要根据各城市所处地理位置与气候条件来灵活实行，而不能一刀切。总而言之，"错时上下班"是一个涉及范围较广的系统性政策，只有对政策实施的机制进行深入分析，才能保证政策实行的高效。基于此，本书通过国内外案例分析得出"错时上下班"政策对居民出行影响的规律，并试图从旅行时间或时点的参照点依赖角度对该政策进行经济学解读，进而来探讨其在我国一些城市实施过程中的有待完善之处，以避免因该制度在这些城市盲目实行而造成不必要的损失，特别是旅行时间价值的损失。

一、对典型案例的探讨

"错时上下班"的交通政策源于德国人提出的弹性工作制度❶（Flexible working schedule）。后来，弹性工作制度在欧美地区（如德国、英国、法国、美国等）得到了广泛的采用（见表10-1），并在一段时间内有效地缓解了高峰时段城市交通拥堵问题。

表10-1　"错时上下班"在典型国家实施的情况

国家	最早实施时间	实施的具体情况
德国	20世纪70年代	制造业：早7点上班，下午3点半或4点下班； 政府部门：上午9点至下午3点； 商业服务部门：上午9点半或10点上班
英国	1976年	约70万职工实行"错时上下班"政策
美国	1970年	"错时上下班"政策约覆盖了纽约曼哈顿区70%的居民

由表10-1可以看出，欧美各国的"错时上下班"政策都作用于普通出行者，且覆盖范围比较广，覆盖率一般可以达到了50%-70%。其中，作为最早提出该政策的国家，德国的主要城市早在20世纪70年代初就已经开始实施"错时上下班"政策。在一般工作日内，政府部门的固定工作时间为9~15点，其余时间可根据具体情况上下班；制造业部门的固定工作时间为7~15：30或16点；商业部门的固定工作时间为9：30或10点。根据德国联邦交通研究所的分析，"错时上下班"制度不仅可以减少交通拥堵，同时也有利于减少环境污染，增加娱乐业晚间收入等好处，可谓是一举多得。在德国首都柏林及其他大城市，"错时上下班"政策的实施可以使德国人更自由地支配旅行时间，提高工作效率，使德国各大城市在上班时段很少出现交通拥堵

❶　一般来说，弹性工作制度包括以下三种形式：第一种是核心时间与弹性时间相结合的制度，即每天的工作时间可由中间的核心时间（5~6小时）和两头的弹性时间（2~3小时）组成，员工必须保证核心工作时间，但可以自由选择上下班时间，例如上班时间为7点或8点，那么下班时间为16点或17点；第二种是紧缩工作时间制度，即员工可以在一段时间（例如，一星期）内工作的天数较少，但工作日内的工作时间较长，如工作日内每天工作10小时，每周工作4天；第三种是错峰上下班制度，即为了降低员工同时到达或离开的数量，规定不同行业或类别的员工上下班的时间。该制度与第一种类似，但不同的是员工上下班时间是固定的。

和车主抱怨连天的现象。与德国类似，作为最早实行"错时上下班"政策的欧洲国家之一，英国在 1975 年就约有 70 万员工执行了"错时上下班"政策。根据英国媒体的一项调查显示，大多数的英国受访者表示愿意在 6～15 点的时间内工作，因为他们认为自己在该时段内的工作效率更高。与此同时，也存在 5% 左右的受访者表示希望在 15～18 点工作。可以看出，在英国这样的"错时上下班"政策有助于提高员工的工作效率与积极性。也正是通过这种开放式的交通政策，英国企业不仅增加了利润，而且还提高了员工忠诚度。在美国，"错时上下班"也是当地政府积极实施的交通政策。通过查阅美国交通部官网上发布的《通勤者选择指南》发现，"错时上下班"政策在美国受到了大众的热烈欢迎。在华盛顿，大约有 2/5 的企业采用"错时上下班"政策。这种灵活的出行政策使得华盛顿地区的交通压力得到极大缓解。据一项研究估算，该项政策实施可以将员工生产力提高 10%。此外，在法国，无论是政府部门还是企业一般都没有硬性规定上下班时间。事实上，这种"错时上下班"在一定程度上也缓解了巴黎市区的交通压力（例如，原来巴黎每天的上班高峰是 8：00～9：30，在实行"错时上下班"后，巴黎市区内交通就变得更为顺畅）。此外，法国在其节假日也会实施"错时上下班"政策（例如，复活节不同行业的工作人员就可以在不同的时段出行），这样做可以有效地分流外出的人流和车流，减少路面拥堵和旅行时间价值损失。

而近年来，我国各大中城市（如温州、成都、大连、北京等）也陆续推出了"错时上下班"政策，具体情况如表 10-2 所示。

表 10-2 "错时上下班"政策在我国一些城市的实施情况

城市	实施时间	实施效果
温州	2002	旅行时间节约效益显著
成都	2010.2	交通拥堵情况得到明显改善
大连	2009	实施情况不尽如人意
北京	2010.4	治标不治本，无法从根本上缓解交通拥堵

从表 10-2 中可以看出，在我国实施"错时上下班"政策的一些城市中，其效果不尽相同。其中，在全国范围内率先实施"错时上下班"政策的温州市，在政策实施之后其拥堵治理效果极为明显。据专家对温州"错时上下班"政策实施效果的评估发现，通过管理节约道路资源是一种"花小钱办大事"

的有效方法。在 2002 年"错时上下班"政策实施当年，因车速提高、在途时间节约得到的间接时间价值总效益就达到了 2850 万元。特别是，评估报告得出"错时上下班"使得温州市路网的机动车流量平均下降 10%，相当于温州市路网增加了 10%（温州市新修建了 45 公里道路），而这样的工程至少需要投资 20～30 亿元。而四川省成都市自 2010 年 2 月起开始实施"错时上下班"政策之后，成都早高峰削峰效果特别明显。根据成都市交管指挥中心的数据显示，早高峰期间成都市内车流量减少了 30%，车速提高了 30%。而从下午 5 点开始，城区内车速相较于政策实施之前有所提升，晚高峰的交通拥堵得到一定缓解。可见，"错时上下班"政策在成都实施以后其市内交通状况得到了明显改善，居民出行效率也得到了巨大提升。同时，一份由网上调查得出的结果也显示，有 75% 的成都市民认为在"错时上下班"政策实施后，早晚高峰期间交通拥堵有所缓解，其中约 29.7% 的市民认为效果非常明显。但是，同样的政策于 2009 年在辽宁省大连市推出后仅一年，其优势便悄然丧失。这主要是因为实行该政策后，随着天气变化以及大连旅游季节的来临，"错时上下班"影响了城市居民的生活规律，城市道路的施工进度等，使得"错时上下班"优势逐渐消失。与大连类似的情况也出现在了北京。自 2010 年 4 月北京实施"错时上下班"政策以来，北京市区的交通拥堵效果并未得到明显缓解。而另一项针对北京市实行"错时上下班"首日的网络调研中，就有超过 50% 的网友认为"错时上下班"是一种治标不治本的方法，无法解决交通拥堵问题，具体情况见图 10－1。虽然，"错时上下班"在大连市和北京市实施效果不尽如人意，但是从积极方面来讲这项政策的推行有助于提高道路资源的利用率，减少了尾气排放。

对国内一些城市实施"错时上下班"政策的具体情况和效果评估结果可以发现，在目前我国城市交通拥堵治理制度框架下，该政策设计与实施具有以下规律，即该政策的制定与实施应该依据不同城市交通需求的特点进行设计与编制，而不是直接照搬国际都市或国内其他城市的模式。具体来看，就是需要针对实施群体的职业特点进行旅行时间或时点的划分，例如，"错时上下班"政策需要把学生上学时间放在家长上班时间的前面，但同时也需要注意不能因为上学时点提前而影响学校的正常运作。此外，在"错时上下班"政策实施的过程中还需要重点关注私家车拥有量这一个因素，温州与成都正是因为改变私家车主这一群体的上下班时间，才使得早晚高峰的交通拥堵情况得到了明显改善。

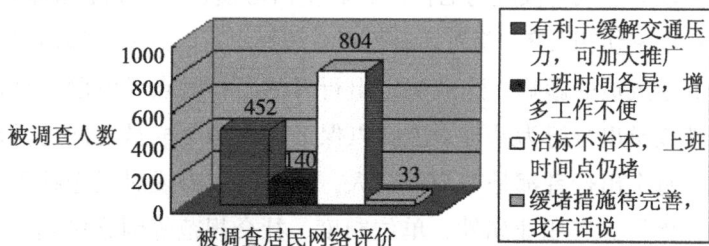

图 10 - 1　北京市实行"错时上下班"政策首日评价网络调研情况

资料来源：人民网，www.people.com.

二、参照点依赖视角的解读

一般来说，城市交通基础设施供给与交通需求增长的矛盾是导致城市交通拥堵的主要原因之一。而在无法从根本上缓解该矛盾的时候，利用政策对城市交通需求总量进行旅行时间或时点和空间上的分布调控则是目前世界范围内解决城市交通拥堵的重要管理手段之一。其中，对城市交通需求总量进行旅行时间或时点调控的代表性制度就是"错时上下班"政策。但"错时上下班"政策并非仅仅改变城市居民的上下班时间或时点那么简单，更进一步来看，其是通过影响城市居民的旅行时间或时点而促使他们重新安排出行活动在旅行时间及空间上的次序，调整出行计划，从而达到缓解高峰时段道路交通拥堵的状况。在实施"错时上下班"政策的过程中可以发现绝大多数城市居民的出行活动都受到了固定旅行时间或时点限制，而作者则通过引入旅行时间或时点作为参照点来对"错时上下班"政策进行解读：作者认为"错时上下班"政策正是通过改变城市出行者上班、上学等固定旅行参照时间或时点的管理策略，降低每日早晚交通峰值，在旅行时间以及空间上均衡城市交通流，缓解城市道路供给与需求的矛盾。根据 Kahneman & Tversky 提出的参照点依赖原理，在解读"错时上下班"政策形成机制时，应该明确"错时上下班"政策实施过程中城市居民的参照时点问题，因为该政策最直接的影响就是通过改变原始参照时点或时段来促使出行者调整出发时刻。具体来看，由于城市居民每天的工作与生活都是由一系列相关活动串联起来的，且其中大多数的活动都有原始参照时点或时段，如一日三餐的时点、出行的时间、睡觉的时间等，这些已固定的时点或时段实际上就是城市居民已确定的心理中立基点，而该时点或时段应与居民的家庭生活习惯、个人职业及单位属性、社会规范与约束密切相关❶。首先，出行者在选择出行时点或时段时都会受到来自于家庭其他成员的影响，这就决定出行者的出行时点或时段选择需要建立在家庭其他成员出行行为基础之上，以保证家庭各个成员之间的活动选择均衡。其次，每个出行者都是一个社会人，其出行时点或时段选择不仅受到家庭的影响，更受到其职业属性、单位制度、社会规范等因素影响，特别是党政机关、医院、学校、交通运输服务等行业，其单位制度、职业属性直接联系、约束着其他单位和个人的上下班时间。因此，通过分析居民的家庭生活习惯、个人职业及单位属性、社会规范与约束就可以发现对应的参照时点以及由其衍生出的时间表。由于这些参照时点及对应的时间表存在，居民的出行活动都受到了相应时点和时间限制，促使居民在一天 24 小时出行活动并非是均匀分布的，而是存在着明显的高峰和低谷。而"错时上下班"政策改变了一部分城市居民具有的主要强制性限制参照时点及对应时间表，从而改变围绕着工作、上学时间而变化的其他一般性活动，进而使"错时上下班"的出行者重新调整原始参照时点及对应时间表。而重新规划的参照时点及对应时间表会直接影响不同家庭、职业或单位属性出行者的上班时间，错开出行者在高峰期的出行活动，进而降低高峰期交通量。例如，目前"朝九晚五"依旧是英国主流的工作生活模式，这也就决定了英国大部分员工上下班的时间为 9 ~ 17 点。在法国政府部门的最晚上班时间为 10 点，因此只要在该时点到达岗位即可。与此类似，德国政府部门规定其员工的最晚工作时间为 9 点，最早下班时间为 15 点。而在国内，例如温州、成都、大连等城市也陆续推出了"错时上下班"政策。2002 年，温州的市、区机关事业单位每个工作日的上下班时间调整为 8 ~ 17 点（按季节轮换），商业部门上班时间为 9 点。2009 年 3 月 1 日起，大连的机关和事业单位的上下班时间调整为 9 ~ 18 点。2010 年 2 月 20 日，成都市、区机关和承担公共管理职能的事业单位上下班时间调整为 9 ~ 17 点，学校上学时间调整为 8：30 ~ 17 点，商业部门上班时间为 9：30。

更进一步来看，城市居民在决定参照时点或时段（例如，上下班或接送

---

❶ 这里需要说明的是，"错时上下班"政策中的参照时点实质上是一种现状参照点。

孩子上学等）时，社会制度规定的时点无疑是其最低参照出行时点，而符合个人或家庭生活习惯的参照点则是其目标参照出行时点。而从上述国内外实行"错时上下班"政策的情况来看，考虑到个人或出行环境中的不确定性问题与客观存在的制度性约束，居民出行参照时点往往是根据最低时点与目标时点所设定的。根据参照点依赖原理，当实际出行时点晚于设定参照点时人们将其视为损失。在面临损失时，人们对"错时上下班"的政策评价就会很低。当出行时点早于设定参照点时人们将其视为收益，在面临收益时，人们对"错时上下班"的政策评价就会很高。正是由于参照时点依赖的原因，在我国各城市实行的"错时上下班"政策出现了截然不同的评价。在2010年4月开展的一次关于"错时上下班"政策评价的网络调研中，大部分网友相信"错时上下班"政策的可行性与有效性，超过80%的网友对"错时上下班"持有正面评价，认为其治理交通拥堵效果良好，见图10-2。而在另一项关于"错时上下班"实行效果的调查中，大部分受访者都表示"错时上下班"对"交通拥堵没有任何改善作用"，另外还有一部分受访者认为"影响了日常接送小孩上学、放学"，如图10-3所示。而其中近九成受访者表达了对北京实施"错时上下班"政策后的交通状况"非常不满意"或"不太满意"，具体如图10-4所示。仅从该项调查结果来看，"错时上下班"政策并没有得到受访者的完全认同或满意。

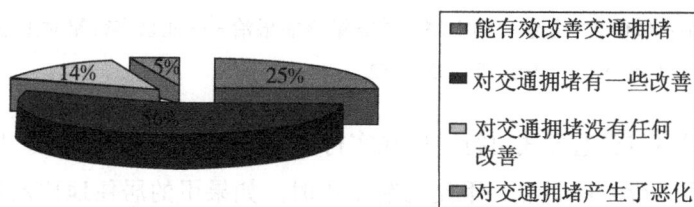

图10-2　"错时上下班"政策评价网络调研

资料来源：苏烜，郑勤朴.国内外错峰上下班制度实行情况的利弊分析［J］.环渤海经济瞭望，2011（5）.

从上述现实调查结果来看，不可否认"错时上下班"政策对治理城市交通拥堵起到了一定效果，但是从参照点依赖原理来说，"错时上下班"仅仅是解决了城市居民通勤或上学过程中的时间参照点设定过于集中而导致城市交通集聚问题。而不同居民从居住地到目的地的过程中，即使由于"错时上下班"政策实施对出行参照时点进行了改变，但在途时间（即城市空间分布差异的时间体现）等因素也会影响到城市交通拥堵水平。例如，甲、乙二人选

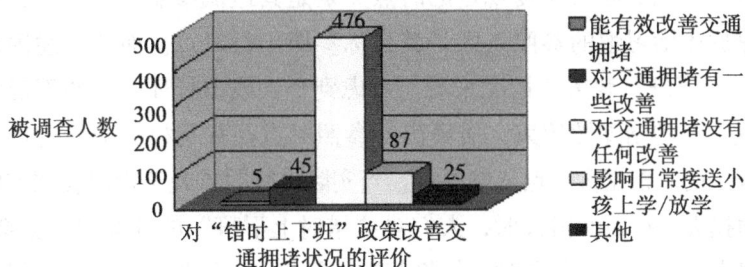

图 10 - 3　"错时上下班"对居民上下班影响调查

资料来源：包俊君. 缓解交通拥堵：并非错峰能根治——北京实行错时上下班制度情况调查［J］. 人民公交，2010（7）：51 - 52.

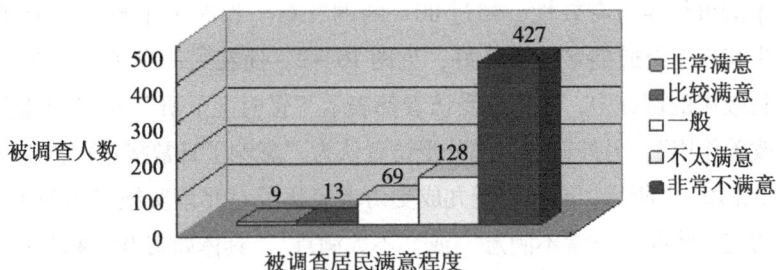

图 10 - 4　"错时上下班"后北京市交通拥堵状况满意度调查

资料来源：包俊君. 缓解交通拥堵：并非错峰能根治——北京实行错时上下班制度情况调查［J］. 人民公交，2010（7）：51 - 52.

择同样的线路与交通方式出行，但在实行"错时上下班"政策后，甲、乙二人都调整了出行参照时点，甲比乙晚半小时。如果甲的居住地比乙远，按照原来的出行参照时点两者不会同一时间出现在该线路上，但在实行"错时上下班"政策后则有可能造成新的城市交通拥堵。因此可见，"错时上下班"导致居民出行参照点改变带来的影响是一个复杂的系统工程问题，仅靠概念化政策对不同城市统一实施的结果就可能导致交通拥堵情况更加恶化。

三、政策完善的启示

在国外，尽管"错时上下班"政策已被证明是缓解城市交通拥堵的有效措施，但对国内一些城市来说其并未达到预期效果，并且在一定程度上对居民已养成的出行习惯造成了影响，进而让人们对这一政策的实施效果产生了质疑。事实上，我国城市的交通拥堵问题也绝非"错时上下班"这一项政策就可以解决的，尤其对北京这样的特大型城市。所以，"错时上下班"政策仍需结合当地情况，进行民意调查，才能得出正确的分析结果，来进一步完善"错时上下班"政策。

根据前面的分析，本书认为在我国一些城市内该政策的设计与实施可能会存在以下几方面的缺陷，并可以从以下几方面加以完善：

其一，需要根据不同情况来明确"错时上下班"政策实施的前提条件。"错时上下班"政策作为一项调控城市交通流量政策，其不能从根本上提高道路网络流量，因为城市道路网络建设与完善将是一项长期而艰巨的任务。"错时上下班"只是利用旅行时间差的手段来分配交通流量，实现道路网络与交通需求之间的供需平衡，来缓解城市交通拥堵问题。因此，"错时上下班"政策在实施之前首先需要先根据不同城市特点明确容量范围，即上下班时段内居民出行总量是否超出路网供给的范围。其次还需要明确居民每日出行的高峰时段、机动车所占的出行比例、主要交通流量的平均出行距离等要素，以便于制定的错峰时段小于居民出行时段。

其二，在"错时上下班"政策中关于旅行时间或时点的划分上还不够清晰。这就使得政策的执行力度不够，进而导致其效果不明显。因此，需要将"错时上下班"政策中关于参照时点或时段层次的划分进一步细化，尽可能使得不同时段的出行人群在政策实施之前和之后不存在交叉，进而引起道路或区段的拥堵。

其三，在编制或限定参照时点或时段的时候，没有充分考虑不同职业之间的衔接，即需要考虑按照行业特性，提前或者推后不同职业的上下班时间。在"错时上下班"政策实施的过程当中需要充分考虑不同职业间上下班的衔接特点，尽可能使不同职业的出行活动可以在"错时上下班"政策实施过程当中进行无缝衔接。与此同时，也需要考虑各个行业的接受能力，不能把职业无限的提前或无限的延后。例如，考虑到接送孩子上下学的问题，"错时上下班"政策就需要考虑将学校上课时间安排的相对早一些，但也不能把学校的上课时间提前太多而对学生正常生活产生影响。

其四，"错时上下班"政策实施须常态化，有助于居民形成新的参照时点或时段。就目前情况来看，城市居民上下班时间集中出行无疑是导致交通拥堵问题的最直接原因之一。通过"错时上下班"政策来分流出行可以使得现有城市交通基础设施效率最大化，其不失为一种理性选择。而从居民个人出行角度来讲，参照时点的改变可能会带来暂时的不适应，因为原先的工作模式毕竟在我国各地已经实施多年，因此进行改变还需要一段缓冲适应时间。但能有一个顺畅快捷的出行过程，就可以适当地抵消工作时间变化给人们带来的不便。而且，从政策实施的长远效果来看"错时上下班"可以有助于居民形成新的参照时点，进而更科学地分配从事不同行业人群的出行时刻。例如，过去政府机关单位与医院、银行等服务行业的出行时刻一致，想在下班后去就诊或取钱时，医院或银行也下班了。而在"错时上下班"政策实施之后，这些问题就迎刃而解了。同时，从社会或城市角度来讲其收益更是巨大。据北京市交管局发布的交管信息显示：从实施"错时上下班"政策的第一周（2010 年 4 月 12 日至 4 月 16 日）情况来看，早、晚高峰路面交通运行的通畅效果环比上月有所好转，交通拥堵得到一定缓解，早晚高峰期间城区主干路网速度上升 4.2%，而拥堵路段则下降 11%，可以看出"错时上下班"政策效果还是比较明显。

此外，尽管"错时上下班"政策在一定程度上可以缓解城市主要道路的交通拥堵，但是要充分发挥其作用还必须结合相应的交通管理措施。因为从本质上来说，"错时上下班"只是有助于人们形成新的参照时点时段以及对应时间表以错开早晚高峰，因此交通管理部门还可以在此基础上进一步加强管理来改变居民出行理念❶。首先，应该大力发展城市公共交通，全力推行"公交优先"策略，进而消除城市机动化对"错时上下班"政策的制约；其次，政府相关部门需要加强应急交通管理，并配备相应的人员和设备，在充分评估"错时上下班"政策可能带来的负面效应之后，应及时制定预案确保在出现严重交通堵塞或其他特殊情况时能够进行快速处理。可以预见，只有采取综合交通管理措施才能保障"错时上下班"政策发挥最大效用，实现城市居民出行的安全与畅通。

---

❶ 居民出行理念可以被认为是一种包含范围更为广泛的参照点。在国外，错时上下班制度取得的良好成效，是基于人们优先采用大容量、集约化的公共交通方式出行的理念之上的。

第二节　应急交通疏散管理机制设计

近年来，世界各地突发应急交通疏散事故频繁，造成巨大人员伤亡和财产损失（具体见表10－3），因此，国际上普遍对交通基础设施内密集人群的应急疏散安全十分重视。而我国作为一个交通事故与灾害多发的国家，当重大交通事故发生后，如何将交通基础设施内人员用最短的时间疏散到安全区域，是人员疏散成功、降低群死群伤与经济财产损失发生概率的重要环节。为此，《国务院关于全面加强应急管理工作的意见》曾提出，要建立公共安全科技支撑体系，利用科技手段提高应对突发公共事件的能力，加强交通应急疏散管理水平，这是关系国家经济社会发展全局和人民群众生命财产安全的大事。2008年年初南方雪灾交通疏散、一系列特大城市地铁事故导致人员应急疏散等事件的发生，无疑推动了我国政府部门和学者对于突发事件管理的关注与研究。其实，这些自然灾害和人为突发事件不仅考验着我国政府部门应对突发事件的能力，更是在考验着我国交通运输体系的可靠性与安全性。虽然，政府及其下属企业作为交通基础设施及服务的提供和管理主体，但其应急职能的履行在很大程度只是依赖政府的调度能力和执行能力，这是远远不够的。因此，对于突发事件中的应急交通管理问题并不能仅仅依靠政府调度能力和执行能力，同时也需要社会公众的有效参与。而公众对突发事件的理性认知和信息传递的及时、有效则是其参与的前提。

表10－3　世界应急交通疏散管理事件一览

时间（年）	地点	突发事件类型	人员伤亡
1987	英国伦敦地铁	火灾	32人遇难，100人受伤
1991	瑞士苏黎世地铁	火灾	58人受重伤
1991	美国纽约地铁	脱轨	5人遇难，155人受伤
1995	日本东京地铁	毒气泄漏	12人遇难，5500人中毒
1996	俄罗斯莫斯科地铁	爆炸	4人遇难，7人受伤
1999	德国科隆地铁	列车相撞	7人受伤
2000	美国纽约地铁	脱轨	89人受伤

时间（年）	地点	突发事件类型	人员伤亡
2000	日本日比谷地铁	脱轨	3 人遇难，44 人受伤
2000	奥地利萨尔茨堡州高山列车	火灾	155 人遇难，18 人受伤
2003	韩国大邱地铁	人为纵火	200 人遇难，数百人受伤
2004	中国香港	人为纵火	14 人受伤
2004	俄罗斯莫斯科地铁	爆炸	10 人遇难，50 多人受伤
2005	英国伦敦地铁、公交	恐怖爆炸	52 人遇难，700 多人受伤
2008	中国湖南高速公路	雪灾	150 人遇难，445 人受伤
2008	美国洛杉矶地铁	与货车相撞	25 人遇难
2008	中国北京地铁	换乘踩踏	13 人受伤
2009	美国华盛顿地铁	列车相撞	9 人遇难，70 人受伤
2010	印度西孟加拉邦码头	宗教活动登船	7 人遇难，17 人受伤
2010	印度新德里火车站	集会踩踏	2 人遇难，15 人受伤
2011	白俄罗斯地铁	爆炸	12 人遇难，230 人受伤

目前，我国对于突发事件下交通基础设施应急疏散的研究与实践主要集中于以下几方面：突发状态下交通基础设施应急疏散应对与策略、交通基础设施应急疏散体系评价和交通基础设施应急疏散的信息管理系统建设等。但以上研究所关注的主要是城市交通基础设施应急疏散问题，例如，城市交通应急体制建设、信息指挥与管理系统的完善、城市交通应急能力评估，等等。国外的相关研究则侧重于交通基础设施应急疏散体系管理及国土安全问题，并强调了智能交通指挥与管理系统在其中的重要性。综上所述，可以发现无论是国内还是国外，其关注的主要是系统性、技术性的问题，虽然有学者已经指出在突发状态下由行为个体构成的群体应该成为应急管理的主要对象，但是微观个体行为对交通基础设施应急疏散管理的影响问题尚未得到应有的重视，也未形成研究体系，尤其是个体对突发事件的认知及偏好决策与交通基础设施应急疏散管理之间的关系，还缺乏相应的分析框架。因此，本书将在旅行时间参照点依赖和交通运输经济新时空分析框架（荣朝和，2011）的研究基础上，强调从基于先验信息的疏散时间价值与疏散空间价值相结合的微观视角切入，来分析群体决策行为特征，进而建立一个整合了群体决策行

为（Group Decision Behavioral）和实时信息供给（Timely Information Supply）的突发事件下交通基础设施应急疏散管理机制分析框架，以解释交通基础设施应急疏散过程中的群体行为，同时为政府部门通过实时信息供给机制调节群体行为提供政策制定依据。为此，作者将做以下安排：首先将对突发事件及其交通流量特性进行说明，然后提出解释突发事件下群体决策行为的概念模型，进而提出基于群体决策行为和实施信息供给的分析框架，并通过2008年初南方雪灾中京珠高速湖南境内交通拥堵与疏散过程为例来检验该框架的有效性，最后讨论这个分析框架的应用范围，说明可能进一步完善的方向。

一、突发事件分类与交通流特征

一般来说，突发事件下应急交通疏散特征分析是研究合理、优化制定应急交通疏散管理机制设计的基础。由于突发事件涵盖的内容很广，并且都具有突发性、偶然性以及危害性等特点，因此，这种条件下的疏散管理过程在疏散主体、目的、原则、方法等因素上都存在着特殊性，此时的应急疏散交通流与日常交通流所表现出来的加载规律、流量特征截然不同，在对突发事件下的应急交通疏散进行探讨之前，首要任务是认识突发事件特征以及解答这些特征是如何影响到疏散时间、疏散空间等关键要素的，因为只有找到问题才能有的放矢的进行研究，其对应成果也才更加有意义。由于不同类别的突发事件危害形式的不同，其产生的交通流特征也可能存在差异，因此需要从突发事件本身性质与特征的分析出发，讨论突发性事件的分类和分级，进一步总结出突发事件下的交通需求特征，然后结合应急疏散的要素来分析不同的突发事件会在哪些方面影响、制约应急交通疏散管理机制设计。

突发事件是指人们对预期之外发生事件的总称。从狭义上来讲，是指一定区域内，突然发生的大规模且对社会造成负面影响，对生命和财产产生不同程度危害的事件或灾难。从广义上来讲，是指自然和社会的各个层面产生的冲击使该系统发生混乱、失序、不平衡，乃至产生重大危机，并要求其在短时间内做出应对措施的事件。而根据定义，接下来可以将影响应急交通疏散的突发事件进行分类：①自然灾害类。其又可以分为几个大类：第一类是气象灾害，如飓风、暴雨、冰雹、暴雪、干旱、沙尘暴、冰灾等；第二类是地质灾害，如泥石流、山体滑坡、塌陷、沙漠化等；第三类是海洋灾害，最常见的就是海啸；第四类是地壳运动造成的灾害，包括火山爆发、地震等。

自然灾害类突发事件的主要特点是具有一定可预见性，对灾害本身控制难度大，通常波及的范围也很广，并且交通基础设施的破坏性也很大，发生得较频繁。②社会安全类。其主要是人为引起的对交通基础设施具有危害性的事件，恐怖袭击事件、群体攻击事件、大型活动、游行等引发的踩踏事件等都是典型的社会安全事件，这些事件的主要特点是：通常不具有可预见性，发生得非常突然，危害巨大但持续时间相对较短，同时该类事件对影响范围内人群的心理影响非常大，容易造成恐慌，引起混乱，不利于应急疏散指导，增加应急疏散难度；③事故灾难类。事故灾难类突发事件主要也是由于人为操作不当所引起的灾难性事件，该类突发事件的主要特点是处理过程复杂、危害多变、可预测性小、可防控空间大。这种条件下的应急交通疏散难度得视情况而定，因为不同等级的事故灾难需要针对性地分析其危害方式、危害机理、相关因素等。由上述基本定义，本书认为可以根据目前人们所掌握的技术将其分为可预警突发事件和不可预警突发事件，其中暴雨、地震、热带风暴、海啸等属于可预警突发事件，而火灾、毒气泄漏、恐怖袭击等则属于不可预警突发事件。其中，由于不可预警突发事件是许多复杂因素综合造成的，通常不具备一定规律，事发之前没有较明显的征兆，并且发生的时间点、地点都具有不确定性，因此很难预防和预警。这些突发性、偶然性和高危害性的事件很难利用先进的科学技术预测其发生时间以及影响范围，因此只能是在发生后第一时间疏散危险区域内人员。

此外，根据突发事件的定义、分类及其可能对应急交通疏散造成的影响，国际和国内都制定了对应的量化分级标准。其中，国内外对突发事件的分类标准包含以下四级：①重特大突发事件（Ⅰ级）：突发事件产生的后果非常严重，影响范围非常大，而且可能会不断扩大，受影响人员数量巨大，引起大量人员的高度恐慌和不安，造成了一定数量的人员伤亡和经济财产损失，需对受影响的人员进行远距离应急疏散，突发事件影响的对象通常是区域或系统内的人群，需要国家调用各方面的人力和物力进行控制；②严重突发事件（Ⅱ级）：突发事件产生的后果严重，影响范围较大，影响到的人员很多，造成了一定量的人员伤亡和经济财产损失，引起人群的恐慌和不安，需对整个区域或系统内受影响人员进行紧急疏散，需要调用区域或系统外的人力和物资来协助才能进行疏散；③较大突发事件（Ⅲ级）：突然发生，事态较为复杂，造成一定危害或威胁，突发事件产生的后果较为严重，有一定影响范围，对人员生命造成一定危害或威胁，影响到的人员较多，造成少数人员伤亡和经济财产损失，引起一定量人员的恐慌和不安，需对受影响范围内的人员进行紧急疏散；④一般突发事件（Ⅳ级）：突然发生，事态比较简单，突发事件产生的后果较轻，影响范围较小，仅给小范围内的人员带来危害或威胁，受突发事件影响的人员数量较少，并没有造成重大人员伤亡和财产损失，只是造成了人员恐慌，人员无须进行应急疏散。实际上，突发性事件的分级并没有特别绝对的量化标准，上述分级也仅仅是为方便了解突发性事件的基本情况，为研究突发性事件的应急交通疏散策略而提供基础。需要注意的是，突发性事件的分级也不是绝对的，有时候也存在一些突发性事件随着时间推移，不断发生级别上的转变，其可能会形成一个由低至高然后再转回为低的轨迹。

由上述分析可以看出，在应急交通疏散过程中引发的突发事件一般都具有如下特征：紧急性、危险性、不确定性、信息不完全、影响范围巨大、有连锁效应等。正是由于突发事件具有以上显著的特征，本书认为该状态下个体决策会受到其判断突发事件造成损失概率高低和个体行为特征不同的影响，从而导致对同一突发事件所作决策存在差异。一般来说，在突发事件状态下具有专业知识的人群可以依据其自身知识对当时情况做出理性判断或决策，而普通人群则只能依靠先验信息进行决策。Kahneman & Tversky（1979）提出的前景理论论证了个体在不确定情况下易受先验信息影响进而会做出冲动或非理性决策，且加之一般个体受到自身经验缺乏及相互之间信息交流不畅的影响，个体的非理性行为很容易在受影响区域快速传播，产生连锁反应和"羊群效应"，进而导致群体非理性决策行为的产生，并加剧突发事件应对难度。

通过上文对突发事件的特殊性及个体决策中可能存在的非理性行为表述，可以发现由于突发事件的紧急性、危害性、不确定性、连锁性和个体非理性决策行为存在，致使突发事件下的应急交通流具有其自身特点：①疏散人群出行时间集中，高峰持续时间长，时间价值高。突发事件大多具有不可预测性和危害性，发生时间极短，危害性极强，影响范围较广，疏散规模较大。此类事件发生时，通常还伴有一定的恐慌，因此在很短时间内，疏散空间或路径中的人流、车流急剧攀升，并且由于疏散空间或路径的公共属性和联通属性，可能会导致其中一段内交通流量在短时间内剧增进而产生具有连锁效应的危害，随着与突发事件发生场所距离的增加其交通流的连锁效应会迅速减弱。因此，可以看出，突发事件下人群出行时间相对集中，对交通的需求在时间上高度集中，其形成的交通流也会在短时间、局部范围内剧增，而为避免损失，将构成庞大交通需求的人群尽快疏散则是首要任务，因此突发事件发生之后越早进行疏散则对应的时间价值越高；②疏散路径安全可靠，且空间需求价值高。面对突发事件设计的疏散空间或路径对安全可靠要求非常高：首先，在疏散出发地和疏散目的地之间的空间或路径要安全可靠，即空间或路径被突发事件破坏的程度不会影响到正常通行。其次，需要保障应急疏散空间或路径的负荷要在其最大限制范围之内，保障疏散交通流正常通行。总而言之，在疏散人群时，为保证人群的安全，选择风险越小的空间或路径越好。③易受先验信息影响而产生非理性行为，并容易引发"羊群效应"，导致不同疏散方向的不均衡。由于突发事件的紧急性、不确定性和危害性，且影响区域内群体易受先验信息的影响产生疲劳、急躁心理，可能导致非理性行为产生，而且这种非理性决策行为可以通过连锁效应放大，进而引发"羊群效应"，致使多个源点出发的人群将会大量加载到疏散主线上，并且在疏散方向上都是以离开突发事件所在地为主，这就会引起疏散方向的不均衡，这与常规交通流需求有明显差异。因此，由非理性行为引起的"羊群效应"而导致交通流量加载规律及方向不均衡性也使得一般平衡配流方案不可能应用于本研究。

二、基础要素

突发事件后，如何使区域或系统之内的人员在最短时间选择合适的空间或路径疏散到安全区域是应急交通疏散管理的最终目的。而其中的核心环节就是需要被疏散个体对周边的情况进行感知与判断，然后做出决策并行动。在这一个体决策过程中，会有一些基本要素对个体决策行为产生深远影响，具体包括如下：疏散时间与疏散空间。其中，疏散时间一般具有过程性，其通常是指位于危害区域内人员进行疏散的时间。具体来看，就是从第一个被疏散个体进入疏散空间到最后一个被疏散个体抵达安全目的地所花费的总时间，在实际分析过程中可以考虑采取平均疏散时间作为衡量标准。疏散空间则是需要根据突发事件的不同级别来进行划分，一般来说其可以分为三级：疏散区、疏散缓冲区和疏散撤离点（见图 10 - 5）。疏散区，即立即反应区，也就是离突发事件危害中心非常近，事件发生后会迅速影响到的区域，该区域人员必须马上进行疏散，疏散得越快，受到危害的人群就越少，受到危害的程度也就越小；疏散缓冲区，指事件发生后，暂时是安全区域，随着时间推移可能会对人员有一定的危险，考虑是否需要疏散；疏散撤离点，是指已经出了事件影响范围，相对安全的区域。

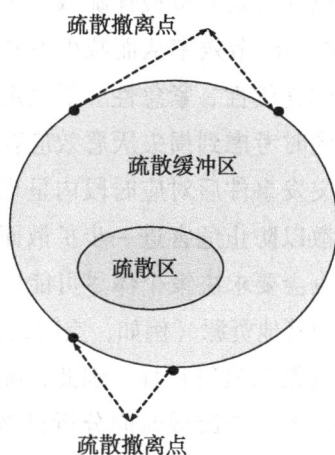

图10-5　疏散区、疏散缓冲区与疏散撤离点设定示意

三、参照点依赖的影响

根据前文对突发状态下应急交通流特征及影响要素的提炼，可以发现交通基础设施应急疏散管理其实是一种与时间及空间都高度相关❶的活动，因此若在交通基础设施应急疏散管理实施过程中的时间或空间要素出现问题的话，就会造成生命或财产的巨大损失。与此同时，考虑到个体依据对突发事件的评价和自身经验所做决策的正确与否对处于特定时间与空间条件下的交通基

---

❶ 荣朝和教授认为，交通运输是与时间及空间都高度相关的经济活动。与空间位置高度相关的交通运输服务，空间位置不对就会造成损失；与时间高度相关的交通运输服务，时间不对就会造成损失；与空间位置和时间同时高度相关的交通运输服务，空间位置或时间中任何一个不对则会造成损失。而应急交通疏散作为特殊情境下交通运输服务过程中的最主要环节，其无疑与时间、空间都具有高度相关性。

础设施应急疏散管理也会产生巨大影响。在前人研究成果的基础上❶，本书认为突发事件下的个体选择或决策是决定交通基础设施应急疏散管理是否能够成功的核心要素，是一种个体基于先验信息或经验对当时疏散时间价值与疏散空间价值收益或损失进行判断的参照点依赖效应，是在突发状态下个体试图避免疏散时间价值与疏散空间价值损失的交通需求行为。而对于其中的疏散时间价值来说，其通常被认为是人员最佳疏散时机所形成的价值，即根据先验信息或经验要求人员提高疏散效率从而减少不必要损失所形成的时间价值。由于疏散时间所具有的连续性、紧急性、不确定性与危险性使其可能成为引发潜在危险的时段，同时考虑到损失厌恶效应存在，这就使得个体对其价值的认知与判断曲线在突发事件后对应时段内呈现出迅速下降的特点，因此就需要尽快组织个体疏散以防止危害进一步扩散而造成更大损失。与此同时，疏散时间长短的约束也会要求决策个体尽可能以避免时间价值损失为首要前提去合理安排所掌握的其他资源（例如，空间或路径、疏散方式等），来实现在资源耗尽之前得到疏散的最终目标。因此，疏散时间价值将是影响个体决策或选择行为的首要因素。与疏散时间分析思路类似，疏散空间或路径并不仅仅是一个度量的概念，对其价值的认识、判断，并采取一定手段避免损失（同样是由于损失厌恶效应存在）才是最终的目的。作为构成应急交通疏散管理的另一基本要素，疏散空间价值主要指的是在疏散过程中由人员根据先验信息或经验进行合适的空间或路径选择决策，进而避免对应损失所形成的价值，其衡量标准体现为疏散区域范围的选取、疏散撤离点位置及数量的确定、疏散空间或路径风险的估计等。在实际情况中，被疏散个体则需要根据当前所处的位置、周围的环境地形、疏散路径分布以及突发事件影响范围等空间条件做出对应决策，使得其尽快撤离受突发事件影响的区域，以免造成不必要的损失。综上所述，本书认为从微观视角来看交通基础设施应急疏散可以看作是一种被疏散个体基于先验信息或经验尽可能做出避免或减少疏散时间价值与疏散空间价值损失决策的特殊交通运输需求行为。

---

❶ 相关研究，前人已从各自研究的领域考察过交通基础设施应急疏散管理过程中个体决策行为的问题，其中既包括交通运输技术视角的应急交通疏运的路径选择行为，也包括公共危机管理视角下交通基础设施应急疏散管理策略与行为关系研究，本书这里不再赘述。

四、疏散行为模型

由上述分析可知，对受到参照点依赖及损失厌恶效应影响的疏散时间价值与疏散空间价值进行认知与判断既是被疏散个体决策或选择行为的依据，同时也是交通基础设施应急疏散管理手段或政策实施的微观经济基础。其中，被疏散个体在突发状态下对疏散时间价值与疏散空间的认知与判断往往源于一个包含先验信息或经验的参照点。然而，这种基于参照点的认知与判断并不是基于严密的逻辑计算，而是被疏散个体综合自身信息与经验后的一种主观比较结果。因此，如果被疏散个体所得到的信息与经验通过权威渠道传播并被正确理解的话，那么它就有可能引导被疏散个体对疏散时间价值及空间价值进行正确的认知与判断，从而降低个体心理恐惧程度，采取正确的疏散措施，实现理性的决策或选择。这里需要强调的是，被疏散个体此次的决策或选择结果及其产生的影响将会成为下一次决策的经验或依据。基于上述分析，可以得到一个突发状态下的交通基础设施应急疏散个体决策或选择行为的概念模型，具体如图 10－6 所示。

考虑到在决策或选择模型中，个体对疏散时间价值和疏散空间价值的认知与判断受到参照点依赖及损失厌恶效应的影响，本书在这里将借助前景理论中的基本函数对上述概念模型进行数学表述，即个体决策或选择行为将由价值函数 $V(x)$ 和主观权重函数 $w(p)$ 联合决定。其中，价值函数 $V(x)$ 是一个主观函数，其通常会预先存在一个基于先验信息或经验的参照点；而主观权重函数则是一个概率函数，其往往具有低概率事件被高估，而高概率事件被低估的鲜明特征。综上可知，对于一个可能的疏散路径决策或选择 (x, p, y, q) 来说，其具体的计算公式为：

$$V(x, p, y, q) = v(x) w(p) + v(y) w(q) \qquad (10-1)$$

其中，一些特殊点的取值为 $v(0)=0$, $w(0)=0$, $w(1)=1$。

依据前景理论中的评价规则和个体决策或选择行为中疏散时间价值、疏散空间价值的影响，本书认为在交通基础设施应急疏散过程中个体在进行选择或决策时会更看重疏散时间与疏散空间相对价值的得失变化，因此其价值函数应该视参照点水平而定；而权重函数则是决策或选择个体在突发事件造成损失的概率基础上，通过先验信息与经验进行综合处理得到的估计结果。基于此，本书在这里给出突发状态下交通基础设施应急疏散过程中个体决策

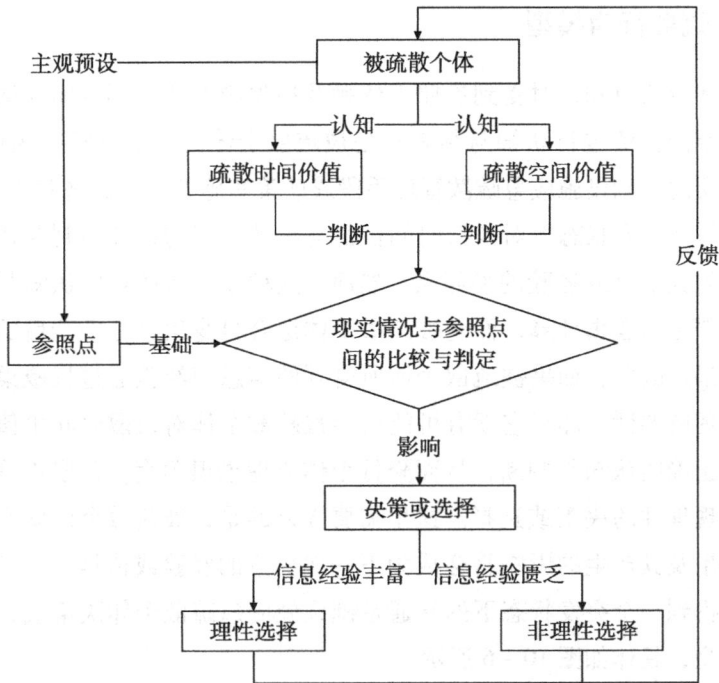

图 10 - 6　个体决策或选择行为的概念模型

或选择行为的基本定义式：

$$B_i = f\left[V_i\left(x\right), w_i\left(p\right)\right] = \left[\left(vtt_i + ts_i\right) \times pi_i + \left(vtt_i * ts_i\right) \times pi_i\right]$$

$$(10 - 2)$$

公式（10 - 2）中，B_i 表示第 i 个决策个体在交通基础设施应急疏散过程中的行为；$V_i\left(x\right)$ 表示第 i 个决策或选择个体所形成的主观价值函数；$w_i\left(p\right)$ 表示第 i 个决策或选择个体所形成的主观权重函数；vtt_i 表示第 i 个决策或选择个体对疏散时间价值的判断；ts_i 表示第 i 个决策或选择对疏散空间价值的判断；pi_i 表示第 i 个决策个体对先验信息或经验处理后的判断结果；$*$表示疏散时间、疏散空间价值之间的相互影响关系。

由上述个体决策或选择模型可以看出，交通基础设施应急疏散管理过程中的基本目标在于避免疏散时间价值和疏散空间价值损失，而衡量损失的标准在于参照点选取，因此可以考虑通过权威渠道进行重要信息传播以帮助被疏散个体修正其在不同突发状态下对疏散时间价值和疏散空间价值的认知态度，确立合理的参照点，进而对价值函数 $V_i\left(x\right)$ 进行优化，降低疏散个体的过度敏感性与恐惧心理。但是，在实际的交通基础设施应急疏散管理过程中，政府相关部门要面对的不是一个个独立个体，而是突发事件可能涉及范围内的所有个体。而且，考虑到不同个体自身属性特征的差异和疏散时间及空间价值认知的差异，即便是面对同样的突发情况他们也可能会做出不同反应。而这些不同反应可能由于盲目从众、交叉传播、连锁扩散等效应迅速引起群体非理性决策行为，进而导致疏散区域拥挤或路径选择错误从而降低疏散速度，造成疏散时间价值和疏散空间价值损失。基于此，本书认为可以根据个体行为分析模型扩展出一个突发状态下的群体应急疏散决策或选择行为（Group Decision Behavioral，GDB）模型。但需要注意的是，由于疏散过程中个体间会相互影响，所以群体决策或选择行为并不是个体可能行为的简单叠加，而是考虑决策个体相互影响的非线性累积。由此，可以得出交通基础设施应急疏散管理过程中群体决策或选择行为模型（GDB）的基本定义公式：

$$GDB = \int_{i=1}^{n} B_i + \{B_i * B_{i+1} * \cdots * B_{n-1} * B_n\}$$

$$= \int_{i=1}^{n} f[V_i(x), w_i(p)] + \{f[V_i(x), w_i(p)] * f[V_{i+1}(x), w_{i+1}(p)]$$

$$* \cdots * f[V_{n-1}(x), w_{n-1}(p)] * f[V_n(x), w_n(p)]\}$$

$$(10-3)$$

$$= \int_{i=1}^{n} [(vtt_i + ts_i) \times pi_i + (vtt_i * ts_i) \times pi_i] + \{[(vtt_i + ts_i) \times pi_i +$$

$$(vtt_i * ts_i) \times pi_i] * [(vtt_{i+1} + ts_{i+1}) \times pi_{i+1} + (vtt_{i+1} * ts_{i+1}) \times$$

$$pi_{i+1}] * \cdots * [(vtt_{n-1} + ts_{n-1}) \times pi_{n-1} + (vtt_{n-1} * ts_{n-1}) \times$$

$$pi_{n-1}] * [(vtt_n + ts_n) \times pi_n + (vtt_n * ts_n) \times pi_n]\}$$

五、分析框架

众所周知，突发状态下被疏散群体决策或选择行为的多样性会给交通基础设施应急疏散管理带来巨大挑战，并有可能加剧突发状态的复杂性。由上述分析得出，交通基础设施应急疏散管理过程中的一个基本目标就是减少不必要的疏散时间及空间价值损失。而为了防止疏散过程中由个体非理性决策或选择行为引起的"连锁效应"或"羊群效应"导致不必要的疏散时间及空间价值损失，还需要依靠实时信息供给（Timely Information Supply，简称 TIS）等有效技术手段来控制负面影响蔓延。正是考虑到了实时信息供给在交通基础设施应急疏散管理过程中防止和消除"连锁效应"或"羊群效应"、保证疏散过程顺畅的重要作用，相关信息部门就需要第一时间参与到疏散管理过程中，并利用自身信息优势分担应急疏散管理中的治理权，以直播技术即时传递疏散管理过程中的最新信息，以便于发挥其不同一般的影响力和作用力。

事实上，依靠实时信息供给机制来控制负面影响蔓延是实现交通基础设施应急疏散管理基本目标的重要条件与技术保障，其与避免疏散时间及空间价值损失具有明显的正反馈关系：实时信息供给可以有效制止负面效应的传播与扩散，进而保证交通基础设施应急疏散管理过程顺畅，降低疏散时间及空间价值的损失；与此同时，应急疏散管理过程的顺利进行也有助于减少不必要的损失，进而限制负面效应的传播与扩散。正是由于上述正反馈关系的存在，本书在这里将结合被疏散群体决策或选择行为模型和实时信息供给机制设计出一个突发状态下交通基础设施应急疏散管理过程分析框架，具体如图 10 - 7 所示。随着被疏散群体先验信息或经验的丰富，使得其对应急交通疏散这种特殊时间及空间价值有正确的认知（GDB 沿横轴向外移动）以及相关部门能够实时通过权威渠道进行信息供给（TIS 沿纵轴向上移动），使 GDB - TIS 向外扩张，这将会为突发状态下交通基础设施应急疏散管理及应对措施制定降低难度，减少不必要的损失；相反，若被疏散群体先验信息或经验相对匮乏，由此导致其对应急交通疏散的特殊时间及空间价值没有正确认知（GDB 沿横轴向内移动）以及相关部门没有能够通过权威渠道对被疏散群体的实时信息需求进行满足（TIS 沿纵轴向下移动），使 GDB - TIS 向内收缩，这无疑会加剧突发状态的紧急性和不确定性，给交通基础设施应急疏散管理及应对措施制定增加难度，导致无谓的损失。

由上述先验信息或经验对 GDB 的影响分析可知，在应用分析框架进行交通基础设施应急疏散现场进行管理并制定应对策略时，通过调整 TIS 供给的密集程度对 GDB 进行优化是可行的也是必要的。因为在交通基础设施应急疏散管理过程中，即使是面对先验信息或经验相对匮乏而对疏散时间及空间价值没有正确认知的群体，如果相关部门可以通过权威渠道进行及时、有效且高密度的实时信息供给，其也可能会有效地制止 GDB 向理性程度低的方向收缩，促使其沿理性程度高的方向扩张。其中，在疏散时间方面，TIS 的供给内容至少应包括突发事件的发展态势与时间特征、疏散时间的可控范围、疏散

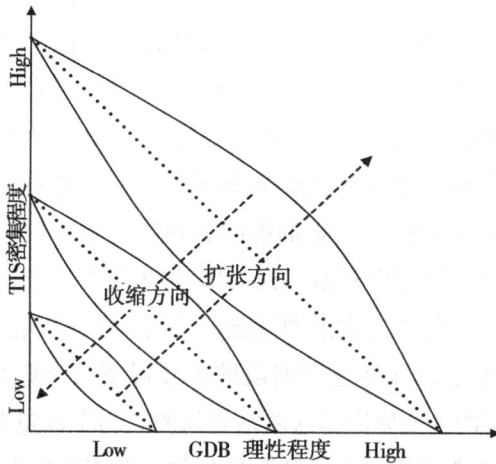

图 10 - 7　应急疏散管理过程分析框架

时序与顺序等信息；而在疏散空间方面，TIS 的供给内容至少应包括突发事件的波及范围、现场的地形特征与路网布局、疏散空间与区域的划分、备选疏散空间与路径风险大小等信息。此外，如果被疏散群体缺乏有关的先验信息或经验，那么 TIS 的供给内容至少还应该包括事件的类型与特征、类似事件可能造成的损失及概率、类似事件的发生机理、可控性与应对方案的科学依据、政府处理类似事件的态度与信心、政府处理类似事件的经验与应对方案等。此外，值得注意的一点是，若 TIS 的供给内容中包含政府相关部门高级别领导人的态度、决心和行为，将对促进 GDB 向理性程度高的方向回归起到巨大推动作用。

六、案例验证

为了验证上述分析框架的适用性，本书以我国 2008 年年初湖南雪灾导致京珠高速湖南段交通拥堵，并进行疏散的过程来考察我国政府部门在处理突发事件下交通基础设施应急疏散管理与措施制定方面的实践经验。需要说明的是，2008 年 1 月发生在京珠高速湖南段的事故属于天气自然灾害（冰雪灾害）引发的交通拥堵与疏散案例，具有对受灾区域交通运输影响大、媒体关注度高等特点，对此类典型案件的分析可以为我国相关部门交通应急疏散策略的制定提供一定借鉴与参考。

2008 年 1 月，我国出现了罕见的大范围低温、雨雪、冰冻灾害，上海、浙江、江苏、安徽、江西、河南、湖北、湖南、广东、广西、重庆、四川、贵州、云南、陕西、甘肃、青海、宁夏、新疆 19 个省、自治区、直辖市均不同程度受到影响。持续低温、雨雪、冰冻天气，给湖南、湖北、安徽、江西、广西、贵州等省、自治区造成重大影响和损失，特别是对交通运输、能源供应、农业及人民群众生活造成严重的影响和损失。本案例选择的时间节点是从 2008 年 1 月 13 日天气突变开始，到 2008 年 2 月 4 日最后一批车辆离开湖南为止，其间共发生大约 4 次大范围低温、雨雪、冰冻灾害过程，持续 20 多天。空间范围则选取了京珠高速湖南段的羊楼司站与小塘站，如图 10 - 8 所示❶。选择该段公路的主要原因是这两站之间的平均车流量要明显高于其余 3 站，可以凸显其在京珠高速"大动脉"的地位。而该段公路从 1 月 13 日开始的冰雪天气导致路面大面积结冰，京珠高速羊楼司站以北地区的交通管制适时解除，滞留车辆进入湖南省，导致车辆严重拥堵，疏散过程延长，车辆与司乘人员长时间滞留该段高速公路，给地区经济社会发展和人民群众的生命财产安全造成巨大威胁。在湖南省内羊楼司站到小塘站段的高速公路人群疏散管理过程中，可以根据 TIS 供给密度与 GDB 理性程度划分为两个阶段，第一阶段从天气突变到 1 月 31 日，其间京珠高速公路湖南段小塘站已经发生严重的车辆拥堵问题，而且大量人员被迫滞留在该路段之内。这段时间属于 TIS 供给密度严重不足、GDB 理性程度向低方向急速收缩的阶段；之后则属于第二阶段，交通管理、气象等部门实时信息供给增加，对应疏导方案的实施，使得出行群体信息需求得到满足，进而使得非理性交通行为得到有效控制。

由于此次低温、雨雪、冰冻灾害天气发生时已临近中国的农历春节，大家回家过年的心情都十分迫切，同时气象部门又低估了此次冰雪灾害的严重程度❷，这才导致自 1 月 13 日开始，直到 1 月 31 日导致大规模高速公路交通拥堵事故。而全国统一的协调救灾行动与应急疏散工作也是直到时任国务院总理的温家宝两次南下之后才开始进行的。而在此期间，因为气象部门并未

---

❶　原始资料来源于：汪寿阳，等.突发灾害对我国经济影响与应急管理研究——以 2008 年雪灾和地震为例［M］.北京：科学出版社，2010：39－301.

❷　2008 年 1 月 13 日至 20 日，降雨（雪）量逐渐增大，湖南偏北地区，如岳阳和长沙已经出现 8－10 厘米厚的积雪，随着 1 月 26 日新一轮的强降雨（雪）的到来，岳阳、长沙等地的积雪厚度开始增加，最高时的积雪厚度可达 12 厘米。

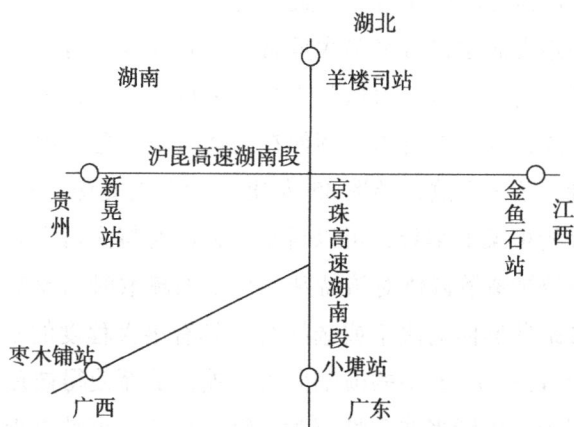

图10－8 湖南省跨省高速公路拥堵段示意

对当地天气变化情况做出准确预测，同时地方政府及交通管理部门反应迟缓以及和军队间存在的不协调问题，致使相关部门在京珠高速湖南段发生大规模交通拥堵3天后才开始正式救援与疏散工作，而此时已经错过最佳疏散与救灾时期。根据 GDB 模型，作为影响被疏散群体决策或选择行为的最主要因素之一——疏散时间价值会在交通拥堵刚刚发生以后的短时间内迅速波动，进而引发被疏散群体的时间压力、心理压力等，进而导致群体非理性行为发生。例如，在刚刚拥堵时，有司乘人员急于赶时间，擅自移动高速公路隔离带，将汽车驶入对向车道，导致正面相撞，进而引发连环撞车事故。统计资料显示，仅雪灾期间正面相撞的交通事故约为 2007 年同期的 9.4 倍❶。与此同时，羊楼司站到小塘站段的高速公路由于自身设计问题：车流量估计不足、服务区容量设计有限，部分桥梁、涵洞、长坡、临水路段存在明显的设计缺陷，致使其在疏散空间上无法满足雪灾时期的特殊交通需求，即没有满足被疏散群体对疏散空间价值的需求，由此导致大量车辆需要排队等候，在该种情况下，被疏散群体的非理性"过度反应""连锁反应"不断出现，如某路段内，尾随车辆相撞事故增多。统计资料显示，雪灾期间尾随车辆相撞的交通事故约是 2007 年同期的 8 倍。此外，考虑到当时受国家救助的五个自然灾害应急专项预案中并不包括雪灾，而且此次雪灾更是 50 年一遇，因此在灾害

---

❶ 汪寿阳，等. 突发性灾害对我国经济影响与应急管理研究——以 2008 年雪灾和地震为例[M]. 北京：科学出版社，2010：20－79.

爆发期，被疏散群体对此类灾害并无类似先验信息或经验，也不知道此种程度的雪灾会给公路交通运输带来多大危害。正是在这种情况下，被疏散群体极易受到"小道信息""虚假信息"干扰而采取一些盲目跟风行为，进而引发了群体非理性决策或选择行为，例如在高速公路应急疏散过程当中，就发生多起失火及翻、坠车事故，导致 35 人死亡，81 人受伤。根据 GDB 模型及应急疏散管理分析框架的解释，可以得知，在面对特大雪灾时，由于缺乏先验信息或经验导致被疏散群体对该特殊条件下的疏散时间及空间价值无法正确认知，因此被疏散群体的决策或选择行为具有很大程度的不确定性，GDB 的理性程度会沿着图 10 - 8 中的横轴向内收缩，从而使得被疏散群体在应急交通疏散过程当中产生诸多非理性行为。综上可知，正是由于被疏散群体的非理性行为和交通部门前期疏导不利才致使 1 月 26 日至 2 月 4 日这 10 天内，羊楼司站到小塘站段的高速公路总计拥堵车辆 80977 车·天，即每天约有 8100 辆车滞留在高速公路上，按照一辆车拥堵一天所造成的损失为 1000 元来计算，雪灾期间仅因交通拥堵造成的直接经济损失约为 0.8 亿元。❶

信息论奠基人 Shannon 曾经为信息下过这样的定义："信息就是用来减少随机产生的不确定性。"而从经济学角度来说，信息则代表着一种资源，用来区别专业人士与一般人群。在本案例中，气象部门、交通管理等部门具有信息优势，而处于弱势地位的被疏散群体则会产生"相对剥夺"（Relative Deprivation）的感觉。在应急交通疏散过程当中，由于被疏散群体对实时天气、交通拥堵等信息的需求得不到满足，被困群体产生了群体相对剥夺的感觉，使得分析框架中的 TIS 供给沿着纵轴向内收缩，进而产生一系列群体非理性行为。它的直接结果就是导致短短的几天（1 月 26 日至 31 日）时间内，羊楼司站到小塘站段的高速公路滞留了将近 2 万多车辆，并发生多起严重交通事故。其中，1 月 25 日时京珠高速湖南段公路就已经出现严重的交通拥堵，但是有关各部门及新闻媒体报到的道路通车信息混乱且不一致，致使许多不知情的车辆进入京珠高速湖南段后就无法出去。

在冰雪灾害发生初期，鉴于此种灾害类型并未列入国家五种自然灾害应急专项预案中，且相关部门并未及时有效的提供信息，致使被疏散群体信息

---

❶ 汪寿阳，等. 突发性灾害对我国经济影响与应急管理研究——以 2008 年雪灾和地震为例 [M]. 北京：科学出版社，2010：71 - 79.

需求没有得到满足，而被困于京珠高速湖南段公路的群体基于自身先验信息或经验对疏散时间及空间价值的认知与判断几乎处在高度不确定状态，进而使群体产生了"相对剥夺"，以上各种原因相互作用，使得分析框架中 GDB 的理性程度出现急速收缩，以致产生了一系列群体非理性行为，给交通安全控制及社会经济发展都带来了不利影响，具体见表 10 - 4。

表 10 - 4　雪灾期间京珠高速（湖南段）群体非理性行为造成的交通事故及经济损失统计

统计项目	次数/人	死亡人数/人	受伤人数/人	直接财产损失/元
正面相撞	94	37	115	410155
侧面相撞	53	25	87	203791
尾随相撞	41	22	57	651410
对向刮擦	4	1	7	10000
同向刮擦	8	1	12	77395
剐撞行人	28	10	19	8500
碾压	2	2	0	1000
翻车	20	27	59	323500
坠车	4	8	22	305000
失火	1	0	1	82220
撞固定物	13	4	36	140230
撞静止车辆	9	6	24	268875
其他	7	4	6	4000
合计	284	150	445	2486076

资料来源：汪寿阳，等. 突发性灾害对我国经济影响与应急管理研究——以 2008 年雪灾和地震为例［M］. 北京：科学出版社，2010：79.

备注：雪灾统计时段为 2008 年 1 月 13 日至 2008 年 2 月 4 日。

根据 GDB - TIS 分析框架，如果气象、交通等有关部门在雪灾开始时期就能从战略高度对灾难可能带来的后果给予重视，并通过增加 TIS 的供给密度来引导被疏散群体正确地认知交通拥堵后的疏散时间及空间价值，使得 GDB 外移，就可以有效减少群体非理性行为及交通事故数量和经济损失。而事实也证明了这一判断的有效性，1 月 28 日，湖南省开始实施"京珠高速公路跨省大分流保通畅"方案，气象、交通等部门全力配合，并对危险路段进行抢修和清理，同时通过权威媒体对疏散救灾信息进行实时播报，这一系列举措在很大程度上平息了被困群体的怀疑、恐慌心理，并积极配合交通管理部门的疏散工作。随着群体信息需求的不断得到满足，群体在雪灾及交通拥堵中表现出的非理性行为在逐渐减少，理性应对开始增加，GDB 的理性程度逐渐升高，截止到 2 月 4 日，京珠高速湖南段拥堵车辆基本得到疏散。

七、管理政策启示

由雪灾案例中京珠高速湖南段的交通基础设施应急疏散管理过程可以看出，在面对突发状态下的特殊交通疏散需求时，除了通过采用组织管理、技术或其他手段有效地降低或避免群体的疏散时间及空间价值损失，减少被疏散群体非理性行为方案或措施的制定与完善也是必不可少的。而且，交通基础设施应急疏散管理策略不断完善也是为了能够更好地解决突发状态下群体对疏散时间及空间价值关系匹配的认知和判断问题。基于此，本书根据前面提出的 GDB – TIS 分析框架，提出要完善管理策略体系至少应该从以下两个方面深入：需求管理策略与信息供给策略。

需求管理策略完善是基于交通需求管理分类的思想，采取响应措施来应对突发事件。其中，分时段（对应疏散时间）、分区域（对应疏散空间）疏散是其管理思想的核心。在面对突发事件时，想要将处于交通需求高峰的人员进行同时疏散显然是不大可能的。因此，必须根据突发事件的发生地点、紧急程度、影响范围和受影响区域内的地理特征、路网设计和输送能力、人口规模等进行若干不同等级的疏散区域和缓冲区域划分，并在疏散区域边缘设置相应的疏散撤离出口，以便对处于不同受影响区域的群体进行疏散安排，具体如图 10 – 9 所示。其中，路网设计和输送能力等因素对分时疏散或同时疏散有着重要影响。相关研究表明，对于疏散相同规模的人口来说，若疏散区域划分是棋盘状路网设计，此时分时疏散要比同时疏散效果好；若疏散区域划分是环状路网设计，那么此时分时疏散与同时疏散的效果差别不大。

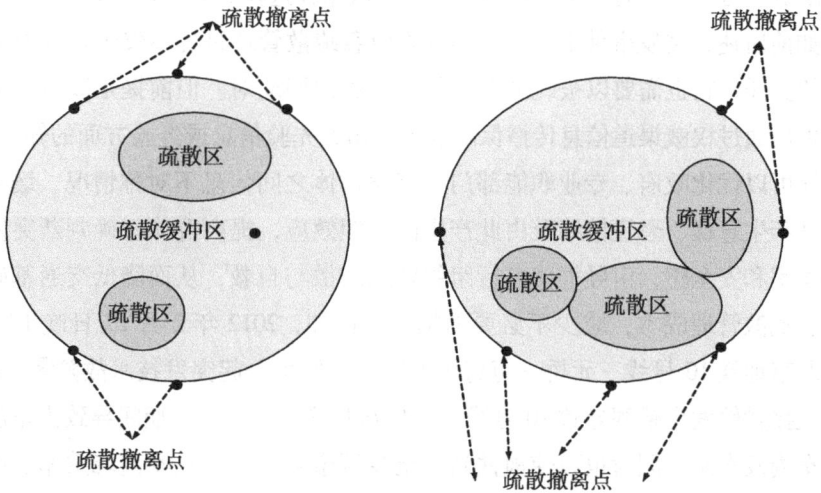

图 10－9　疏散区、疏散缓冲区与疏散撤离点设定示意

而信息供给管理策略则是以健全信息供给机制和数字化、遥感和网络通信等技术作为制定基础。其完善内容应该至少包括以下 3 个方面：信息预警、信息供给监控和信息发布平台。信息预警系统应包含所有交通基础设施应急疏散过程中的可能情况，建立起疏散预警的快速反应机制；信息供给监控主要起到对信息发布的准确性给予核实，并对可能存在的信息失真情况予以及时处理，保证信息传递的及时、有效；信息发布平台则包含广播、互联网、可变信息版等发布疏散线路消息、疏散出口、事故信息等。

综上所述，本书认为在交通基础设施应急疏散管理策略的完善过程当中，如果能将需求管理思想与疏散时间及空间价值参照点依赖、损失厌恶等行为经济学中的理论与研究方法相结合并深入应用到策略体系当中，通过这些成熟理论及方法来凝练出突发状态下的被疏散群体行为决策或选择模式，就可以更科学地指导群体在突发状态下的应急交通疏散行为，避免不必要的经济损失或人员伤亡。例如，Kirstin（2002）等人的研究，在躲避佛罗里达飓风的疏散过程当中，融入了上述理论及方法的管理策略对指导被疏散者做出正确决策起到了显著作用。在全部被疏散者中，50% 的人会在 6 个小时之内疏散完毕，同时绝大多数人所疏散的距离都远远超过了必要疏散距离。可以看出，考虑了上述思想的管理策略不仅可以帮助相关部门对应急交通疏散管理机制进行系统性思考，而且对于复杂且表现形式多样的突发事件下群体是否能正确判断疏散时间及空间价值进而实现理性疏散路径选择具有一定指导意义。

如前所述，突发事件下交通基础设施应急疏散管理过程不仅仅是政府单一主体的责任，它也需要以被疏散群体的参与和协同应对。但前提是政府相关部门有责任通过权威渠道信息传播保障群体在相关先验信息或经验方面的知情权，而这样可以优化政府、专业职能部门与普通群体之间信息不对称情况，缓解群体心理产生急躁、恐慌情绪及由此产生的连锁效应，提高群体正确判断突发状况的概率和安全感，引导群体自行组织紧急疏散与自救，从而降低交通基础设施应急疏散管理成本，减少不必要的损失。例如，2012 年 2 月 27 日晚 17：40分，北京地铁 10 号线三元桥—芍药居上行区间发生一起突发技术故障❶。事故起因是接触轨发生跳闸导致 10 号线全线封站并停运一小时，期间导致大量旅客滞留车内及车站，同时也致使地铁站外至少百余乘客无法在晚高峰乘车。此事对晚高峰 10 号线列车运营产生较大影响，并导致 1 号线、5 号线和 10 号线的换乘车站采取了限流措施，造成了搭乘其他线路旅客的不便。一起意外的技术故障造成了 10 号线车站外及其他线路大量旅客滞留的事件，说明了北京地铁的应急处置并不妥当。其中最重要的表现就是对交通晚高峰时段内发生事故，并导致车站内拥挤着大量旅客等可能发生的情况估计不足，而且也没有通过高频率且有效的实时信息传递来疏散乘客滞留人数。与之相反，其中很多乘客则基于先验信息或经验❷对事态进行初步判断，并通过其他信息传递方式代替北京地铁提供有效信息以满足地铁 10 号线乘客的需求，例如，许多未进站的 10 号线乘客是通过滞留乘客的电话、微博等方式得知 10 号线事故，因此可以提前选择其他交通运输方式替代 10 号线地铁出行，以避免旅行时间的浪费。因此，在正确认知交通基础设施应急疏散时间及空间价值，并及时、有效地满足群体的实时信息需求，对于指导群体正确认知事态发展和相关部门做出妥善决策都有着不可估量的作用。就以上述地铁事件来说，由于突发技术故障导致北京地铁在对晚高峰时段的旅客交通需求估计明显不足，同时与旅客间存在明显的信息传递不畅通现象，使得乘客大量滞留，进而致使公众对北京地铁提供运输服务可靠性产生怀疑。但是，值得注意的现象是处于该事故中

---

❶ 李文蕊. 北京地铁 10 号线因故障封站，已恢复运营．［EB/OL］．（2012 – 02 – 27）［2012 – 02 – 27］．腾讯新闻，http://news.qq.com/a/20120227/001882.htm.

❷ 在此之前，北京地铁曾发生多起因技术故障导致停运的事件。如 2008 年 11 月 19 日 13 号线停运事故，2009 年 6 月 11 日 2 号线的停运事故等。

的旅客并没有显示出明显慌乱，有的旅客甚至利用手持无线设备与外界进行信息沟通以帮助未进站旅客选择其他交通方式进行替代。由此可以看出，被疏散群体的主动决策或选择行为对交通基础设施应急疏散管理有着举足轻重的影响。因此，就更不应该忽视被疏散群体在交通基础设施应急疏散管理中所发挥的主观能动作用。

综上所述，区别于以往研究，作者认为突发状态下交通基础设施应急疏散管理过程中的重点研究对象应该是群体或群体行为，需要从总结被疏散主体特征和行为规律的角度去提高交通基础设施应急疏散管理能力。基于此，在引入疏散时间及空间价值参照点的基础上，本书构建了一个突发状况下的应急交通疏散群体决策或选择行为模型，该模型重点强调了管理过程中的基于先验信息或经验而形成的疏散时间及空间价值参照点对于被疏散个体及群体决策或选择行为的重要性。此外，在结合实时信息供给机制的基础上，设计了引导群体决策或选择行为由非理性过渡到理性的交通基础设施应急疏散管理分析框架，该框架对应急交通管理策略体系完善及应急决策支持系统和信息供给系统建设具有一定指导意义。

第三节 本章小结

正如本章开篇所说，引入参照点的分析思路在不妨碍交通运输经济学规范性分析的前提下已显现出了巨大应用潜力，并针对一些传统研究问题或方向提出了独到的解释视角。而本章正是秉承了上述思路与理念，针对"错时上下班"制度和应急交通疏散的管理机制问题进行了扩展性分析：首先，利用参照点依赖原理对"错时上下班"制度进行了全新阐释，并提出应当从城市综合交通需求管理视角出发来改变出行理念，这样才能使"错峰出行"制度发挥出最大效用；其次，区别于以往研究，提出对于交通基础设施应急疏散管理应该更多集中于考虑疏散时间及空间价值参照点后被疏散群体主观决策或选择行为的影响而非一味遵循有关疏散能力评价模型的计算结果，并以此为基础构建应急交通疏散管理分析框架。通过典型的案例分析来验证其适用性与有效性，这对我国交通基础设施应急疏散管理体系的完善具有一定借鉴价值。

参考文献

英文文献

[1] Abrantes P. , Wardman M. . Meta-analysis of UK values of travel time: an update [J]. Transportation Research Part A,2011(45):1 – 17.

[2] Arrow K. . Essays in the theory of risk bearing[M]. Chicago: Markham Publishing Company,1971:28 – 59.

[3] Arnott R. , De Palma A. , Lindsey R. . Economics of a bottleneck [J]. Journal of Urban Economics,1990(27):111 – 130.

[4] Arnott R. , De Palma A. , Lindsey R. . A structural model of peak-period congestion: a traffic bottleneck with elastic demand [J]. The American Economic Review,1993(83):161 – 179.

[5] Arnott R. , De Palma A. , Lindsey R. . The welfare effects of congestion tolls with heterogeneous commuters[J]. Journal of Transport Economics and Policy,1994 (28):139 – 161.

[6] Axhausen,Konig,Abay,et al. . Swiss value of travel time savings[C]. Eu-ropean Transport Conference,Strasbourg,2004:1 – 18.

[7] Axhausen,Hess,Konig,et al. . Income and distance elasticities of values of travel time savings:New Swiss results[J]. Transport Policy,2008(15):173 – 185.

[8] Basu D. , Maitra B. . Stated preference approach for valuation of travel time displayed as traffic information on a VMS board[J]. Journal of Urban Planning and Development,2010,136(3):214 – 224.

[9] Bates J. , Polak J. , Jones P. , et al. . The valuation of reliability for personal travel [J]. Transportation Research E,2001,37(18):191 – 229.

[10] Batley R. , Ibanez N. . Randomness in preferences, outcomes and tastes: an

application to journey time risk[C]. Proceedings of the International Choice Modelling Conference, Harrogate, UK, 2009:2 – 20.

[11] Becker G.. A theory of the allocation of time [J]. The Economic Journal, 1965, 75(299):493 – 517.

[12] Bhat C.. Accommodating variations in responsiveness to level-of-service measures in travel mode choice modeling [J]. Transportation Research A, 1998, 32 (7):495 – 507.

[13] Bhat C., Sardesai R.. The impact of stop-making and travel time reliability on commute mode choice [J]. Transportation Research Part B, 2006 (40): 709 – 730.

[14] Bogers, Zuylen. The importance of reliability in route choices in freight transport for various actors on various levels[C]. Proceeding European Transport Conference Strasbourg:IEEE, 2004:136 – 154.

[15] Börjesson M., Fosgerau M., Algers S.. On the income elasticity of the value of travel time[J]. Transportation Research Part A, 2012(46):368 – 377.

[16] Briesch, Krishnamurthi, Mazumdar, et al.. A comparative analysis of reference price model [J]. Journal of Consumer Research, 1997, 24(9):202 – 214.

[17] Brownstone D., Ghosh A., Golob T., et al.. Drivers' willingness to pay to reduce travel time:evidence from the San Diegol 1 – 15 congestion pricing project [J]. Transportation Research Part A, 2003(37):373 – 387.

[18] Brownstone D., Small K.. Valuing time and reliability:assessing the evidence from road pricing demonstrations [J]. Transportation Researeh Part A, 2005 (39):279 – 293.

[19] Button K.. Transport economics. [M]. Cheltenham, Northampton, MA:Edward Elgar, 2010:99 – 108.

[20] Calfeea J, Winstonb C.. The value of automobile travel time:implications for congestion policy[J]. Journal of Public Economics, 1998(69):83 – 102.

[21] Carlo Fezzi, Ian J Bateman, Silvia Ferrini. Using revealed preferences to estimate the value of travel time to recreation sites[J]. Journal of Environmental Economics and Management, 2014(67):58 – 70.

[22] Carrion C.. Value of reliability:actual commute experience revealed preference

approach [D]. University of Minnesota, Twin Cities (USA), 2010:15 - 21.

[23] Carrion C. , Levinson D. . Value of reliability: high occupancy toll lanes, general purpose lanes, and arterials [C]. Conference Proceedings of 4th International Symposium on Tranportation Network Reliability in Minneapolis, MN (USA), 2010:12 - 24.

[24] Carrion C. , Levinson D. . A model of bridge choice across the mississippi river in minneapolis [C]. Network Reliability in Practice: Selected Papers From the Fourth International Symposium on Transportation Network Reliability. Springer, 2011:115 - 129.

[25] Daganzo C. . The uniqueness of a time-dependent equilibrium distribution of arrivals at a single bottleneck [J]. Transportation Science, 1985(19):29 - 37.

[26] Daganzo C. . A pareto optimum congestion reduction scheme[J]. Transportation Research Part B, 1995(29):139 - 154.

[27] Daganzo C. , Garcia R. . A pareto improving strategy for the time-dependent morning commute problem[J]. Transportation Science, 2000(34):303 - 311.

[28] Dargay, Hanley. The demand for local bus service in England [J]. Journal of Transport Economics and Policy, 2002, 36(1):73 - 91.

[29] David A. , Hensher, Zheng Li, et al. . The role of source preference and subjective probability in valuing expected travel time savings[J]. Travel Behaviour and Society, 2015(2):42 - 54.

[30] De Donnea. Consumer behaviour, transport mode choice and value of time: some micro-economic models [J]. Regional and Urban Economics, 1972, 1 (4): 355 - 382.

[31] David Gerrne, Donald Jones. The full costs and benefits of transportation [M]. Berlin: Springer, 1997:215 - 219.

[32] De Jong, Kouwenhoven M. , Kroes E. , et al. . Preliminary monetary values for the reliability of travel times in freight transport-European[J]. Journal of Transport and Infrastructure Research, 2009, 9(2):83 - 99.

[33] De Serpa. A theory of the economics of time[J]. The Economic Journal, 1971, 81(324):828 - 846.

[34] Dow K. , Cutter S. . Emerging hurricane evacuation issues: Hurrican Floyd and

South Carolina[J]. Natural Hazardos Review,2002,3(1):12−18.

[35]Edward M. ,Kathleen G. . Using stated-preference quertions to investigate varia-
tion in willingness to pay for preserving marble monuments:classical heteroge-
neity and random parameters[J]. Journal of Cultural Economics,2003(27):
215−229.

[36]Ettema D. ,Timmennans H. . Costs of travel time uncertainty and benefits of
travel time information:conceptual model and numerical examples[J]. Trans-
portation Research Part C,2006,14(5):335−350.

[37]Evans S. . On the theory of the valuation and allocation of time[J]. Scottish
Journal of Political Economy,1972(19):1−17.

[38]Evans,Morrison. Incorporating accident risk and disruption in economic models
of public transport[J]. Journal of Transport Economics and Policy,1997(31):
117−146.

[39]Fosgerau M. ,Engelson L. . The value of travel time variance[J]. Transportation
Research Part B,2011(45):1−8.

[40]Fosgerau M. ,Karlstrom A. . The value of reliability [J]. Transportation Re-
search Part B,2010(44):38−49.

[41]Garcia R. . A Pareto improving strategy for the time-dependent morning com-
mute problem[J]. University of California,Berkeley(USA),1999:25−46.

[42]Goodwin. A review of new demand elasticities with specical reference to short
and long run effects of price changes[J]. Journal of Transport Economics and
Policy,1992,26(2):155−163.

[43]Guadagni,Little. A logit model of brand choice calibrated on scanner data[J].
Marketing Science,1983,2(3):203−238.

[44]Gunn H. . Spatial and temporal transferability of relationships between travel
demand,trip cost and travel time [J]. Transportation Research E,2001,37
(18):163−189.

[45]Hal,Arkes,Hirshleifer,et al. . A cross-cultural study of reference point adapta-
tion:evidence from China,Korea and the US[J]. Organizational Behavior and
Human Decision Processes,2010,112(2):99−111.

[46]Hardie,Johnson,Fader. Modeling loss aversion and reference dependence

effects on brand choice[J]. Marketing Science,1993,12(4):378 - 394.

[47] Hensher A.. Behavioral value of travel time savings in personal and commer-
cial. automobile travel[M]. Berlin:The Full Costs and Benefits of Transporta-
tion:conceptual and theoretical issues. Springer,1997:215 - 219.

[48] Hensher A.. Measurement of valuation of travel time savings[J]. Journal of
Transport Economics and Policy,2001,35(1):71 - 98.

[49] Hensher A.. Hypothetical bias,choice experiments and willingness to pay[J].
Transportation Research Part B,2010(44):735 - 752.

[50] Jansson. Optimal public transport price and service frequency[J]. Journal of
Transport Economics and Policy,1993(27):33 - 50.

[51] Jansson. Optimal pricing and financing of rail passenger service [EB/OL].
http://www. thredbo-conference-series. org/downloads/thredbo8 _papers/thred-
bo8-workshopD-Jansson. pdf,2002.

[52] Jara-Diaz S.. Allocation and valuation of travel-time savings [M]. London:
Handbook of Transport Modeling. Pergamon,2000:303 - 319.

[53] Jara-Diaz S.. On the goods-activities technical relations in the time allocation
theory[J]. Transportation,2003,30(3):245 - 260.

[54] Jara-Diaz S.. Transport economic theory[M]. Bingley:Emerald Group Publish-
ing,2007:10 - 28.

[55] Jara-Diaz S. ,Munizaga M. ,Greeven P. ,et al.. Estimating the value of leisure
from a time allocation model [J]. Transportation Research Part B,2008(42):
946 - 957.

[56] Johnson M.. Travel time and the price of leisure [J]. Western Economic Jour-
nal,1966(4):135 - 145.

[57] Katrine Hjorth,Mogens Fosgerau. Using prospect theory to investigate the low
marginal value of travel time for small time changes [J]. Transportation
Research Part B,2012(42):917 - 932.

[58] Kahneman D. ,Tversky A.. Prospect theory:an analysis of decisions under risk
[J]. Econometrica,1979,47(2):263 - 29.

[59] Katsikopoulos,Fisher,Anthony. Risk attitude reversals in driver's route choice
when range of travel time is provided[J]. Human Factors,2002,44(3):466 -

467.

[60] Kenetsu U.. Estimating the value of travel time and of travel time reliability in road networks[J]. Transportation Research Part B,2014(66):129 –147.

[61] Kenneth T.. Discrete choice methods with simulation[M]. Cambridge:Calnbridge University Press,2002:15 –23.

[62] Klapper,Ebling,Temme. Another look at loss aversion in brand choice data:can we characterize the loss averse consumer? [J]. International Journal of Research in Marketing,2005,22(3):239 –254.

[63] Knight T.. An approach to the evaluation of changes in travel unreliability:a safety margin hypothesis[J]. Transportation,1974,3(4):393 –408.

[64] Kraus. Discomfort externalities and marginal cost transit fares[J]. Journal of Urban Economics,1991(29):249 –259.

[65] Kösaegi B.,Rabin M.. A model of reference-dependent preferences[J]. The Quarterly Journal of Economics,2006,121(4):1133 –1165.

[66] Lam T.,Small K.. The value of time and reliability:measurement from a value pricing experiment[J]. Transportation Research E,2001,37(2 –3):231 –251.

[67] Laih C.. Queueing at a bottleneck with single-and multi-step tolls. Transportation Research Part A,1994(28):197 –208.

[68] Mackie J.,Jara-Diaz S.,Fowkes S.. The value of travel time savings in evaluation[J]. Transportation Research E,2001,37(18):91 –106.

[69] Manel B.,Martin W.,Frank W.. Reference-point formation and updating[J]. Management Science,2011,57(3):506 –519.

[70] Maria B.,Jonas E.. Experiences from the Swedish value of time study[J]. Transportation Research Part A,2014(59):144 –158.

[71] McFadeen. Conditional logit analysis of qualitative choice behavior in P. Zarembka,Frontiers in Econometrics [M]. New York:Academic Press,1974:36 –56.

[72] Mcintosh,Quarmby. Generalized cost and the estimation of movement cost and benefit in transport planning[M]. London:Department of Environment,1970:22 –28.

[73] Meilan J.,Takayuki M.. Theoretical analysis on the variation of value of travel

time savings[J]. Transportation Research Part A,2004(38):551 – 571.

[74] Metz D.. Travel time constraints in transport policy[J]. Proceedings of the Institution of Civil Engineers Transport,2004,157(2):99 – 105.

[75] Metz D.. Time and motion:how limited travel time constrains mobility [J]. Traffic Engineering and Control,2006,47(9):380 – 382.

[76] Metz D.. The Myth of Travel Saving[J]. Transport Reviews,2008,28(3):321 – 336.

[77] Mohring. Optimization and scale economics in urban bus transportation [J]. American Economic Review,1972(62):591 – 604.

[78] Newell G.. The morning commute for nonidentical travelers[J]. Transportation Science,1987(21):74 – 88.

[79] Ngostino,Uumberto,Francesca. A behavioral choice model for the evaluation of railway supply and pricing policy [J]. Transportation Research A, 1999, 34 (85):395 – 404.

[80] Noland R.,Small K.. Travel-time uncertainty, departure time choice, and the cost of morning commutes[J]. Transportation Research Record 1995(1493): 150 – 158.

[81] Noland R.,Small K.,Koskenoja M, et al.. Simulating travel reliability [J]. Regional Science and Urban Economics,1998(28):535 – 564.

[82] Noland R.,Polak J.. Travel time variability:a review of theoretical and empirical issues [J]. Transport Reviews,2002,22(1):39 – 54.

[83] Oort O.. The evaluation of traveling time[J]. Journal of Transport Economics and Policy,1969(3):219 – 286.

[84] Polak J.. A more general model of individual departure time choice[C]. In PTRC Summer Annual Meeting,Proceedings of Seminar C,1987.

[85] Polak J.. An overview of the recent literature on modelling the effects of travel time variability [R]. Working Paper (London:Centre for Transport Studies, Imperial College),1996.

[86] Pratt J.. Risk aversion in small and in the large. [J]. Econometrica, 1964 (32):122 – 136.

[87] Samuelson,Zeckhauser. Status quo bias in decision making [J]. Journal of Risk

and Uncertainty,1998(1):7 – 59.

[88] Senna L.. The influence of travel time variability on the value of time[J]. Transportation,1994(21):203 – 228.

[89] Shires,Jong. An international meta-analysis of values of travel time savings[J]. Evaluation and Program Planning,2009(32):315 – 325.

[90] Small K.. A Scheduling of consumer activities:work trips[J]. American Economic Review,1982(72):467 – 479.

[91] Small K.,Noland R.,Koskenoja P.. Socio-economic attributes and impacts of travel reliability:a stated preference approach[R]. California PATH Research Report,1995:8 – 22.

[92] Small K.,Winston C.,Yan J.. Uncovering the distribution of motorists' preferences for travel time and reliability[J]. Econometrica,2005(73):1367 – 1382.

[93] Small K.,Winston C.,Yan J.. Differentiated road pricing,express lanes and carpools:exploiting heterogeneous preferences in policy design [R]. Brookings Wharton Papers on Urban Affairs,2006(7):53 – 96.

[94] Stefan L.,Mabit,Jeppe Rich,et al.. Valuation of travel time for international long-distance travel-results from the Fehmarn Belt stated choice experiment [J]. Journal of Transport Geography,2013(33):153 – 161.

[95] Stefanie P.,Jasper K.,Paul K.,et al.. Over-reporting vs. over-reacting: Commuters' perceptions of travel times[J]. Transportation Research Part A, 2014(69):476 – 494.

[96] MVA Consultancy. The value of travel time saving:research into the value of time[M]. London:Cambridge,1994:205 – 211.

[97] Tim,Dick. Coping with unreliable transportation whencollecting children:Examining parents'behavior with cumulative prospect theory [J]. Transportation Research Part A,2009(43):511 – 525.

[98] TransFund. Project evaluation manual [R]. TransFund New Zealand. 1998:2 – 56.

[99] Truong P.,Hensher A.. Measurement of travel time values and opportunity cost from a discrete-choice model[J]. The Eeonomic Joumal, 1985, 95 (378): 438 – 451.

[100] Turvey, Mohring. Optimal bus fares [J]. Journal of Transport Economics and Policy, 1975, 9(3): 280 - 286.

[101] Tversky A., Kahneman D.. Loss aversion and riskless choice: a reference-dependent Model [J]. Quartely Journal of Economics, 1991, 106(11): 1039 - 1061.

[102] Varian H.. Microeconomic Analysis (third ed) [M]. New York: Norton and Company, 1978: 18 - 55.

[103] Vaziri M., Lam N.. Perceived factors affecting driver route decisions [J]. Journal of Transportation Engineering, 1983(109): 297 - 311.

[104] Vickrey S.. Congestion theory and transport investment [J]. The American Economic Review, 1969, 59(2): 251 - 260.

[105] Vickrey. Externalities in Public Facility Use: the Case of Highway [J] Accidents National Bureau of Economic Research, 1970: 317 - 338.

[106] Von Neuman J., Morgenstern O.. Theory of games and economic behavior. [M]. New Jersey: Princeton University Press, 1944: 11 - 38.

[107] Wardman M.. The value of travel time: a review of British evidence [J]. Journal of Transport Economics and Policy, 1998(32): 235 - 316.

[108] Wardman M.. A review of British evidence on time and service quality valuation [J]. Transportation Research E, 2001, 37(18): 107 - 128.

[109] Wardman M.. Public transport values of time [J]. Transport Policy, 2004 (11): 363 - 377.

[110] Wardman M., Nicolás Ibánz. The congestion multiplier: Variations in motorists' valuations of travel time with traffic conditions [J]. Transportation Research Part A, 2012(46): 216 - 217.

[111] Zamparini L., Reggiani A.. Meta-analysis and the value of travel time savings: a transatlantic perspeetive in passenger transport [J]. Networks and Spatial Eeonomies, 2007(7): 377 - 396.

[112] Zamparini L., Reggiani A.. Freight transport and the value of travel time savings: a Meta-analysis of empirical studies [J]. Transport Reviews, 2007, 27 (5): 621 - 636.

中文文献

[113] 陈小君. 引入参照点的旅行时间价值分析[D]. 北京:北京交通大学,2014:1-126.

[114] 陈小君,林晓言. 铁路旅客期望与旅客满意关系研究[J]. 铁道学报,2010,32(4):23-26.

[115] 陈小君,林晓言. 错峰出行政策的行为经济学分析[J]. 综合运输,2013(3):27-31.

[116] 陈小君,林晓言. 基于运输时间价值的路径选择行为研究[J]. 北京交通大学学报(社会科学版),2013,12(2):7-14.

[117] 陈小君,林晓言. 中国铁路客运服务实行差别定价问题研究——一个时间价值参照点依赖视角[J]. 经济与管理研究,2013(10):54-64.

[118] 陈小君,林晓言. 交通基础设施应急疏散管理机制研究——前景理论与时空分析的融合视角[J]. 经济与管理研究,2014(8):71-80.

[119] 戴蒙德,等. 行为经济学及其应用[M]. 贺京同,等,译. 北京:中国人民大学出版社,2011:297-317.

[120] 关宏志. 非集计模型——交通行为分析工具[M]. 北京:人民交通出版社,2004:1-50,117-120,160-168.

[121] 刘玉印,刘伟铭,吴建伟. 基于累积前景理论的出行者路径选择模型[J]. 华南理工大学学报(自然科学版),2010,38(7):84-89.

[122] 罗成琳,李向阳. 突发性群体事件及其演化机理分析[J]. 中国软科学,2009(6):163-171.

[123] 凯莫勒,等. 行为经济学新进展[M]. 贺京同,等,译. 北京:中国人民大学出版社,2010:64-190.

[124] 柳茂森. 论旅客运输时间价值的决定[J]. 公路交通科技,2001,18(4):97-101.

[125] 荣朝和. 交通-物流时间价值及其在经济时空分析中的作用[J]. 经济研究,2011(8):133-146.

[126] 斯梅尔瑟,等. 经济社会学手册(第二版)[M]. 罗教讲,等,译. 北京:华夏出版社,2009:107-127.

[127] 杨圣坤. 列车晚点赔偿制度研究——从法律经济学的视角分析[J]. 法治研究,2007(6):33-41.

[128]闫道锦,佟琼.引入客运专线列车晚点救济的必要性分析[J].北京交通大学学报(社会科学版),2008,7(2):72-75.

[129]于秀林,任雪松.多元统计分析[M].北京:中国统计出版社,1999:78-90.

[130]赵凛,张星臣.基于前景理论的路径选择行为建模及实例分析[J].土木工程学报,2007,40(7):82-86.

[131]张书维,周洁,王二平.群体相对剥夺前因及对集群行为的影响——基于汶川地震灾区民众调查的实证研究[J].公共管理学报,2009,6(4):69-77.

[132]曾改娥.铁路客运列车晚点的法律救济研究[D].北京:北京交通大学,2010:27-35.

[133]周伟.旅客时间价值[J].交通运输工程学报,2003,3(3):110-116.

[134]朱世媛.论航空旅客运输延误问题及其法律救济[D].北京:北京交通大学,2012:30-36.

[135]宗芳,隽志才,张慧永,贾洪飞,等.出行时间价值计算及应用研究[J].交通运输系统工程与信息,2009,9(3):114-119.

附录　调查问卷与基础数据

调查问卷

您好！为了调查京津间（始发终到）旅行者对旅行时间的评价情况，北京交通大学课题组设计了这份问卷，旨在了解各位旅行者的时间价值。由于调查结果会直接影响到研究结论的准确性，特地恳请您细心填写，谢谢您的支持和配合！

本问卷的结果仅用于独立科研报告，与官方无关。同时，课题组保证不会泄露被调查者任何信息，特此声明。

敬祝　身体健康，万事如意！

北京交通大学课题组

1. 您的性别

□男　　□女

2. 您的年龄为_____岁

3. 您的月收入约为_____元

4. 您的出行目的

□因公　□因私

5. 在京津间出行时，您通常会选择以下哪种公共交通方式

□城际列车（转6题）　　□长途巴士（转7题）　　□普通列车（转8题）

6. 目前，京津城际票价为55元（二等座），旅行时间为33分。您选择京津城际时，您可以接受的合理票价为_____元，旅行时间为_____分

7. 目前，长途巴士的票价为35元，旅行时间为120分。您选择长途巴士时，您可以接受的合理票价为_____元，旅行时间为_____分

8. 目前，普通列车（6451次列车）的票价为9元，旅行时间为227分。您选择普通列车时，您可以接受的合理票价为_____元，旅行时间为_____分

基础数据

mode	gender	age	income	purpose	pricegain	priceloss	timegain	timeloss
1	1	36	30000	1	20	0	0	−8
1	1	30	25000	1	25	0	0	−5
1	1	30	25000	1	10	0	0	−5
1	1	34	20000	1	15	0	0	−3
1	1	33	20000	1	15	0	0	−3
1	1	36	20000	1	15	0	0	−3
1	0	33	20000	1	10	0	0	−3
1	1	40	15000	1	10	0	0	−8
1	1	45	15000	1	15	0	0	−8
1	1	37	15000	0	5	0	0	−8
1	1	39	15000	1	10	0	2	0
1	1	35	15000	1	0	0	2	0
1	0	34	15000	1	0	−5	7	0
1	1	50	15000	1	0	0	12	0
1	0	28	14500	0	0	−5	7	0
1	1	36	13000	1	5	0	0	−5
1	1	29	13000	1	10	0	2	0
1	0	29	12000	1	5	0	2	0
1	1	59	12000	1	0	0	12	0
1	1	37	12000	1	0	0	0	0
1	1	25	10000	1	15	0	0	−5
1	1	29	10000	1	5	0	0	−8
1	1	26	10000	0	5	0	0	−5
1	1	26	10000	1	10	0	0	−8
1	1	27	10000	1	0	0	0	−3
1	1	38	10000	1	0	0	0	−5
1	0	32	10000	0	5	0	0	−3
1	1	42	10000	1	5	0	0	−3

mode	gender	age	income	purpose	pricegain	priceloss	timegain	timeloss
1	1	29	10000	0	0	0	0	−3
1	1	38	10000	1	5	0	0	−8
1	0	43	10000	0	0	0	0	−5
1	1	27	10000	1	5	0	0	−8
1	1	30	10000	1	5	0	0	−8
1	1	42	10000	0	0	−10	2	0
1	1	33	10000	1	5	0	0	−5
1	0	36	10000	1	0	0	0	−8
1	1	36	10000	0	0	0	0	−5
1	1	37	10000	1	5	0	0	−8
1	1	33	10000	1	5	0	0	−8
1	1	33	10000	1	5	0	12	0
1	0	32	10000	1	0	0	12	0
1	0	31	10000	0	0	0	7	0
1	1	24	10000	0	0	0	7	0
1	1	34	10000	1	5	0	12	0
1	0	38	10000	0	0	−5	7	0
1	1	29	9000	1	0	0	0	−8
1	1	30	9000	1	0	0	2	0
1	1	28	8800	0	0	0	0	−8
1	1	38	8800	1	0	−5	7	0
1	1	36	8600	1	0	−5	17	0
1	0	27	8500	1	0	0	0	−8
1	1	32	8000	1	0	0	0	−3
1	1	25	8000	0	0	0	0	−5
1	0	26	8000	1	0	0	0	−3
1	1	32	8000	1	5	0	0	−5
1	0	27	8000	0	0	0	0	−3

mode	gender	age	income	purpose	pricegain	priceloss	timegain	timeloss
1	1	33	8000	1	5	0	0	−5
1	1	40	8000	1	0	0	0	−8
1	1	26	8000	0	0	−5	2	0
1	0	28	8000	0	0	0	0	−8
1	1	29	8000	1	0	0	0	−5
1	1	46	8000	1	0	0	0	−8
1	0	34	8000	1	0	0	0	−8
1	0	28	8000	1	0	0	0	−8
1	1	46	8000	1	0	−5	12	0
1	1	45	8000	1	0	−5	7	0
1	1	25	8000	0	0	0	2	0
2	1	30	8000	1	0	0	0	−30
2	1	28	8000	0	0	0	0	−20
1	1	30	7000	1	0	0	0	−8
1	0	26	7000	0	0	0	2	0
1	1	45	7000	1	0	−5	7	0
1	1	27	7000	1	0	−5	7	0
1	1	25	6000	1	0	0	0	−5
1	1	24	6000	0	0	0	0	−5
1	1	36	6000	1	5	0	0	−8
1	0	25	6000	0	0	0	0	−5
1	1	43	6000	1	0	0	0	−8
1	1	36	6000	1	5	0	0	−8
1	0	31	6000	0	0	0	0	−5
1	0	45	6000	1	0	0	0	−8
1	0	34	6000	0	0	0	0	−5
1	1	36	6000	1	5	0	0	−8
1	1	28	6000	1	0	0	0	−8

mode	gender	age	income	purpose	pricegain	priceloss	timegain	timeloss
1	0	28	6000	1	0	0	0	−8
1	1	26	6000	0	0	−5	7	0
1	1	33	6000	1	5	0	0	−8
1	1	29	6000	1	0	0	0	−5
1	1	35	6000	1	0	−5	2	0
1	1	33	6000	1	0	−5	2	0
1	0	26	6000	0	0	−10	7	0
1	1	30	6000	1	0	−5	2	0
1	1	29	6000	0	0	−5	2	0
1	0	32	6000	1	0	−5	2	0
1	1	29	6000	0	0	−5	7	0
1	0	43	6000	0	0	0	0	0
1	1	28	5600	1	3	0	0	−8
1	1	26	5500	1	3	0	0	−8
1	1	28	5500	1	3	0	0	−5
1	1	24	5000	0	0	0	0	−3
1	0	29	5000	0	0	0	0	−3
1	1	38	5000	1	5	0	0	−8
1	0	22	5000	0	0	−5	12	0
1	1	26	5000	1	0	0	0	−3
1	1	28	5000	1	0	−5	7	0
1	0	26	5000	0	0	−10	27	0
1	1	27	5000	0	0	0	0	−8
1	1	32	5000	1	0	−5	7	0
1	1	42	5000	1	0	−5	7	0
1	1	28	5000	1	5	0	0	−8
1	0	23	5000	0	0	0	0	−5
1	1	33	5000	1	3	0	0	−8

mode	gender	age	income	purpose	pricegain	priceloss	timegain	timeloss
1	1	28	5000	1	0	0	0	−8
1	0	47	5000	0	0	0	0	−3
1	1	25	5000	0	0	0	0	−8
1	1	45	5000	1	0	0	0	−3
1	1	50	5000	1	0	0	0	−3
1	0	37	5000	0	3	0	0	−3
1	1	45	5000	1	3	0	0	−8
1	1	35	5000	1	3	0	0	−8
1	1	27	5000	0	0	−5	7	0
1	0	29	5000	0	3	0	0	−8
1	1	26	5000	1	0	−5	12	0
1	0	25	5000	1	5	0	0	−5
1	1	26	5000	1	5	0	0	−8
1	0	27	5000	1	5	0	0	−5
1	0	32	5000	1	3	0	0	−8
1	0	33	5000	1	3	0	0	−5
1	0	34	5000	1	0	0	0	−3
1	1	28	5000	1	5	0	0	−8
1	1	31	5000	1	3	0	0	−5
1	1	26	5000	0	5	0	0	−8
1	1	35	5000	1	3	0	0	−5
1	1	45	5000	1	0	−5	7	0
1	0	27	5000	0	0	0	2	0
1	1	58	5000	1	3	0	0	−5
1	1	40	5000	1	0	−5	7	0
1	0	48	5000	1	0	0	2	0
1	0	40	5000	1	0	0	2	0
1	1	50	5000	1	0	0	2	0

mode	gender	age	income	purpose	pricegain	priceloss	timegain	timeloss
1	0	36	5000	0	0	−5	12	0
1	0	36	5000	0	0	0	0	0
1	1	26	5000	0	5	0	0	−8
1	0	30	5000	0	3	0	0	−5
1	1	45	5000	1	0	−5	12	0
1	1	28	5000	0	0	0	7	0
1	1	23	5000	0	5	0	0	−8
1	1	42	5000	1	3	0	0	−3
1	1	28	5000	1	5	0	0	−8
1	1	35	5000	1	0	−5	12	0
1	1	23	5000	0	5	0	0	−3
1	0	25	5000	0	5	0	0	−8
1	1	27	5000	0	0	−5	7	0
1	1	31	5000	1	5	0	0	−8
1	0	24	5000	0	0	0	7	0
1	1	32	5000	1	0	0	12	0
1	0	36	5000	0	5	0	0	−3
2	1	30	5000	1	0	0	0	−30
1	1	28	4800	1	0	−5	7	0
1	0	33	4600	0	0	−5	12	0
1	1	24	4500	0	0	0	2	0
1	1	40	4500	1	0	0	0	−5
1	1	29	4500	1	3	0	0	−8
1	1	25	4500	0	5	0	0	−8
1	0	30	4500	0	0	−5	12	0
1	1	38	4500	1	5	0	0	−8
1	1	27	4500	1	5	0	7	0
1	0	48	4500	0	0	0	0	0

mode	gender	age	income	purpose	pricegain	priceloss	timegain	timeloss
3	0	45	4500	0	6	0	0	− 77
2	1	28	4200	1	0	0	0	− 20
1	0	50	4000	1	0	− 5	12	0
1	1	26	4000	1	0	0	0	− 8
1	0	25	4000	0	0	0	0	− 8
1	1	45	4000	1	0	− 5	0	− 3
1	0	28	4000	1	3	0	0	− 5
1	1	24	4000	0	0	0	0	− 13
1	1	30	4000	1	0	0	0	− 5
1	1	24	4000	1	5	0	0	− 8
1	0	27	4000	0	0	0	0	− 5
1	1	28	4000	1	0	0	0	− 8
1	0	30	4000	0	0	0	0	− 3
1	0	57	4000	1	0	− 5	0	− 5
1	0	23	4000	0	0	− 5	2	0
1	1	26	4000	0	0	0	0	− 8
1	1	23	4000	1	5	0	0	− 8
1	0	29	4000	1	3	0	0	− 8
1	1	27	4000	1	3	0	0	− 8
1	1	26	4000	1	5	0	0	− 8
1	1	22	4000	1	5	0	0	− 13
1	1	23	4000	1	5	0	0	− 8
1	1	27	4000	1	3	0	0	− 5
1	0	24	4000	1	5	0	0	− 8
1	1	23	4000	0	0	0	0	− 8
1	1	26	4000	1	3	0	0	− 8
1	0	26	4000	0	0	− 5	12	0
1	1	30	4000	1	0	− 5	12	0

mode	gender	age	income	purpose	pricegain	priceloss	timegain	timeloss
1	0	21	4000	0	0	0	7	0
1	1	33	4000	1	0	−5	12	0
1	1	28	4000	1	0	0	12	0
1	0	23	4000	0	0	0	7	0
1	1	27	4000	0	0	−5	12	0
1	1	27	4000	0	0	−5	12	0
1	1	24	4000	0	0	0	2	0
1	1	48	4000	1	0	−15	27	0
2	1	35	4000	1	0	−5	0	−30
2	1	24	3600	1	0	0	0	−20
1	1	28	3500	1	5	0	0	−8
1	1	36	3500	1	3	0	0	−5
1	0	49	3500	0	0	−5	0	−3
1	1	28	3500	0	0	0	0	−3
1	0	41	3500	0	0	−10	27	0
1	1	24	3500	0	0	0	0	−8
1	1	23	3500	1	5	0	0	−8
1	1	43	3500	1	0	−5	0	−3
1	0	25	3500	1	5	0	0	−8
1	0	24	3500	1	5	0	0	−13
1	1	23	3500	0	0	0	0	0
1	0	23	3500	0	0	−10	27	0
1	1	25	3500	0	0	0	7	0
1	1	24	3500	0	0	−5	12	0
1	1	27	3500	1	5	0	0	−8
2	0	26	3500	0	0	−5	0	0
2	0	40	3500	1	5	0	0	−30
2	1	25	3500	0	0	0	0	0

mode	gender	age	income	purpose	pricegain	priceloss	timegain	timeloss
2	1	26	3500	0	0	0	0	− 20
2	1	38	3500	1	0	0	0	0
2	1	41	3500	1	0	0	0	− 20
2	0	44	3500	1	5	0	0	− 30
2	1	20	3500	0	0	− 5	0	0
3	1	32	3500	1	6	0	0	− 77
1	1	20	3300	0	0	0	0	− 8
2	1	25	3300	1	0	0	0	− 30
1	1	26	3200	1	0	− 5	0	− 3
1	0	52	3200	1	3	0	0	− 8
2	0	35	3100	0	0	− 5	0	− 30
1	1	65	3015	1	0	− 15	27	0
1	1	48	3000	1	0	− 5	0	− 3
1	0	24	3000	0	0	0	0	− 8
1	0	22	3000	0	0	− 5	0	− 8
1	0	24	3000	0	0	− 5	0	− 8
1	1	25	3000	0	0	0	0	0
1	1	29	3000	1	3	0	0	− 5
1	0	30	3000	1	0	0	0	− 8
1	1	28	3000	1	0	− 5	0	− 3
1	1	24	3000	0	0	0	0	− 8
1	1	22	3000	0	0	0	0	− 3
1	0	21	3000	1	5	0	0	− 13
1	0	30	3000	0	0	− 5	0	0
1	0	22	3000	0	0	− 5	0	− 8
1	1	60	3000	1	0	− 5	12	0
1	0	43	3000	1	0	− 5	0	0
1	1	25	3000	1	0	0	0	− 8

mode	gender	age	income	purpose	pricegain	priceloss	timegain	timeloss
1	1	23	3000	0	0	0	0	−13
1	0	27	3000	0	0	0	0	−8
1	0	28	3000	0	0	0	0	−5
1	1	56	3000	1	0	−10	27	0
1	1	23	3000	0	0	−5	0	−8
1	0	25	3000	0	0	−5	0	−8
1	1	27	3000	0	0	0	0	−3
1	0	20	3000	0	0	−5	0	−8
1	1	23	3000	0	5	0	0	−8
1	0	30	3000	1	0	−5	0	−8
1	0	35	3000	1	0	−5	0	−8
1	1	21	3000	0	5	0	0	−8
1	0	18	3000	0	0	0	0	−13
1	1	25	3000	1	0	0	12	0
1	1	26	3000	1	0	−5	27	0
1	0	28	3000	0	0	−5	12	0
1	0	28	3000	0	0	0	0	−8
1	1	28	3000	1	0	0	0	−3
1	0	24	3000	0	0	−5	12	0
1	1	32	3000	1	5	0	0	−3
1	1	33	3000	1	0	0	0	0
1	1	28	3000	0	0	−5	12	0
1	0	23	3000	0	0	0	7	0
1	1	20	3000	0	0	0	2	0
1	0	33	3000	1	0	−5	12	0
1	0	23	3000	0	0	0	7	0
1	1	32	3000	1	0	−5	12	0
1	0	30	3000	0	0	−5	12	0

mode	gender	age	income	purpose	pricegain	priceloss	timegain	timeloss
1	0	47	3000	1	0	−5	0	−3
1	1	25	3000	1	0	0	0	0
1	0	25	3000	0	0	−5	12	0
1	0	23	3000	0	0	−5	7	0
1	0	20	3000	0	0	−5	12	0
2	1	20	3000	0	0	0	0	0
2	1	31	3000	1	0	−5	0	−30
2	0	50	3000	1	0	−5	0	−30
2	1	25	3000	1	0	0	0	−20
2	0	33	3000	1	0	0	0	0
3	0	40	3000	0	6	0	0	−77
1	0	33	2800	0	0	−5	0	−3
1	1	27	2800	1	0	−5	12	0
2	0	26	2800	0	0	−5	0	−30
3	0	33	2800	0	6	0	0	−77
1	1	22	2700	0	0	−5	12	0
1	1	24	2600	0	0	0	12	0
2	1	24	2600	1	0	−5	0	−30
2	0	30	2600	0	0	−5	0	−20
1	1	28	2500	1	0	0	0	−3
1	0	25	2500	0	0	−5	0	−3
1	0	33	2500	1	0	−5	0	−8
1	0	36	2500	1	0	−5	0	−8
1	1	20	2500	0	0	−5	0	−3
1	1	21	2500	0	0	0	0	−8
1	1	40	2500	1	0	−5	12	0
1	1	22	2500	0	0	−15	27	0
2	1	49	2500	1	0	0	0	−30

mode	gender	age	income	purpose	pricegain	priceloss	timegain	timeloss
2	0	26	2500	0	0	0	0	0
2	0	35	2500	0	0	-5	0	-30
2	1	29	2500	0	0	0	0	-30
2	0	25	2500	0	0	-5	0	0
3	0	24	2500	0	1	0	0	-77
1	1	33	2400	1	0	0	0	-8
2	1	30	2400	1	0	0	0	-30
2	0	23	2400	0	0	0	0	-20
1	0	32	2300	0	0	-10	27	0
2	1	22	2300	1	0	-5	0	-20
2	1	35	2300	1	0	-5	0	-30
2	1	22	2300	0	0	0	0	-20
1	1	28	2200	1	0	0	0	0
2	1	24	2200	1	0	0	0	-30
3	0	24	2200	0	6	0	0	0
2	0	24	2100	0	0	0	0	-20
1	1	27	2000	1	0	-5	0	-8
1	1	27	2000	1	0	-5	0	-8
1	0	26	2000	0	0	-5	0	-8
1	1	24	2000	0	0	0	0	-3
1	0	26	2000	0	0	-5	0	-8
1	1	25	2000	1	0	0	0	-8
1	0	39	2000	0	0	-5	0	-3
1	1	34	2000	1	0	-5	0	-3
1	1	26	2000	0	0	-5	0	0
1	1	22	2000	0	0	0	0	0
1	0	30	2000	0	0	-5	0	0
1	0	47	2000	0	0	-5	0	0

mode	gender	age	income	purpose	pricegain	priceloss	timegain	timeloss
1	0	26	2000	0	0	0	0	0
2	1	26	2000	1	0	0	0	0
2	1	23	2000	0	0	0	0	0
2	1	25	2000	0	0	0	0	− 20
2	0	42	2000	0	0	− 5	0	− 30
2	0	30	2000	0	0	− 5	0	− 30
2	1	28	2000	1	0	0	0	0
3	1	27	2000	0	6	0	0	− 47
3	0	23	2000	0	1	0	0	− 27
3	1	43	2000	1	6	0	0	− 67
3	0	31	2000	0	0	0	0	− 27
3	0	29	2000	0	0	0	0	0
2	0	40	1900	0	0	− 5	0	− 20
1	0	20	1800	0	0	− 5	0	− 8
3	1	22	1800	0	0	0	0	0
3	1	22	1800	0	1	0	0	− 27
3	1	27	1800	0	6	0	0	− 47
1	0	59	1750	0	0	− 10	0	− 8
1	0	28	1600	0	0	− 10	0	− 8
2	1	23	1600	1	0	− 5	0	− 20
1	1	28	1500	1	0	− 10	0	− 8
1	0	24	1500	0	0	− 5	0	− 8
1	0	24	1500	0	0	− 5	0	− 8
1	1	27	1500	0	0	0	0	0
2	0	23	1500	0	0	− 5	0	− 20
2	1	30	1500	1	0	− 5	0	− 20
2	0	30	1500	0	0	− 10	0	− 20
2	0	22	1500	0	0	− 5	20	0

mode	gender	age	income	purpose	pricegain	priceloss	timegain	timeloss
2	1	21	1500	1	0	−5	20	0
2	1	42	1500	1	0	0	0	0
2	1	20	1500	1	0	−5	20	0
3	0	24	1500	1	0	0	0	0
3	1	27	1500	1	1	0	0	−47
3	1	19	1500	1	0	0	0	−27
3	0	23	1500	0	0	0	0	0
1	0	25	1400	0	0	−5	0	−8
2	1	25	1400	1	0	−5	20	0
3	1	27	1400	0	0	0	0	−47
3	0	26	1400	0	0	0	0	−27
3	1	27	1400	0	0	0	0	−47
1	0	25	1300	0	0	−5	12	0
1	0	24	1250	1	0	−10	27	0
1	0	24	1250	0	0	−15	27	0
2	0	25	1250	0	0	−5	20	0
1	1	25	1200	1	0	0	12	0
2	0	23	1200	0	0	−10	20	0
2	1	26	1200	1	0	−5	20	0
2	0	25	1200	0	0	0	0	0
3	0	24	1200	0	0	0	0	−47
3	1	19	1200	0	0	0	0	−27
2	1	24	1000	1	0	0	0	0
2	1	24	1000	0	0	−5	0	0
2	0	23	1000	0	0	−10	20	0
2	0	29	1000	0	0	−5	0	0
2	0	24	1000	0	0	−10	20	0
2	1	21	1000	1	0	−5	20	0

mode	gender	age	income	purpose	pricegain	priceloss	timegain	timeloss
2	0	25	1000	0	0	0	0	0
2	1	24	1300	1	5	0	0	−20
2	0	20	1000	0	0	−5	20	0
2	0	20	1000	1	0	−5	30	0
2	0	22	1000	0	0	0	0	0
3	0	24	1000	0	0	0	0	−27
3	0	25	1000	0	1	0	0	−47
3	0	25	1000	0	1	0	0	−47
3	0	20	1000	0	0	0	0	−27
2	0	25	800	0	0	−5	20	0
3	0	50	800	0	1	0	0	0
1	0	25	0	0	0	−10	12	0
1	0	24	0	0	0	−10	12	0
1	0	20	0	0	0	−10	7	0
1	1	19	0	0	0	−15	12	0
1	0	21	0	0	0	−10	2	0
1	0	18	0	1	0	−15	7	0
1	0	18	0	0	0	−15	0	0
2	1	20	0	0	0	−5	20	0
2	0	22	0	0	0	−5	20	0
2	1	22	0	0	0	−5	0	0
2	0	22	0	0	0	−5	20	0
2	1	24	0	0	0	0	0	0
2	0	25	0	0	0	0	0	0
2	1	22	0	0	0	−5	20	0
2	1	20	0	1	0	−5	20	0
3	1	19	0	1	1	0	0	−27
3	0	19	0	0	0	0	0	0

mode	gender	age	income	purpose	pricegain	priceloss	timegain	timeloss
3	1	20	0	1	1	0	0	−27
3	0	19	0	0	0	0	0	0
3	1	19	0	1	0	0	0	0
3	0	22	0	0	0	0	0	0
3	0	25	0	0	1	0	0	−47
3	0	25	0	0	1	0	0	−47
3	1	21	0	0	0	0	0	−27
3	0	23	0	0	1	0	0	−27

备注：mode 选择中的 1、2、3 分别代表高速铁路、高速公路和普通铁路；gender 选择中的 0、1 分别代表女和男；purpose 选择中的 0、1 分别代表因私和因公。

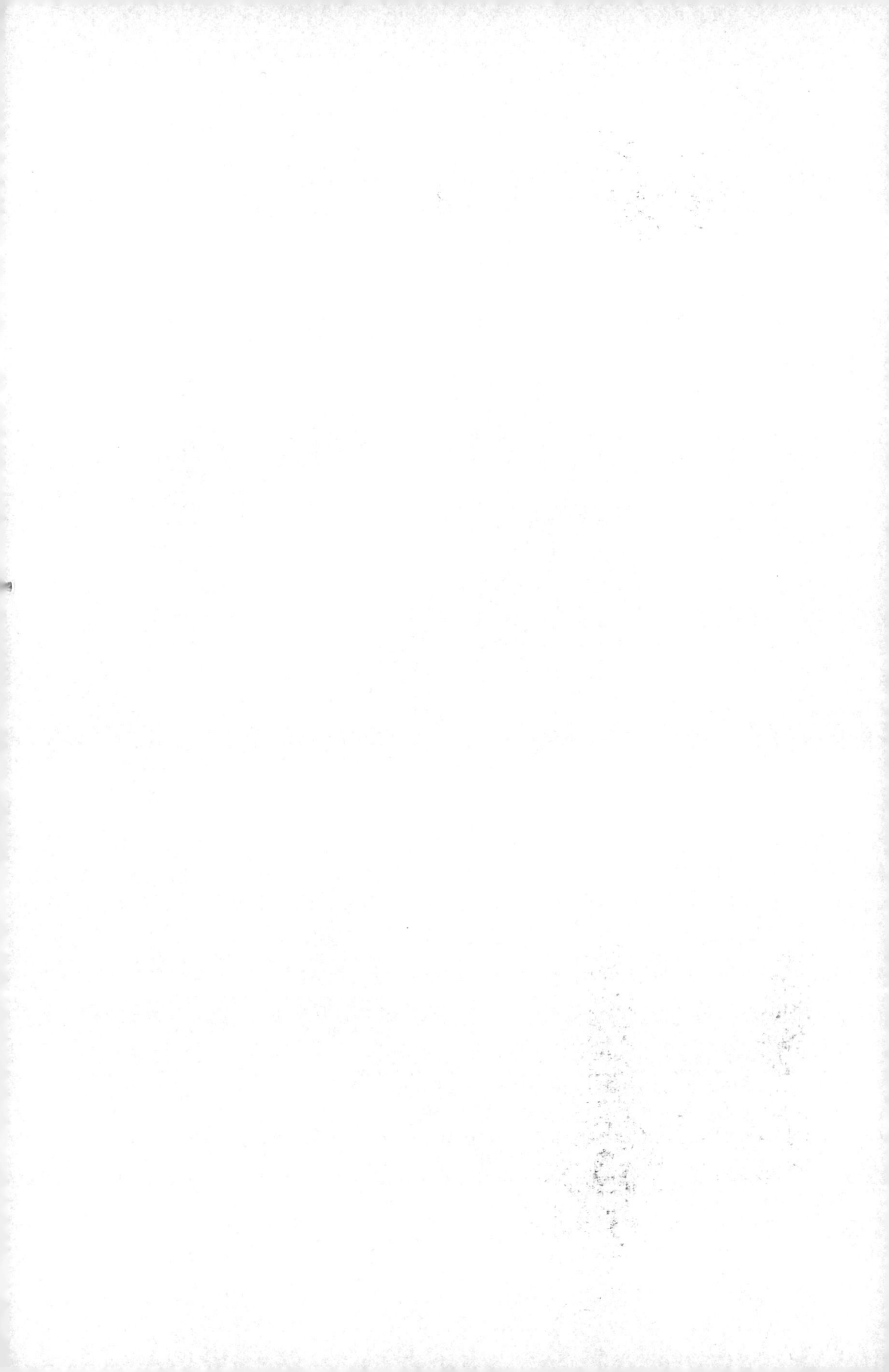